Auf der Welle der Präzision mit der Hobby-Lux 450

Ihre Modelle und Anlagen sind kunstvolle Meisterwerke. **Spitzenkönner im Modellbau schwören auf die neue Hobby Lux 450.** Reichhaltiges Zubehör macht sie zur Universalwerkstatt: Zum Schleifen, Fräsen, Polieren. Hier zeigen sich handwerkliches Können und die Präzision des Werkzeugs. Mit dem Sonderzubehör „Spannvorrichtung", Best.-Nr. 116 035, können Sie alle handelsüblichen Laubsägeblätter verwenden. Die Hobby Lux 450 arbeitet präzise und verzugsfrei.

Technische Ausführung: stabiler Sägearm aus Aluminium-Kastenprofil, verwindungssteifer Tisch (200 x 235 mm), stufenlose Neigung beidseitig bis 45°. Mit dem GS-Zeichen für „Geprüfte Sicherheit".

Hobby-Lux 450

Hans Jürgen Motschall,
SMC Hamburg,
ist 4-facher Weltmeister
der Standklassen.
Stahleck, Spezialschwergutschiff.

Lux

Emil Lux
Industriestr. 10
5632 Wermelskirchen 1

Gutschein

Bitte schicken Sie mir – kostenlos und unverbindlich – Informationsmaterial zur Hobby Lux 450, Abt. HL 42

Name _____
Straße _____ PLZ/Ort _____
Telefon _____

Dampfmaschinen

Breisinger

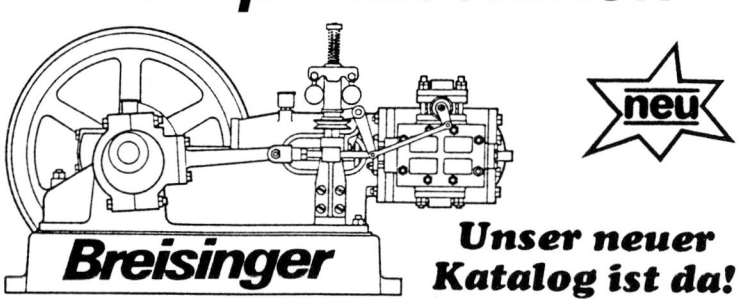

Unser neuer Katalog ist da!

Wir sind das erste und älteste Fachgeschäft für Dampfmaschinen und Zubehörteile. In unserem Katalog bieten wir das ganze STUART- und REGNER-Programm an. Wir führen auch noch Teile anderer Hersteller. Unser Katalog mit über 78 Seiten DIN A5 enthält nur Dampfmaschinen und alles Zubehör. Maschinen, Bausätze, Rohbauteile, Kessel, Kesselrohre, Heizungen und viele Armaturen für Kessel und Maschinenbau. Bauzeichnungen für Maschinen und Kesselbau. Bestellen Sie unseren Dampf-Katalog Nr. „D 2" gegen Voreinsendung von DM 9,– plus DM 1,40 Porto (Briefmarken, Scheck oder Nachnahme). Besuchen Sie unser Ladengeschäft zu den üblichen Geschäftszeiten.

Breisinger

Bastlerzentrale
Schiffsmodelle · Dampfmaschinen
Technische Spielwaren

Postfach 10 05 · Pfleghofstraße 31
7430 Metzingen
Telefon 0 71 23 / 6 01 84

Schiffsmodelle

Breisinger

Der neue Breisinger-Katalog „Nr. 12" bietet dem Schiffsmodellbauer das größte Angebot, das es gibt. Wir sind in der Bundesrepublik das älteste Fach- und Versandgeschäft für den privaten Schiffsmodellbauer. Seit 30 Jahren gibt es die Breisinger-Schiffskataloge. Dem Angebot von mehr als 500 Bauplänen und vielen Bausätzen steht ein erheblich erweitertes Sortiment von mehr als 5000 Beschlagteilen alle Art gegenüber. Auch das Angebot in Hölzern, Leisten und vielen anderen Werkstoffen wurde beibehalten. Das kommt vor allem den Modellbauern zugute, die nur nach Bauplänen bauen.

In unserem Ladengeschäft führen wir die Artikel der Firmen „Graupner", „Aero-Naut", „Krick" und „Steingraeber". Besuchen Sie uns zu den üblichen Geschäftszeiten. Verlangen Sie unser kostenloses Katalog-Angebot.

DIRK LÜBBESMEYER

Fahrmodelle zeitgenössischer Kriegsschiffe

Bau und Konstruktion

NV NECKAR-VERLAG · VILLINGEN-SCHWENNINGEN

Über den Autor

Der Autor, Jahrgang 42, beschäftigt sich schon mehr als drei Jahrzehnte mit Schiffsmodellen.

Angefangen hat alles mit einem „Grauble-Bausatz" des Schnellbootes S-16, das nie beendet wurde, da es Schwierigkeiten mit den Aufbauten gab und die Baulust schließlich vollständig zerstob, als das Lindenholz des Schichtbaurumpfes nach ersten Schwimmversuchen in der Badewanne zu quellen begann.

Nach einem weiteren unvollendeten Versuch in der Rennbootsparte wurde das erste abgeschlossene Bauprojekt der US-Flugzeugträger Forrestal, gebaut nach den Unterlagen eines kommerziellen Bauplans; das war 1961. Danach blieb der Autor der US-Navy treu, obwohl als „Fingerübung" zwischenzeitlich auch ein historisches Modell, die Fregatte CACAFUEGO (Lusci-Bauplan) die heimische Werft verließ und die Modellbauaktivitäten um den Bereich Lenkelektronik erweitert wurden.

Beruflich hat der Autor weder mit Elektronik noch mit Schiffbau viel zu tun. Er ist vielmehr Ingenieur für Kerntechnik und arbeitet in einem schweizerischen Forschungszentrum. Nur während seiner Angestelltenzeit an der TU Berlin hatte er für wenige Jahre mit der Antriebsanlage des nuklear angetriebenen Forschungsschiffes OTTO HAHN zu tun, was ihm eine etwa einwöchige Sturmfahrt auf diesem Schiff einbrachte; und natürlich, wie könnte es wohl anders sein, auch zu einem weiteren Nicht-Kriegsschiffmodell führte.

ISBN 3-7883-0128-7

© 1987 by Neckar-Verlag GmbH, Klosterring 1, 7730 Villingen-Schwenningen

Alle Rechte, besonders das Übersetzungsrecht, vorbehalten. Nachdruck oder Vervielfältigung von Text und Bildern, auch auszugsweise, nur mit ausdrücklicher Genehmigung des Verlages.
Printed in Germany by Baur-Offset GmbH & Co. KG., 7730 Villingen-Schwenningen.

Inhaltsverzeichnis

	Seite
Vorwort	9

1.	**Schiffsmodellbau in Vergangenheit und Gegenwart**	11
1.1	Die Vorfahren	11
1.2	Schiffsmodellbau als Freizeitbeschäftigung: Einteilung der Schiffsmodellbau-Aktivitäten an Hand der Naviga-Klassen	12
1.3	Modelle zeitgenössischer Kriegsschiffe	15
1.3.1	Zeitgenössische Kriegsschifftypen	15
1.3.1.1	Flugzeug- und Helikopterträger	20
1.3.1.2	Große Überwasser-Fahrzeuge	23
1.3.1.3	Kleine Überwasser-Fahrzeuge	24
1.3.1.4	U-Boote und U-Schiffe	27
1.3.1.5	Hilfsschiffe	27
1.3.2	Ein Wort zum Problem Kriegsschiff-Modelle	28

2.	**Bauplan und Modellkonstruktion**	30
2.1	Planunterlagen	30
2.2	Wahl des Modellmaßstabes	32
2.2.1	Generelle Maßstabsbeziehungen	32
2.2.2	Maßstabs-Auswahlkriterien	34
2.3	Fotografische Vergrößerung	35
2.4	Planzeichnung	38
2.4.1	Seiten- und Draufsicht	38
2.4.2	Unterwasserrumpf und mögliche Modifikationen der Ruder- und Antriebsanlage	38
2.4.2.1	Die Schiffsschraube	39
2.4.2.2	Zahl der Antriebsanlagen	40
2.4.2.3	Ruderanlage und Schlingerkiele	42
2.4.3	Die Linienrisse	45
2.4.3.1	Spantenriß	45
2.4.3.2	Längenlinien- und Wasserlinienriß	45
2.4.3.3	Konstruktion der Linienrisse	47

3.	**Bau des Schiffskörpers**	49
3.1	Baumethoden für Holzrümpfe	49
3.1.1	Schichtbauweise	49
3.1.2	Spantenbauweise	54
3.1.3	Gemischtbauweise	56
3.2	Kunststoff-Rumpfherstellung	60
3.2.1	Benötigte Werkstoffe, Harze und Gewebe	60
3.2.2	Herstellungsverfahren	61
3.2.2.1	Positiv-Verfahren	61
3.2.2.2	Negativ-Verfahren	62

3.2.3	Schotts	63
3.3	Einbau der Antriebs- und Ruderanlage	63
3.3.1	Einbau der Schraubenanlage	63
3.3.2	Einbau der Antriebsmotoren	65
3.3.3	Maßnahmen zur Geräuschdämpfung	66
3.3.4	Bau und Einbau von Ruder und Schlingerkiel	67
3.4	Aufbauten	71
3.4.1	Aufbauten-Werkstoff	71
3.4.2	Flugzeug- und Helikopterträger	73
3.4.2.1	Flugdeck-Konstruktionen	73
3.4.2.2	Katapultanlagen und Fangeinrichtungen	75
3.4.2.3	Aufzüge	76
3.4.2.4	Insel	77
3.4.3	Übrige Schiffstypen	80
3.4.3.1	Hauptdeck	80
3.4.3.2	Deckshäuser	81
3.4.4	Schornstein	83
3.5	Masten	84
3.6	Fenster, Bulleyes, Lukenabdeckungen und Türen	88
4.	**Ausrüstung**	**92**
4.1	Waffensysteme: Waffen und deren Leitgeräte	92
4.1.1	Rohrwaffen, Torpedorohrsätze und zugehörige Leitgeräte	92
4.1.2	Lenkwaffenstarter, Raketen und zugehörige Zielbeleuchter	102
4.1.2.1	Fla-Raketen	103
4.1.2.2	U-Bootabwehr-Raketen	108
4.1.2.3	Schiff-Schiff-Lenkwaffen	110
4.2	Helikopter und Flugzeuge	111
4.3	Elektronische Ausrüstung	117
4.3.1	Radarschirme	117
4.3.2	Elektronische Waffensysteme	121
4.3.3	Nachrichtenverbindungs-Antennen	123
4.4	Transport- und Rettungsmittel	126
4.5	Ankerspills, Relings, Flaggen und Besatzung	128
5.	**Oberflächenbehandlung und Anstrich**	**131**
5.1	Problemkreis Farbgebung	131
5.1.1	Aufbau der Lackschicht und Lackarten	131
5.1.2	Lackierungsmethoden	132
5.1.3	Zur Originaltreue des Anstrichs (künstliches Altern)	133
5.2	Anstrich von Rumpf und Aufbauten	134
5.2.1	Rumpfbehandlung, insbesondere von Holzrümpfen	134
5.2.2	Behandlung von Decks	136
5.2.3	Aufbauten	137
5.3	Anstrich von Zubehör, insbesondere von Flugzeugen und Helikoptern	137

6.	**Antrieb, Steuerung und deren Einbau ins Modell**	140
6.1	Wahl und Einbau der Stromversorgung	140
6.2	Steueranlage	142
6.2.1	Bemerkungen zur Wahl der RC-Anlage	142
6.2.2	Einbau der Anlage ins Modell	142
6.3	Einzelsteuerung der Schrauben bei Mehrwellenmodellen	145
6.3.1	Einsatz von zwei individuellen Drehzahlstellern	145
6.3.2	Schubumkehr nur bei Hartruder-Manövern	146
7.	**Sonderfunktionen**	153
7.1	Drehbarer Radarschirm	153
7.2	Raucherzeuger	156
7.2.1	Überblick über Raucherzeuger-Typen	156
7.2.2	Einbau und Betrieb von Raucherzeugern	157
7.3	Signalgeber	160
7.3.1	Tongeneratoren und Verstärker	160
7.3.2	Auswahl und Einbau des Lautsprechers	164
7.4	Zündung pyrotechnischer Erzeugnisse	166
7.4.1	Sicherheitsaspekte	166
7.4.2	Zündung von Feuerwerksraketen: Flugzeug-, Lenkwaffen- oder Torpedostart	168
7.4.3	Feuernde Rohrwaffen	174
8.	**Das Fahrmodell im Einsatz**	177
8.1	Lager- und Transportkiste	177
8.1.1	Transportkiste für Nicht-Trägermodelle	177
8.1.2	Transportkiste für Trägermodelle	178
8.2	Trimmung	181
8.3	Fahrpraxis	182
8.3.1	Verhaltensregeln am Teich, Vorfahrtsregeln	182
8.3.2	Fahren im Verband	183
9.	**Quellennachweis**	189
9.1	Zeitschriften	189
9.2	Bücher	189

WICHTIGER HINWEIS!

Die in diesem Buch angegebenen Schaltungen und Verfahren werden ohne Rücksicht auf die Patentlage mitgeteilt. Sie sind ausschließlich für Amateurzwecke gedacht und dürfen nicht gewerblich genutzt werden.

Autor und Verlag möchten darauf hinweisen, daß sie weder eine Garantie noch juristische Verantwortung oder irgendwelche Haftung für Folgen, die auf fehlerhafte Angaben zurückgehen, übernehmen können.

Vorwort

Wohl auf den meisten Modellteichen geben heute die Baukastenmodelle den Ton an, ob es sich nun um Seenotrettungskreuzer handelt, die ihr Beiboot ein- und aussetzen, um bullige Hafenschlepper, die kraftvoll durchs Wasser schieben, oder um elegante Schnellboote der deutschen Bundesmarine, die, über das Wasser flitzend, ihrem Namen alle Ehre machen wollen.

Es gibt viele Gründe, Baukastenmodelle zu bauen und ebensoviele, es nicht zu tun. Anfänger werden mit Baukastenmodellen in dieses interessante Hobby eingeführt und verdienen sich damit ihre ersten Sporen. Baukästen haben auch ihre Vorteile, wenn Werkplatz und Werkzeug begrenzt sind. Doch leider bleibt beim Bau von „vorgedachten" Modellschiffen ein hoher Prozentsatz der eigenen Kreativität auf der Strecke, ein Mangel, dem zunächst gewöhnlich durch eigene Modell-Verfeinerungen begegnet wird, der aber früher oder später fast jeden ernsthaften Modellbauer zu Eigenkonstruktionen reizt, wenn es ihn nicht schon vorher verdrießt hat, sein Modell noch ein dutzendmal auf dem Teich herumschippern zu sehen.

Dieses Buch wendet sich an den Schiffsmodellbauer, der „sein" Modell selbst planen und bauen will. Wegen der Vorliebe des Autors für die US-NAVY und seiner daraus resultierenden Erfahrung werden wir uns im weiteren weitgehend auf die Sparte „Kriegsschiff-Modellbau" beschränken, wobei die größeren Einheiten − insbesondere die Träger − wohl etwas bevorzugt behandelt werden.

Nach einer allgemeinen Übersicht über die verschiedenen Kriegsschifftypen beschreibt das Buch zunächst das Sammeln der notwendigen Unterlagen und die Methoden der Planherstellung. Schwerpunktmäßig werden dann verschiedene Baumethoden für Rumpf und Aufbauten behandelt und an Hand von Beispielen die Möglichkeiten zur Herstellung der verschiedenen Ausrüstungsgegenstände (Waffen, Leitgeräte und die mannigfaltige Elektronik) diskutiert, deren jeweilige Zweckbestimmungen, sofern sie dem Autor bekannt sind, kurz erläutert werden.

Da von Fahrmodellen die Rede ist, wird kurz der Problemkreis Antrieb und Steuerung (detaillierter an anderer Stelle behandelt) gestreift, bevor etwas ausführlicher auf mögliche Sonderfunktionen (Dampferzeuger, Signalgeber, Zündung von pyrotechnischen Erzeugnissen) eingegangen werden soll.

Schließlich beschäftigt sich ein letztes, kurzes Kapitel mit dem eigentlichen Fahrbetrieb, was neben den Fragen der Schwimmstabilität (geeignete Trimmung) und dem gleichzeitigen „Verbandfahren" mit mehreren Modellen (Schleppoption) auch den Transport des Modells zum Teich in zweckmäßigen Behältern einschließt.

Für die angegebenen fotografischen Beispiele habe ich ausschließlich auf eigene Modelle zurückgegriffen; die Beispiele stammen daher von Maßstab-1:200-Modellen nach Originalen US-amerikanischer Provenienz.

Auf allzu weitgehendes „Seemannslatein" bei der Bezeichnung der verschiedensten Teile am Schiff wurde bewußt verzichtet, ist doch der Autor als ausgesprochene Landratte hier auch nicht sonderlich sattelfest.

Ennetbaden (Schweiz), im März 1987

1. Schiffsmodellbau in Vergangenheit und Gegenwart

Der Begriff „Modell" bezeichnet im allgemeinen Sprachgebrauch einen Gegenstand, der einem Vorbild ähnlich ist, wobei „Ähnlichkeit" bedeutet, daß sich jedem Punkt am Modell ein entsprechender Punkt am Vorbild zuordnen läßt und daß das mathematische Verhältnis zweier Entfernungen am Modell gleich dem Verhältnis der entsprechenden beiden Entfernungen auf dem Vorbild ist. Das Verhältnis einer Länge auf dem Modell zu der entsprechenden Länge auf dem Vorbild nennt man „Maßstab".

In den Ingenieurwissenschaften hat die „Modelltechnik" einige praktische Bedeutung. Bei leider viel zu vielen technischen Vorgängen ist nämlich die mathematische Lösung der den Vorgang beschreibenden Gleichungs-Systeme so schwierig, daß man es vorziehen muß, sie experimentell – d. h. durch Versuche – zu lösen. Der Versuch kann dabei meist an einem, dem interessierenden Gegenstand ähnlichen „Modell" durchgeführt werden, aus Kostengründen gewöhnlich am verkleinerten Modell. Dieses Modellverfahren ist z. B. seit langem im Schiffbau im Gebrauch, wo man mit stark verkleinerten Rumpfmodellen die Widerstandskennlinien des Schiffkörpers im Wasser bestimmt und optimiert (Schiffschleppanstalten), im Flugzeugbau, wo man in Windkanälen ähnliches tut sowie bei Wasserturbinen und im Wasserbau generell (Auslegung von Kanälen).

„Modellbau" im wörtlichen Sinn bedeutet daher den Bau einer maßstäblichen Nachbildung eines Originals. Es ist in diesem Zusammenhang übrigens unerheblich, ob ein Original tatsächlich existent ist, gibt es doch viele Modelle von Originalen, die zwar nie gebaut wurden, aber hätten gebaut werden können. Man denke nur an die vielen Entwurfsmodelle von Schiffen oder Flugzeugen, die letztendlich nur nicht geordert wurden.

Im Rahmen dieses Buches geht es natürlich nicht um diese technischen Applikationen des Modellbaus, sondern „nur" um ein sicherlich sehr faszinierendes Hobby, das handwerklich anspruchsvoll und technisch vielseitig die mannigfaltigsten Interessen abzudekken gestattet.

1.1 Die Vorfahren

Der Schiffsmodellbau dieser „zweiten Kategorie" ist so alt wie der Bootsbau, der als Vorläufer des heutigen Großschiffbaus wohl zu den ältesten technischen Aktivitäten der Menschheit gezählt werden muß. Die Urahnen unserer heutigen ferngesteuerten Fahrmodelle waren vermutlich „Spielzeug-Segelboote" aus Rinde mit Segeln aus Blättern und haben begreiflicherweise nicht überlebt, ja sind meistens wohl schon nach wenigen Minuten bis Stunden „gekentert" und in den Bächen und Flüssen für immer verschwunden.

Das älteste, uns noch erhaltene Schiffsmodell ist ein „Standmodell"; ihm blieb sehr wahrscheinlich gerade deshalb das Schicksal des Untergangs erspart. Es ist das Modell eines Nil-Ruderbootes, es wurde in einem ägyptischen Grab als Grabbeilage gefunden und hat rund 6000 Jahre unter seinem tönernen Modellkiel. Man hat übrigens noch viele weitere Schiffsmodelle in ägyptischen Gräbern gefunden, teils als „Geisterschiffe" (um ein unter Schiffsmodellbauern populäres Schlagwort, Puppenbesatzungen betreffend, schon hier zu erwähnen), teils auch mit kompletter Besatzung. Sie füllen heute eine stattliche Anzahl von Museumsvitrinen in allen Erdteilen (auch im Ägyptischen Museum von Berlin gibt es welche) und vermitteln dem Historiker und Laien einen guten Einblick in die ägyptische Schiffbaukunst.

Es ist natürlich kaum anzunehmen, daß der Bau dieser Schiffsmodelle die Freizeitbeschäftigung der Fellachen oder höheren Beamten des Pharaonenreichs gewesen ist.

Vielmehr sind die gefundenen Modelle, oft aus Holz aber auch aus Ton, von berufsmäßigen Künstlern geschnitzt oder geformt und bemalt worden und sollten, wie auch die berühmten und wunderschönen Zeichnungen an den Grabwänden, den in den Gräbern Beigesetzten als Erinnerungen an das verflossene Leben dienen.

Der neuzeitliche Schiffsmodellbau läßt sich bis ins 15. Jahrhundert zurückverfolgen. Auch hier sind die Modelle wohl nur sehr selten das Produkt einer Freizeitbeschäftigung. Sie dienten vielmehr einerseits als Votivgaben in Kirchen, um den Seefahrern eine sichere Heimkehr zu ermöglichen, und andererseits seit dem 17. Jahrhundert den Admiralitäten der verschiedenen europäischen Marinen als Schulungs- und Anschauungsobjekte. Diese professionell hergestellten ADMIRALTY−Modellsegelschiffe mit ihrer so verwirrenden Takelage sind es denn auch, deren Detailreichtum und Präzision wir noch heute in den verschiedensten Marinemuseen bewundern können.

Im Prinzip nichts anderes sind auch die professionell hergestellten Modelle moderner Schiffe. Man findet diese exakten, von spezialisierten Modellbaufirmen meist in den Maßstäben 1:50 oder 1:100 hergestellten Standmodelle oft an ganz unvermuteten Orten, zieren sie doch, meist unter Glashauben, als Handelsschiffsmodelle die geschäftigen Kontore ihrer Reedereien, oder als Kriegsschiffsmodelle die Flure und Büros der Ministerialbürokratien in den Verteidigungsministerien von West und Ost. Und natürlich gibt es diese professionellen Modelle auch in den Marinemuseen; eine meiner Ansicht nach besonders schöne Kollektion ist in der Schiffsbau-Abteilung des Deutschen Museums in München zu bewundern.

1.2 Schiffsmodellbau als Freizeitbeschäftigung: Einteilung der Schiffsmodellbau-Aktivitäten an Hand der NAVIGA-Klassen

Von Schiffsmodellbau als einer verbreiteten Freizeitbeschäftigung kann man natürlich erst sprechen, seitdem es für eine große Anzahl von Mitmenschen „Freizeit" gibt. Zwar gab es schon immer einige Menschen mit Muße und dem dazu unbedingt nötigen finanziellen „Background"; darunter waren bestimmt auch einige, die sich mit Schiffsmodellen, wohl überwiegend mit Standmodellen, beschäftigt haben. Bevorzugte Bauobjekte waren die Kriegsschiffe des 16. bis 19. Jahrhunderts mit ihren meist prunkvollen Details. Auch freifahrende Mini-Segler wurden gebaut, die rein auf Zweckmäßigkeit entworfen waren und jede Ähnlichkeit mit einem eventuell vorhandenen Original vermissen ließen.

So richtig „in Fahrt" gekommen ist das aufregende und technisch anspruchsvolle Hobby „Schiffsmodellbau" allerdings wohl erst in jüngster Zeit. Dazu hat neben dem stark erweiterten Freizeitangebot, den gewaltigen Fortschritten der Elektronik − die uns neben anderem auch mehr oder weniger perfekte Fernsteuerungsanlagen beschert hat − auch die in den beiden letzten Jahrzehnten stark expandierende Modellbauindustrie beigetragen.

Das Hobby „Modellbau" hat längst die Fesseln seiner engeren wörtlichen Bedeutung gesprengt, wird doch „Modellbau" im begrifflichen Sinn heute mit den neudeutschen Begriffen „SCALE"- oder „SEMI-SCALE"-Modellbau bezeichnet und ist nur noch ein sehr spezialisierter Teil der gesamten Modellbau-Aktivitäten; das gilt praktisch für alle Modellbausparten gleichermaßen.

Wie breit das Gebiet des Schiffsmodellbaus inzwischen gefächert ist, erkennt man am deutlichsten, wenn man sich die verschiedenen Wettbewerbsklassen der NAVIGA, der weltweiten Dachorganisation der organisierten Schiffsmodellbauer, einmal näher ansieht.

Auf diese möchte ich im weiteren kurz eingehen.

Praktisch unterscheidet man fünf Hauptgruppen, nämlich die Gruppen „A" und „B" der Fesselrennboote („A" mit Unterwasser-, „B" mit Luftschrauben-Antrieb), die Gruppe „C" der Standmodelle, d. h. u. a. die Heimat der Freunde des klassischen, historischen Schiffsmodellbaus, die Gruppen „D"/„E" der freifahrenden Modelle („D" umfaßt die Segelyachten, „E" alle übrigen Modelle) und schließlich die größte, populärste und heute wohl auch eindeutig bedeutendste Klasse „F", in der alles, was sich fernsteuern läßt, untergebracht worden ist. Diese Gruppeneinteilung ist augenscheinlich vor allem historisch bedingt. Modellrennboote mit Verbrennungsmotor konnte man vor der Verfügbarkeit zuverlässiger Fernsteuerungsanlagen aus Sicherheitsgründen natürlich nicht frei herumflitzen lassen, weshalb gefesselte Rundkurse gefahren werden mußten. Langsame Modelle durften dagegen frei fahren (Gruppen „D" und „E"), wobei man aus Wettbewerbsgründen (irgendetwas mußte ja schließlich bewertet werden) gewisse Regeln bezüglich der Fahreigenschaften wie Kursstabilität oder Fahrgeschwindigkeit aufstellte.

Die Fesselrennboote der Gruppen „A" und „B" haben mit dem Begriff „Modell" eigentlich nichts zu tun. Es sind vielmehr ausschließlich auf Geschwindigkeit optimierte kleine Renner, die durch Verbrennungsmotoren mit Hubräumen zwischen 2,5 cm^3 und 10 cm^3 (je nach Klasse) angetrieben werden und − durch einen Stahldraht gefesselt − mit Geschwindigkeiten um die 200 km/h auf einem Kreiskurs von genau 100 m Umfang dahinflitzen, wobei es bei Wettbewerben auf die Rundenzeit und damit absolute Modellgeschwindigkeit ankommt. Die einzige Forderung bezüglich „Schiff" besteht laut Reglement darin, daß diese Boote auch bei stehendem Motor noch schwimmen müssen.

Die beiden Freifahrergruppen „D" und „E" fassen die Segler in Gruppe „D" und alle motorgetriebenen, übrigen Fahrmodelle in Gruppe „E" zusammen. In der Gruppe „D" kommt es darauf an, mit einem nur auf diese Aufgabe optimierten Klein-Segler vom Ufer ungesteuert und nur vom Wind angetrieben einen Kurs von 100 m zu bewältigen und darüber hinaus innerhalb einer Zielmarkierung von ebenfalls 100 m Breite zu landen.

Im Unterschied dazu werden die Modelle der Gruppe „E" von einem Elektromotor angetrieben. Der Wettbewerb besteht aus einer Bauprüfung und einer Fahrprüfung. Letztere „testet" mangels Fernsteuermöglichkeit gewisse Freifahr-Eigenschaften, d. h. sowohl die Kursstabilität des Modells − es muß auf einer Strecke von 50 m möglichst genau auf einer geraden Linie bleiben − als auch die maßstäbliche Fahrgeschwindigkeit. Man unterscheidet Klassen für Handelsschiffs- (EH) und Kriegsschiffmodelle (EK) sowie eine offene Klasse für „Schiffsimpressionen" (EX), für die mangels vorhandenen Vorbildes natürlich Bauprüfung und Geschwindigkeitstest entfallen muß.

Seit dem Aufkommen funktionssicherer Fernsteuerungsanlagen spielen verständlicherweise die Gruppen A/B und D/E nur noch eine sehr untergeordnete Rolle, ja sie sind auf offiziellen größeren Wettbewerben wie Meisterschaften mangels Teilnehmern fast vollständig verschwunden. Sie wurden durch die weitgehend identischen Klassen in der Gruppe „F" verdrängt.

Geblieben auf dem Feld der Schiffsmodell-Aktivitäten ist praktisch nur, was sich in den Gruppen „C" der Standmodelle und „F" der ferngesteuerten Fahrmodelle mit ihren zahlreichen Klassen unterbringen läßt.

Modelle der ersteren Gruppe brauchen nicht ins Wasser, was für die oft exzellent gebauten, aber mit fragilen Details nur so gespickten Modelle bestimmt kein Nachteil ist. Mit ihrer Klasse „C 2" (Schiffe ohne Kraftmaschinen) ist sie die Domäne der historischen Schiffsmodelle, von ihren Anhängern, wohl nicht ganz zu unrecht, als „Krone des Schiffsmodellbaus" bezeichnet. Die maßstäbliche Nachbildung moderner Schiffe als Standmodell wird mit der Klasse C 1 abgedeckt; hier dürfte eine gewisse „Konkurrenz" zur schon weiter oben erwähnten, professionellen Schiffsmodell-Fertigung kaum zu übersehen sein. Erwähnenswert vielleicht auch noch die Klasse „C 4", die das Feld der Miniaturmodelle mit Maßstäben kleiner als 1:250 abdeckt. Was hier, besonders im Maßstab 1:1250 noch an Details geboten wird, grenzt beinahe an Hexerei.

In einem Wettbewerb erfolgt nur eine Baubewertung, die sich aus den Aspekten Gesamteindruck, Schwierigkeitsgrad, Ausführung und Übereinstimmung mit den Bauunterlagen zusammensetzt. Sie wird durch mehrere Punktrichter durchgeführt.

Die beliebteste Gruppe ist heutzutage die Gruppe „F" der ferngesteuerten Fahrmodelle, die die Gruppen A/B und D/E in ihren Klassen weitgehend aufgesogen hat.

Generell gilt für die ganze Gruppe „F" ein Längenlimit von 2,5 m, ausgenommen Modelle in Maßstäben 1:100 und kleiner, die noch länger geraten dürfen. Als Konzilianz gegenüber den Mitmenschen, die vom Schiffsmodellbau eventuell nicht ganz so begeistert sind wie die Hobbyisten, ist darüber hinaus der Lärmpegel der Modelle auf maximal 80 dB (A) beschränkt; praktische Bedeutung hat diese Vorschrift natürlich nur für Rennboote mit Verbrennungsmotor.

Klasse „F1" ersetzt die bis dato gefesselten Renner der Gruppen A und B. Wenngleich auch anders aussehend – immerhin müssen die Boote jetzt zusätzlich eine Fernsteuerungsanlage aufnehmen – bleibt ihre einzige Aufgabe die möglichst schnelle und störungsfreie Bewältigung eines genormten Dreieckskurses. Sie sind daher, wie auch die Flitzer der Gruppe A, weniger Modellschiffe als vielmehr Miniboote für spezielle Aufgaben. Ihr Reiz besteht zum einen aus hohen technologischen Anforderungen – Frisieren von Modellmotoren, verlustarme Kraftübertragung sowie Optimierung des Schiffskörpers in bezug auf kleinsten Widerstand – als auch aus einem beträchtlichen Geschick beim Steuern der Renner, das nur durch sehr viel Training erworben werden kann.

Als Ergänzung zur Klasse „F1" kann die neuere „FSR" angesehen werden, in der Mini-Boote für Dauerrennen zusammengefaßt sind. Diese Rennen dauern 30 Minuten, wobei 12 Flitzer gleichzeitig am Start sind. Es gewinnt, wer in der vorgegebenen Zeit die meisten Runden gedreht hat. Auch hier geht es sowohl um die Geschicklichkeit des Kapitäns, der es, eine Spezialität der Klassen FSR und F5, gleichzeitig mit bis zu 11 Mitbewerbern zu tun hat, als auch um die Lösung technologischer Probleme beim Bau eines robusten Bootes, das den extremen Anforderungen eines Langzeitrennens gewachsen sein muß; auch Karambolagen sind bei gleichzeitig 12 Booten auf dem Kurs nicht ganz auszuschließen und sollten, bei eventuellen Sieges-Ambitionen des Kapitäns, vom Boot „überlebt" werden.

Der Schiffsmodellbau in seiner ureigentlichen Bedeutung wird durch die Klasse „F2" abgedeckt, die Klasse der vorbildgetreuen Fahrmodelle. F2 ist die ferngesteuerte Version der Klassen EH und EK. Auch hier ist im Wettbewerb zunächst eine Bauprüfung zu bestehen, die der der Gruppe „C" weitestgehend entspricht. Anstelle von Freifahreigenschaften wird jetzt die Fahrtüchtigkeit von Schiff und Kapitän mittels eines fehlerfreien Manövrierens durch einen komplizierten Dreieckskurs geprüft. Dieser Kurs schließt auch eine Rückwärtsfahrt durch eines der Tore ein und wird durch ein „Anlegemanöver" abgeschlossen, das genau genommen ein „Nichtberühr-Manöver" in einer schleusenähnlichen Anordnung ist. Auf die eigentliche Fahrzeit kommt es nicht an, solange ein Maximum von 7 Minuten nicht überschritten wird.

Klasse „F3" lehnt sich an die vormalige Klasse EX der freifahrenden Phantasiemodelle an. Dank der vorhandenen Fernsteuermöglichkeit hat sich das Augenmerk bei Wettbewerbsprüfungen von der Kursstabilität zur Manövrierfähigkeit von Modell und Kapitän verlagert. Der entsprechende, genormte Kurs ist so kompliziert, daß er schon beim bloßen Betrachten des Schemas verwirrt. Er ist möglichst schnell zu durchfahren, weswegen die in F3 eingesetzten Modelle vor allem auf Wendigkeit und Geschwindigkeit optimiert wurden, unter Hintanstellung von Modellierungsabsichten nach vorhandenen Originalen.

„F4" berücksichtigt Baukastenmodelle und ist ansonsten der Klasse „F2" weitgehend gleich. Auf internationalen Wettbewerben ist F4 nicht vertreten.

In Klasse „F5" haben die Segler ihre neue, „ferngesteuerte" Heimat gefunden. Dank der Steuerungsmöglichkeit sind die Wettbewerbsbedingungen denen auf großen Segelregatten sehr ähnlich, insbesondere auch deshalb, weil dank der Trennschärfe moderner Fernsteueranlagen immer mehrere Boote gleichzeitig ins Rennen gehen können. Minisegler sind auf Regatta-Erfolg optimiert und ähneln daher nur prinzipiell ihren großen Vorbildern.

Das interessanteste für die Zuschauer ist schließlich die „Kür" der Modelle in den Klassen „F6" und „F7", d. h. die Aktionen der Funktionsmodelle, die durch einen („F7") oder mehrere Kapitäne („F6") nach einem vorher anzugebenden Programm gesteuert werden. Die Originalität und vor allem auch technische Finesse dieser Darbietungen wird gewiß mit den Jahren noch zunehmen, werden doch die finanziell auch erschwinglichen Möglichkeiten der Fernsteuerungsanlagen für das Auslösen der mannigfaltigsten Funktionen immer umfangreicher.

1.3 Modelle zeitgenössischer Kriegsschiffe

Es ist relativ selten, daß Modellbauer mehreren Schiffsmodellbau-Sparten gleichzeitig frönen. Meist hat man sich, je nach persönlicher Neigung, schon sehr bald auf eine der oben skizzierten Sparten festgelegt. Der Autor dieses Buches favorisiert nun schon seit fast drei Jahrzehnten die „F2"-Klasse. Nach einem kurzen „Abstecher" zu den Handelsschiffen (NS OTTO HAHN) hat er sich darüber hinaus weitgehend auf Kriegsschiffe der zweiten Hälfte des 20. Jahrhunderts spezialisiert, ausschließlich aus dem Arsenal der US-NAVY. Dies nicht zuletzt deshalb, weil diese Großmacht-Marine wohl den breitesten Typenfächer anbietet und auch mit Informationen über die Schiffe nicht allzu geheimniskrämerisch umgeht.

Dem Bau von Kriegsschiff-Modellen, einem ausgesprochenen Spezialgebiet aus dem Füllhorn des gesamten Schiffsmodellbaus, ist denn auch das weitere Buch gewidmet, wobei sich natürlich vieles auch für andere Sparten verwenden läßt.

1.3.1 *Zeitgenössische Kriegsschifftypen*

Der Reiz beim Bau von Fahrmodellen zeitgenössischer Kriegsschiffe liegt in der meist eleganten, auf Geschwindigkeit optimierten Linienführung dieser Schiffe, in den technischen Anforderungen, die bei vielen Kriegsschifftypen in der Ausstattung mit Sonderfunktionen liegen, und nicht zuletzt in der Modellierung der vielen technischen Finessen − man denke nur an das Filigran der elektronischen Anlagen und Sensoren, die in den Mastregionen dieser Schiffe konzentriert sind und die nun einmal nur Kriegsschiffe zu bieten haben.

Im weiteren wollen wir zunächst kurz die verschiedenen Kriegsschifftypen bezüglich ihrer Eignung als Modellvorbild unter die Lupe nehmen. In Tabelle 1 sind dazu die gängigsten zeitgenössischen Kriegsschifftypen ohne Anspruch auf Vollständigkeit zusammengefaßt. Aufgelistet sind neben den Namen einiger typischer Vertreter (Schiffsklasse) nebst Ursprungsland auch die Abmessungen sowie die Verdrängung, um für einen angestrebten Maßstab Modellgewicht und -abmessung bestimmen zu können (siehe hierzu Abschnitt 2.2.1). Die Vorliebe des Autors für Einheiten der US-Marine schimmert unverkennbar durch, doch wurden auch Beispiele anderer Länder angeführt, insbesondere die des großen Antipoden UdSSR.

Tabelle 1: Abmessungen und Verdrängung zeitgenössischer Kriegsschiff-Typen

Schiffstyp		Abmessungen L × B × Tiefgang (m)	Gewicht (ts)	Beispiel Marine / Klasse	Bemerkungen
Flugzeug- und Helikopterträger					
Super-Flugzeugträger		332 × 76,8 × 11,3	91400	USA / NIMITZ	
		317 × 76,8 × 11,3	78000	USA / FORRESTAL	
Flugzeugträger	*	298 × 67,7 × 10,0	64000	USA / MIDWAY	z. T. verschrottet
	*	271 × 58,5 × 9,4	42600	USA / ESSEX	eingemottet bzw. verschrottet
		265 × 31,7 × 8,0	32780	Frankreich / CLEMENCEAU	
Leichte Flugzeugträger		213 × 40,7 × 7,5	19900	Argentinien / 25 DE MAYO	britische II.-WK-Träger, ähnlich Brasilien, Indien, Australien
Große Helikopterträger		275 × 48,0 × 11,0	37000	UdSSR / KIEW	auch Senkrechtstarter
Helikopterträger		206 × 27,5 × 7,3	20000	UK / INVINCIBLE	vergleichbare Größe US IWO-JIMA französischer HT im Bau
Kleine Helikopterträger		179 × 30,0 × 6,0	10000	Italien / G. GARIBALDI	ähnlich spanischer ALMIRANTE CARRERO
Große Flugdeckkreuzer		196 × 34,1 × 7,5	18000	UdSSR / MOSKVA	vorderer Schiffsteil Kreuzer, hinterer Helikopterträger
Flugdeckkreuzer		180 × 19,4 × 6,0	8850	Italien / VITTORIO VENETO	ähnlich Frankreich / JEANNE D'ARC
Helikopterträger und Dockschiff		250 × 36,0 × 8,4	39300	USA / TARAWA	mit flutbarem Dock; wird zu den amphibischen Fahrzeugen gerechnet
Große Überwasserfahrzeuge					
Schlachtschiffe*		271 × 32,9 × 10,9	57600	USA / IOWA	modernisiert Anfang 1980, auch Lenkwaffen an Bord (HARPOON, TOMAHAWK)
Schlachtkreuzer		248 × 28,0 × 7,5	22000	UdSSR / KIROV	offiziell Lenkwaffenkreuzer, Raketen in Startsilos, gut geeignet für Sonderfunktionen.

(noch: Große Überwasserfahrzeuge)

Kreuzer mit überwiegend Rohrwaffen*	218 × 22,9 × 7,5	21000	USA / SALEM	größtes Kaliber 20,3 cm, alle Einheiten eingemottet
	210 × 21,6 × 7,5	17000	UdSSR / SVERDLOV	größtes Kaliber 15 cm, konventionelle Kreuzer mit ähnlichen Abmessungen auch in den Marinen von Chile, Peru, Indien, Pakistan
Lenkwaffenkreuzer*	205 × 21,0 × 7,3	19000	USA / ALBANY	eingemottet bzw. verschrottet
	187 × 19,0 × 7,5	12500	UdSSR / SLAVA	
*	177 × 18,5 × 9,0	11000	USA / VIRGINIA	ähnlich USA / CAROLINA
	171 × 17,6 × 9,0	10500	USA / TICONDEROGA	AEGIS-Kreuzer, Zerstörer gleicher Größen z. T. in Kreuzer umklassifiziert (USA / BELKNAP*, LAHEY)
Lenkwaffen-Zerstörer	174 × 18,3 × 7,5	9800	UdSSR / KARA	
	165 × 18,0 × 6,5	8000	UdSSR / UDALOJ	
	171 × 17,6 × 8,8	7800	USA / SPRUANCE	
	158 × 15,5 × 6,0	6100	Frankreich / SUFFREN	
	134 × 14,3 × 6,1	4500	USA / CHARLES F. ADAMS	gleich deutsche LÜTJENS
Lenkwaffen-Zerstörer	125 × 14,3 × 6,7	3600	UK / SHEFFIELD	
Flugdeck-Zerstörer	153 × 17,5 × 5,1	4700	Japan / HARUNA	Rohrbewaffnung, hinterer Teil Flugdeck für Helikopter
konventionelle Zerstörer	127 × 13,7 × 6,0	3900	USA / FORREST SHERMAN	Einheiten vergleichbarer Größe in vielen Marinen
„High-Mix"-Fregatten	128 × 14,4 × 6,0	3800	Bundesrep. Deutschland / BREMEN	ähnlich niederländische KORTENAER
„Low-Mix"-Fregatten*	133 × 14,3 × 7,5	4100	USA / KNOX	U-Boot-Abwehr, ähnlich spanische BALEARES
	136 × 13,7 × 7,5	3600	USA / OLIVER HAZARD PERRY	Flugabwehr
kleinere Fregatten**	110,5 × 13,2 × 4,0	2800	Bundesrep. Deutschland / MEKO	Exporttyp, Fregatten ähnlicher Dimensionen: UK / LEANDER, AMAZON, Italien / LUPO
amphib. Kommandoschiffe	189 × 21,3 × 7,8	19300	USA / BLUE-RIDGE	
amphib. Dockschiffe	173 × 25,6 × 6,8	16900	USA / AUSTIN	flutbarer Dockraum, etwas kleiner US-RALEIGH
Panzer-Landungsschiffe	159 × 21,0 × 4,6	8350	USA / NEWPORT	

Schiffstyp	Beispiel			Bemerkungen
	Abmessungen L × B × Tiefgang (m)	Gewicht (ts)	Marine / Klasse	
Kleine Überwasserfahrzeuge				
Schnellboote	57 × 7,8 × 2,5	380	Bundesrep. Deutschland/Typ 143A	Flugkörper-Schnellboot
***	42 × 7,2 × 2,4	235	Bundesrep. Deutschland / ZOBEL	
	40 × 8,1 × 2,0	210	UdSSR / OSA	auch in einer Reihe von anderen östlichen Marinen
	40 × 8,8 × 1,9	235	USA / PEGASUS	Tragflügel-Schnellboot, ähnliche Dimensionen wie sowj. SARANCHA
Minenleger	92 × 14,7 × 4,0	2650	Schweden / ALVSBORG	
	81 × 11,6 × 3,0	1500	UK / ABDIEL	
Große Minensucher	83 × 14,0 × 3,9	2200	USA / Typ MCM	
Minensucher	47,7 × 8,3 × 2,8	485	Bundesrep. Deutschland/CUXHAVEN	Holzrumpf
U-Schiffe und -Boote				
Strategische U-Schiffe	170 × 23,0 × 11,0	25000	UdSSR / TYPOON	
	171 × 12,8 × 10,8	18700	USA / OHIO	
	152 × 10,8 × 10,2	11750	UdSSR / DELTA III	ähnliche Abmessungen wie Jagd-U-Schiffe sowj. OSKAR-Klasse
	125 × 10,1 × 9,3	7900	USA / LAFAYETTE	in Dimensionen und Aussehen sehr ähnlich: britische RESOLUTION und französische LE REDOUTABLE
Jagd-U-Schiffe	110 × 10,0 × 9,8	6900	USA / LOS ANGELES	
	72 × 9,6 × 8,9	3500	USA / SKIPJACK	erstes „Tropfenform"-U-Schiff ähnlich britische SWIFTSURE
U-Boote mit konventionellem Antrieb	90 × 8,1 × 5,5	2410	UK / OBERON	ähnliche Typen auch in anderen Marinen
Küsten-U-Boote	43,5 × 4,6 × 3,8	450	Bundesrep. Deutschland / Typ 205	Typ in andere Marinen exportiert

Schiffstyp	Beispiel			Bemerkungen
	Abmessungen L × B × Tiefgang (m)	Gewicht (ts)	Marine / Klasse	
Hilfsschiffe				
Große Eisbrecher	136 × 28,0 × 11,0	23600	UdSSR / ARKTIKA	Atomantrieb, etwas kleiner sowjetische LENIN
	135 × 26,0 × 11,0	20250	UdSSR / ERMAK	Dieselantrieb, gebaut von finnischer Wärtsila-Werft
	122 × 24,5 × 8,5	13190	USA / POLAR-STAR	vergleichbare Größe kanadische LOUIS ST. LAURENT
Eisbrecher	103 × 23,5 × 7,5	9500	Finnland / URHO	gleicher Typ in mehreren anderen Marinen
*	95 × 22,6 × 8,8	8500	USA / GLACIER	
	83 × 19,4 × 7,0	5400	UdSSR / KAPITAN BELOVSOV	vergleichbare Größe amerikanische BURTON ISLAND
kleine Eisbrecher	38,2 × 9,5 × 4,6	560	Bundesrep. Deutschland/EISVOGEL	
Große Flottenversorger	242 × 29,3 × 10,7	52500	USA / SACRAMENTO	
kleine Versorger	114 × 13,2 × 4,2	3400	Bundesrep. Deutschland/COBURG	
Große Flottentanker	201 × 29,3 × 10,7	38100	USA / WICHITA	

* Von diesen Einheiten sind Baupläne des Autors im Bauplandienst des Neckar-Verlages erhältlich.
** Zur Vergrößerung geeignete Skizze in SM 5/83 (W. Mangelsdorf: MEKO-80)
*** Für diesen Typ Baukasten erhältlich

1.3.1.1 Flugzeug- und Helikopterträger

Die Super-Flugzeugträger der US-amerikanischen FORRESTAL- und NIMITZ-Klassen, mit Abmessungen von über 300 m Länge und Flugdeckbreiten von bis zu 80 m, sind zweifellos die imposante Krone des zeitgenössischen Kriegsschiffbaus. Nicht ganz die gleichen Dimensionen erreichen die inzwischen etwas veralteten, aber in einzelnen Exemplaren immer noch vorhandenen Träger der MIDWAY- und ESSEX-Klassen (teils noch im aktiven Dienst oder „eingemottet" in der Reserveflotte, zum größeren Teil aber zwischenzeitlich verschrottet) sowie die supermodernen, großen Helikopterträger der sowjetischen KIEW-Klasse, die allerdings nicht zu den „echten" Flugzeugträgern gezählt werden können, da sie wegen fehlender Katapult- und Fangeinrichtungen keine „normalen" Flugzeuge an Bord haben; es gibt allerdings ein paar Senkrechtstarter. Noch kleiner sind die Helikopterträger, wie man sie in britischen, italienischen, spanischen, sowjetischen und US-amerikanischen Arsenalen findet. Auch sie sind vom Standpunkt des Schiffsmodellbaus nicht ohne Reiz, ja wegen des größeren Detailreichtums oft sogar interessanter. Das gleiche kann man von den sogenannten Flugdeck-Kreuzern sagen, die in der vorderen Hälfte wie ein Kreuzer, in der hinteren Hälfte wie ein Helikopterträger aussehen. Schließlich seien hier auch noch die großen Dock-Landungsschiffe der US-amerikanischen TARAWA-Klasse erwähnt, die in ihren Abmessungen und ihrem Aussehen schon recht nahe an die Flugzeugträger herankommen. Sie führen zwar ebenfalls keine Flugzeuge, sondern nur Helikopter und ein paar wenige Senkrechtstarter mit, verfügen aber zusätzlich über einen flutbaren Dockraum im Heck, aus dem kleine Landungsfahrzeuge ausgeschifft werden können. Dies ist natürlich vom Standpunkt des

USS CV-42 FRANKLIN D. ROOSEVELT (MIDWAY-Klasse)

Modellbaus her besonders interessant, da es zusätzliche Perspektiven bezüglich Sonderfunktionen eröffnet.

Nicht zuletzt auch wegen der Kombination Flugzeug-/Schiffbau hat der Schiffstyp „Träger" als Schiffsmodell-Vorbild einigen Reiz, ist er doch – gut gebaut – auch auf Schauveranstaltungen von Modellklubs immer wieder ein attraktiver Anziehungspunkt für Schaulustige.

USS CV-38 SHANGRI-LA (ESSEX-Klasse)

Ein gravierender Nachteil des Schiffsmodells nach Superträger-Vorbild ist vor allem seine Größe, die aus Transportgründen zu kleinen Maßstäben zwingt. Im Maßstab 1:200 ist diese dann zwar erträglich, doch ist jetzt wegen des in bezug auf die Breite relativ hohen Freibords in Verbindung mit dem stark überhängenden Flugdeck die Schwimmstabilität nur sehr mäßig, was die Modelle zu ausgesprochenen Schönwetterschiffen macht und weitgehend ungeeignet für F2-Wettbewerbe. Wählt man die kleineren Helikopter-Träger oder Flugdeckkreuzer, so kann man in der Regel zu größeren Maßstäben übergehen, was u. U. die Schwimmeigenschaften etwas verbessert.

Auf den ersten Blick könnte man der Täuschung erliegen — wie seinerzeit auch ich, als ich für meinen Einstieg in den Schiffsmodellbau anstelle des Bauplans für das Schlachtschiff BISMARCK lieber den vermeintlich „leichteren" für den Super-Träger USS FORRESTAL wählte —, daß der Bau eines Trägermodells weniger Probleme aufwirft, als der einer anderen größeren Überwassereinheit, da doch die detailreichen Aufbauten auf eine relativ schmale und kleine Insel beschränkt sind und das übrige Deck — seinem Auftrag als Flugzeuglande- und Startbahn entsprechend — plan gehalten ist. Leider liegt aber gerade in diesen vielen planen Flächen die Crux. Soll nämlich das Modell nicht wie eine „schwimmende Kiste" aussehen, so muß an den Stellen, wo dies möglich ist (z. B. Umgänge, Aufzüge und Brücke), mit viel Liebe zum Detail gearbeitet werden. Auch benötigt ein Träger Flugzeuge in „Parade-Aufstellung". Bei Hafenbesuchen z. B. sind es je nach Flugzeugtyp zwischen 50 und 80. Hier steckt dann die Arbeit, die man fälschlicherweise durch Wahl eines Trägermodells zu vermeiden suchte.

Östlichen und westlichen Helikopterträgern sieht man die zu erwartenden Schwierigkeiten beim Modell-Nachbau schon eher an, sind doch in der Regel die Aufbauten sehr viel ausgedehnter und auch detailreicher; bei sowjetischen Trägern ist darüber hinaus das vordere Schiffsdrittel „kreuzerähnlich" ausgebildet.

USS-LPH-7 GUADALCANAL (IWO-JIMA-Klasse)

1.3.1.2 Große Überwasser-Fahrzeuge

Das Schlachtschiff kommt mit seinen Dimensionen an den Flugzeugträger heran, man findet es aber in zeitgenössischen Arsenalen kaum noch; nur in der US-NAVY werden z. Z. vier ältere, bis dato eingemottete Einheiten reaktiviert (IOWA-Klasse).

Auch der Schlachtkreuzer gilt allgemein als ausgestorben, doch baute die UdSSR in jüngster Zeit zwei atomar angetriebene und fast nur mit Lenkwaffen bestückte kreuzerähnliche Einheiten (KIROV-Klasse), die im Westen, vor allem auch wegen ihrer Größe, da und dort unter dem Begriff „Schlachtkreuzer" eingeordnet werden. Die Schwimmstabilität der M. 1:200-Schlachtschiff- bzw. Schlachtkreuzermodelle ist in der Regel der von Trägermodellen im gleichen Maßstab beträchtlich überlegen.

Kreuzer sind wesentlich kleiner und vor allem leichter. Sie haben heute Dimensionen von um die 180 m Länge bei Breiten von bis zu 20 m. Nur die älteren, in verschiedenen Marinen z. T. noch in Reserve befindlichen Einheiten mit reiner Rohrbewaffnung sind oft noch größer.

Das Gros der zeitgenössischen Schiffe in Ost und West, das gilt für Kreuzer, Zerstörer und Fregatten gleichermaßen, ist heute anstelle mehr oder weniger großkalibriger Kanonen mit kleinvolumigen Lenkwaffenstartern ausgerüstet und verfügt nur noch über vereinzelte Rohrwaffen mit Kalibern von nicht mehr als 12,7 cm. Der Unterschied zwischen Kreuzer und Zerstörer, ja auch zwischen Zerstörer und Fregatte ist daher relativ fließend, wurden doch z. B. auch vormalige große Zerstörer „per Dekret" zu Kreuzern ernannt. In der US-NAVY werden in einem Fall sogar die gleichen Schiffsrümpfe sowohl für die Zerstörer der SPRUANCE-Klasse als auch für die modernen TICONDEROGA-Kreuzer verwendet; die Aufbauten der letzteren sind allerdings etwas voluminöser.

Modell eines zeitgenössischen Schlachtschiffes: USS BB-61 IOWA

Modell eines Schweren Kreuzers: USS CA-148 NEWPORT NEWS

Wegen des hohen Schlankheitsgrades der meisten Schiffe ist bei den Aufbauten im allgemeinen Wert auf Leichtbau zu legen, sollen die Modelle noch einigermaßen zuverlässig schwimmen. Bei möglichem Einsatz auch bei „rauherer See" ist ein Maßstab nicht kleiner als 1:100 zu wählen, was die Dimensionen der Originale meistens auch zulassen.

Da die sichtbare Bewaffnung eher dürftig ist – großvolumige Türme für schwere Geschütze wurden durch relativ leichte und kleine Abschußgestelle für Lenkwaffen ersetzt – liegt der Reiz beim Nachbau nicht zuletzt auch in der Nachbildung der massiven „elektronischen Bewaffnung", mit ihren mannigfaltigen sichtbaren Sensoren und Antennengruppen.

Die elektronische Ausrüstung ist übrigens am extremsten bei amphibischen Kommandoschiffen, die einen wahren Wald von Antennen zum Nachbau anzubieten haben. Modelltechnisch interessant sind aber auch andere amphibische Fahrzeuge, insbesondere die Landungsschiffe, weil der Vorgang des Anlandens eine Reihe von Sonderfunktionen zuläßt. So wird bei den Dock-Landungsschiffen, wie schon erwähnt, ein Teil des Hecks geflutet, so daß kleinere Fahrzeuge ins Wasser gesetzt werden und von dort, nach Öffnen der Heckklappe, den schützenden Bauch des Mutterschiffes verlassen können. Panzerlandungsschiffe öffen eine Bugklappe und ermöglichen so das Ausschiffen von Schwimmpanzern.

1.3.1.3 Kleine Überwasser-Fahrzeuge

Die Gruppe der kleineren Überwassereinheiten erfreut sich bei den „F6"/„F7"-Fans größter Beliebtheit, sind doch hier die Schnellboote, Korvetten, Minenleger und Minensucher untergebracht. Besonders das Schnellboot ist ein häufig anzutreffendes Vorbild (es gibt auch Baukastenmodelle, z. B. der bundesdeutschen ZOBEL-Klasse), erlaubt es dem Erbauer doch, ein schon von seiner Typbezeichnung her äußerst schnelles und wendiges Fahrmodell zu bauen und mit einer ganzen Reihe von Sonderfunktionen detailgetreu auszurüsten.

Modelle zeitgenössischer Lenkwaffenkreuzer:

USS CG-10 ALBANY (ALBANY-Klasse)
USS CGN-39 TEXAS (VIRGINIA-Klasse)

USS CG-27 JOSEPHUS DANIELS (BELKNAP-Klasse)

Modell der modernen Fregatte USS FF-1079 BOWEN (KNOX-Klasse)
Das Modell verfügt wegen seiner geringen Größe über keinen eigenen Antrieb, sondern wird von einem größeren Modell geschleppt (Näheres dazu in Kapitel 8.3.2).

Die Dimensionen der meisten kleinen Überwassereinheiten gestatten Maßstäbe von 1:50 und größer, ohne in nennenswerte Transportprobleme zu geraten. Die resultierenden Modelle sind in der Regel sehr schwimmstabil und vertragen daher auch den Einsatz bei etwas ungünstigeren Wetterbedingungen. Es ist daher nicht verwunderlich, daß die Modelle kleinerer Überwassereinheiten, insbesondere Schnellboote und Korvetten in Maßstäben 1:25 und 1:50, häufiger auf Wettbewerben anzutreffen sind.

Für kleinere Maßstäbe sind diese Vorbilder weniger geeignet, es sei denn als Stand- oder Schleppmodelle.

1.3.1.4 *U-Boote und U-Schiffe*

Kleine diesel-elektrisch angetriebene U-Boote sind heute nur noch in den kleineren Marinen zu finden. Die größeren Einheiten, die, was Gewicht und Abmessungen angeht, mit Kreuzern konkurrieren können bzw. sie mit ihren neuesten Typen (amerikanische OHIO- oder sowjetische TYPHOON-Klassen) noch bedeutend übertreffen, bezeichnet man als U-Schiffe; sie werden heute in Ost und West von Druckwasserreaktoren angetrieben.

Modelltechnisch gesehen, und ausschließlich dieser Aspekt steht hier zur Diskussion, sind U-Schiffsmodelle nur in bezug auf die Lösung technischer Probleme beim Tauchvorgang von Interesse, also ein Feld für Feinmechaniker und Elektroniker, je nachdem, ob man das Problem des Tauchvorgangs mehr von der mechanischen Seite angeht (mit Pumpen, Tauchzylindern und Ventilen) oder rein dynamisch zu lösen versucht (d. h. das Modell bei geringem Restauftrieb einzig durch die Tiefenruderstellung und seine Geschwindigkeit unter Wasser drückt), was evtl. eine Regelungselektronik (z. B. druckabhängige Tiefenrudersteuerung) erfordert. Der Bau des Modells selbst dagegen ist, abgesehen einmal von eventuell problematischen Dichtungsfragen, ziemlich anspruchslos, haben doch zeitgenössische U-Schiffe und der größere Teil der U-Boote als reine Unterwasserfahrzeuge alle eine mehr oder weniger rotationssymmetrische Rumpfform ohne jegliche Schnörkel. Je nach vorgesehenem Tauchverfahren kommen Maßstäbe von 1:50 bis 1:100 in Betracht, für dynamisch tauchende Modelle mag man bei den größeren U-Schiffen u.U. auch mit 1:200 noch durchkommen. Führt man das U-Schiff als Schleppmodell aus, so können auch die meist noch kleineren Jagd-U-Schiffe ins Bauprogramm aufgenommen werden, wobei sogar die u. U. problematischen Dichtungsfragen entfallen, da der Rumpf bei den üblicherweise rotationssymmetrischen Formen aus einem Holzklotz gedrechselt wird. Der Tauchvorgang erfolgt dynamisch durch die Geschwindigkeit des Schleppschiffs bei geeigneter Anlenkung des Schleppdrahts am Modell. Solche U-Schiffmodelle sind wirklich absolut sinksicher.

1.3.1.5 *Hilfsschiffe*

Unter dem Begriff „Hilfsschiffe" sind all diejenigen Fahrzeuge zusammengefaßt, die keine unmittelbaren Gefechtsaufgaben wahrnehmen, oder aber Schiffe ohne eigentliche militärische Aufgaben, die aber den jeweiligen Kriegsmarinen zugeteilt sind, wie z. B. oft die Eisbrecher der an arktische Zonen grenzenden Länder.

In diesem Zusammenhang zu nennen sind alle Versorgungsschiffe wie Flottentanker und Verpflegungsschiffe, Reparaturschiffe, Eisbrecher, Spezialfahrzeuge wie Testschiffe für bestimmte Waffen- oder Elektroniksysteme aber auch Hafenschlepper. Hilfsschiffe haben in der Regel keine oder nur sehr rudimentäre Bewaffnung und unterscheiden sich, bis auf die Farbe, kaum von den Fahrzeugen gleichen Typs, die für zivile Reedereien die Weltmeere durchkreuzen.

Modelltechnisch gelten die gleichen Bedingungen wie für die Handelsschiffe, die heute den größeren Teil im „F2"-Geschäft belegen. Der günstigste Maßstab für größere Versorgungsschiffe dürfte bei 1:100 liegen – Flottentanker geraten allerdings dann schon ein bißchen groß – und für Eisbrecher bei 1:50 bis 1:100. Hafenschlepper kann man natürlich in noch größeren Maßstäben ausführen.

Modell des kleineren Eisbrechers USS AGB-4 GLACIER

1.3.2 Ein Wort zum Problem Kriegsschiff-Modelle

Im allgemeinen Sprachgebrauch heißen die Vorbilder unserer Modelle leider „Kriegsschiffe" und nicht – analog zu den übergeordneten Ministerien – „Verteidigungsschiffe". Auch will ich mich hier nicht durch Einführung des Begriffes „Marine-Schiffe" aus der Affäre ziehen, wie das gelegentlich zu lesen ist.

Als langjähriger Erbauer von Kriegsschiffs-Modellen ist mir natürlich das gelegentliche „Naserümpfen" von Zuschauern nebst ironischen und spöttischen Bemerkungen über mein „kriegshetzerisches" Tun nicht entgangen. Gewiß, diese Art von kritischen Zeitgenossen ist fast immer in der Minderheit, und ihr Nörgeln kann einem ja eigentlich egal sein, sieht doch die große Mehrheit, wie man selbst, nur ein schön gebautes Schiffsmodell, das, wie sein Vorbild, mit den neuesten technischen Raffinessen ausgestattet ist. Die Kritiker aber gibt es, und mit ihren möglicherweise berechtigten Argumenten sollte man sich im Rahmen eines Buches über Kriegsschiffmodelle kurz auseinandersetzen.

Es ist ja im Grunde wohl das Kriegsschiffs-Original, das stört, und dessen angebliche Zweckbestimmung, nach Meinung der Kritiker das Töten von Mitmenschen in einer kriegerischen Auseinandersetzung. Psychologisch interessant, will man offensichtlich durch Verbannung des Modells das Original ächten, obwohl man ja eigentlich nur „den Sack schlägt und den Esel meint".

Man wirft den Erbauern von Kriegsschiffsmodellen vor, sie würden mit ihren Modellen den Krieg verherrlichen, den Krieg mit all seinem Elend und Schrecken. Interessanterweise richtet sich diese Kritik nur gegen Kriegsschiffe dieses Jahrhunderts, denn die wundervollen Segelschiffsmodelle nach Kriegsschiffen verflossener Zeiten wie z. B. ADLER VON LÜBECK, LA COURONNE oder HMS VICTORY — um nur ein paar häufig benutzte Vorbilder zu erwähnen — passieren nicht nur schadlos sondern sogar wohlwollend die „Zensur", obwohl sie fraglos Kriegsschiffe sind, zu ihrer Zeit ebenso modern und „schrecklich" wie zeitgenössische Kriegsschiffe heute. Kriege waren in früheren Jahrhunderten keineswegs weniger todbringend, man vergesse nicht, daß z. B. dem Dreißigjährigen Krieg im 17. Jhdt. 70 % der damals in Deutschland lebenden Bevölkerung als Folge direkter oder indirekter Kriegseinwirkungen (Seuchen) zum Opfer fielen. Dieser Prozentsatz war trotz wirksamerer Waffen im Zweiten Weltkrieg um Größenordnungen kleiner, da zwischenzeitlich vor allem auch die Medizin erhebliche Fortschritte gemacht hatte.

Mir persönlich scheint übrigens die Behauptung, der Zweck eines Kriegsschiffs bestände im Abschlachten von Mitmenschen, eine allzu grobe Simplifizierung zu sein, was ich aber hier nicht weiter diskutieren möchte. Einig mit mir müßten aber auch die Kritiker sein, daß in jedem Fall der Erbauer des mit Sicherheit harmlosen Kriegsschiffsmodells eigentlich die falsche Adresse für die Forderung ist, den Bau oder Betrieb von realen Kriegsschiffen aus finanziellen oder humanen Gründen einzuschränken oder gar zu stoppen. Praktisch hat auch der Erbauer, wie jeder andere Bürger, ja wohl nur in seiner Eigenschaft als Wähler einer diese Forderung entscheidenden Regierung einen wenn auch nur winzigen Einfluß; und dies auch nur in den wenigen demokratisch verfaßten Staaten dieser Erde.

Selbst wenn wir die These der Kriegsverherrlichung durch den Kriegsschiffsmodellbau ruhig einmal als gegeben annehmen, ist diese Logik dann analog natürlich auch bei anderen Aktivitäten anzuwenden. So muß man dann jeden Hobby-Autofahrer — und natürlich auch jeden Automodellbauer — beschuldigen, er billige und „verherrliche" die Tatsache der weltweit jährlichen Viertelmillion von Verkehrstoten, wogegen sich auch die autofahrenden Kriegsschiffsmodell-Kritiker bestimmt vehement — und zu recht, meine ich — wehren werden. Bezogen auf die Zahl der Menschenopfer ist dieser Vergleich übrigens leider gar nicht so abwegig, sind doch z. B. in der Zeit des Vietnamkrieges weit mehr Menschen in den USA selbst durch Autounfälle getötet oder verkrüppelt worden, als durch die Kriegseinwirkungen im Fernen Osten; die Verluste beim Gegner durch die Waffenwirkung von Schiffen der zuständigen 7. US-Flotte — und über Kriegsschiffe diskutieren wir hier — waren noch um Größenordnungen kleiner.

2. Bauplan und Modellkonstruktion

Von Baukastenmodellen einmal abgesehen, beginnt der Bau eines Schiffsmodells mit der Beschaffung geeigneter Bauunterlagen (Bilder, Skizzen oder eventuell Bauplan), die für den erfolgreichen Bau eines Modells unabdingbar sind.

Gut ist man dran, wenn ein Bauplan des ins Auge gefaßten Modells erhältlich ist. Es gibt sie inzwischen recht zahlreich, solche Baupläne, mehr oder weniger ausführlich und genau und in den unterschiedlichsten Modell-Maßstäben; auch vom Autor dieses Buches gibt es ein paar im Maßstab 1:200 im Bauplandienst des Neckar-Verlages.

Was sollte solch ein Plan zumindest enthalten?

Nun, auf jeden Fall die Ansicht des Modells in Seiten- und Draufsicht, möglichst im Modell-Maßstab 1:1, damit man sich das Aussehen des fertigen Modells gut vorstellen kann. Dieses Vorstellungsvermögen wird gefördert, wenn darüber hinaus auch noch eine Bug- und Heckansicht vorhanden ist.

Unbedingt für den Nachbau des Rumpfes erforderlich sind auch die Linienrisse (Spanten-, Längenlinien- und Wasserlinienriß; letzterer wird bei Rumpfkonstruktionen in Schichtbauweise als Schichtplan geliefert), mindestens aber ein engmaschiger Spantenriß.

Ohne weitere Detailzeichnungen der Aufbauten (z. B. in Form von Schnitten) wird man beim Nachbau wohl nicht klarkommen, und auch der detailgetreue Bau der verschiedenen „Ausrüstungsgegenstände" (bei Kriegsschiffen z. B. Geschütze, Leitanlagen, Raketenstarter, elektronische Sensoren usw.) muß durch ergänzende Detailansichten unterstützt werden.

Ob ein Plan dagegen genaue Anweisungen bezüglich der praktischen Ausführung des Modells enthalten soll (Modell-Konstruktionspläne), ist wohl mehr Ansichtssache; viele Modellbauer überlegen sich ganz gerne selber, wie ein spezifisches Problem modelltechnisch gelöst werden kann, andere greifen lieber zur Bauanleitung.

Zwangsläufig schränkt das Rückgreifen auf fertige Baupläne die Möglichkeiten nachzubauender Objekte stark ein, da die Vorauswahl ja schon der Zeichner des Bauplans getroffen hat. Die größte Auswahl und die beste Entfaltungsmöglichkeit für das persönliche Können und die eigene Kreativität bietet daher in jedem Fall der eigene Plan, mit dessen Herstellung wir uns deshalb in diesem Kapitel zuerst beschäftigen wollen.

Ich möchte schon gleich hier bemerken, daß unser weiteres Vorgehen die „Supergenauen" unter den Schiffsmodellbauern nur sehr bedingt befriedigen wird, ist doch die vorgeschlagene Methode eine Art „Rekonstruktion" im wörtlichen Sinne, wo wegen Geheimhaltung Unbekanntes durch „Näherungen" ersetzt wird.

2.1 Planunterlagen

Die Genauigkeit des fertigen Plans, dessen Zeichnung ja auf der Auswertung zugänglichen Fotomaterials sowie auf der maßstäblichen Vergrößerung kleiner, mehr oder weniger genauer Skizzen beruht, hängt naturgemäß wesentlich von der Originaltreue der zur Verfügung stehenden Unterlagen ab. Ohne genauere Unterlagen, unter denen sich nach Möglichkeit auch Strichzeichnungen des gewünschten Vorbilds befinden sollten, geht es deshalb nicht. Auf gute Detaillierung dieser Strichzeichnungen muß besonderer Wert gelegt werden; diese steigt naturgemäß mit dem Abbildungsmaßstab. Meist sind die Strichzeichnungen Seiten- und Draufsicht des Vorbilds, seltener auch Bug- und Heckansichten.

Die Beschaffung von Werftunterlagen, wie sie von Handelsschiffs-Modellbauern gern und erfolgreich vorgenommen wird, ist zweifelsfrei die einfachste und darüber hinaus genaueste Methode, sind doch die Schiffs-Generalpläne der Werften nicht nur sehr genau, sondern oft auch in relativ großem Maßstab gehalten, so daß sie u. U. sogar direkt als Rohplan verwendet werden können. Diese Möglichkeit kommt bei zeitgenössischen Kriegsschiffen leider durchweg nicht in Betracht, da diese Schiffbausparte mehr oder weniger der Geheimhaltung unterliegt und Unterlagen über moderne Einheiten selbst für Modellbauzwecke wohl kaum zur Verfügung gestellt werden dürften.

Etwas weniger genau als Werftunterlagen, aber für die meisten Anwendungen (bestimmt für Maßstäbe kleiner als 1:100) immer noch detailfreudig genug, sind die Seiten- und Aufrisse moderner Einheiten, wie sie gewöhnlich seitenfüllend z. B. anläßlich von Indienststellungen in einschlägigen Fachzeitschriften (z. B. [Z 2], [Z 3], [Z 4] und [Z 5] *) zu finden sind. Sie müssen daher überwiegend, neben zusätzlichem Bildmaterial zur Erhellung von Unklarheiten als Quelle für die Rohplan-Herstellung herhalten.

Noch relativ gut geeignet als Ausgangsbasis für Seiten- und Draufsichten der meisten zeitgenössischen Kriegsschiffe sind die Risse in Weyers Flottentaschenbuch [B 1]; es erscheint, jeweils auf den neuesten Stand gebracht, regelmäßig alle zwei Jahre. Die hier gegebenen Risse, im einheitlichen M. 1:2000 gehalten (nur kleine Küstenfahrzeuge werden im größeren M. 1:1000 wiedergegeben), sind, zieht man einmal den kleinen Abbildungsmaßstab in Betracht, noch sehr detailreich, wobei die verschiedenen Decks, wohl der besseren Lesbarkeit wegen, in unterschiedlichen Grautönen gehalten sind. Bei Verwendung als Vorlage für die fotografische Vergrößerung, eine Methode der Rohplan-Herstellung, die im weiteren ausführlicher besprochen werden wird, sind diese Grautönungen leider weniger geeignet; bei der Vergrößerung tritt die Grautönung nämlich als Punktrasterung zu Tage und stört mehr als sie nützt. Man kann die Risse zwar verwenden, besser sieht man sich aber nach „ungetönten" Rissen um.

Oft hat man sich als Modellbauer auf eine bestimmte Kategorie von Schiffen spezialisiert oder bevorzugt eine bestimmte Marine (wie z. B. der Autor die US-NAVY). Dann kann man auf Speziallitetatur zurückgreifen; so bei der US-NAVY auf die Bücher von S. Terzibatschitsch (z. B. [B 2], [B 3], [B 4] und [B 5]) und für die sowjetische Marine, um nur die beiden größten Marinen zu erwähnen, jene von Breyer ([B 6]). Hier sind die benötigten Zweiseitenansichten ungetönt, recht detailliert und oft im größeren Maßstab 1:1250 dargestellt.

Bei modernen Kriegsschiffen beschränken sich übrigens die Risse fast immer auf die Überwasser-Ansichten, da Details des Antriebes und der Ruderanlage sowie die Anzahl und Anordnung eventuell vorhandener Stabilisierungsflossen im geheimen Dunkel bleiben sollen oder schlicht nicht bekannt sind, da die Risse durch Auswertung spezieller, stereometrischer Fotografien der – natürlich schwimmenden – Einheit hergestellt wurden.

Ergänzt werden müssen die Strichvorlagen in jedem Fall durch ausreichendes Bildmaterial des betreffenden Originals, da viele Details nur mit dieser Untermauerung modelltechnisch richtig gedeutet werden können. Für nicht allzu ausgefallene Vorbilder kann dieses Bildmaterial aus der schon erwähnten Fachliteratur bezogen werden, die auch in vielen öffentlichen Bibliotheken einzusehen ist; man muß sie also nicht unbedingt kaufen.

Bezüglich Bildmaterials speziell aus der US-Navy kann der sehr eindrückliche Farbbildband von Maroon und Beach „Keepers of the Sea" [B 15] nur wärmstens empfohlen werden, dessen begleitender Text, leider in englischer Sprache, auch einigen Aufschluß

---

* die Zeichen in [...] beziehen sich auf das Quellenverzeichnis für Zeitschriften (Z) und Bücher (B) am Schluß dieses Buches.

über den Alltag an Bord sowie technische Details der verschiedenen Schiffstypen anzubieten hat. So etwas findet man in den reinen Flottenhandbüchern kaum, ganz zu schweigen von den, auch vom fotografischen Standpunkt aus gesehen, wirklich exzellenten, überwiegend großformatigen Farbaufnahmen.

Auch hat man theoretisch bei zeitgenössischen Einheiten immer die Möglichkeit – besonders wenn man in der Nähe von Seehäfen wohnt –, anläßlich von Flottenbesuchen sich dieses Bildmaterial mit der eigenen Kamera „gezielt" zu beschaffen. Bei Details der Elektronik oder der Waffensysteme ist man meist nicht einmal auf das Originalschiff angewiesen, da entsprechende Einrichtungen oft fabrikationsspezifisch sind, d. h., ein bestimmter Typ Radaranlage sieht z. B. bei allen Schiffen gleich aus.

Können keinerlei Zeichnungen des Originals beschafft werden, so kann man sich notfalls mit dem Bau eines kleinen Plastikmodells (wie sie für eine große Zahl von westlichen Vorbildern mit hoher Genauigkeit z. B. von den Firmen Revell, Airfix, Tamiya und Heller, um nur einige zu nennen, angeboten werden) behelfen; diese Firmen scheinen zum Teil Zugang zu Originalunterlagen zu haben. Den Rohplan erstellt man dann durch Abnahme der Vermaßung mit dem Stechzirkel und Zeichnung des Plans nach Maßstabsumrechnung.

Von praktischer Bedeutung kann diese Methode für die Konstruktion der meist nicht bekannten Unterwasserrümpfe sein. Ganze Modelle nach dieser Methode auszulegen, scheint mir dagegen weniger vorteilhaft, da sie extrem aufwendig und relativ ungenau ist, selbst wenn man davon ausgeht, daß die Detailtreue des Plastikmodells selbst recht ordentlich ist.

Hat man sich die Strichvorlagen von Seiten- und Draufsicht in ausreichender Qualität beschafft, so erhält man den Rohplan durch Vergrößerung in die gewünschten Modellabmessungen, die durch den zu wählenden Modellmaßstab festgelegt sind, über dessen Wahl wir zunächst sprechen sollten.

2.2 Wahl des Modellmaßstabes

2.2.1 *Generelle Maßstabsbeziehungen*

Wie schon eingangs erwähnt, gibt der Modellmaßstab, im weiteren immer mit „α" bezeichnet, das Verhältnis von Längenmaßen auf dem Modell (L') zu den äquivalenten Längen auf dem Original (L) an; dabei bezieht sich das '-Zeichen immer auf Größen am Modell:

$$\alpha = \frac{L'}{L}$$

woraus folgt: $L' = \alpha \times L$

So bedeutet z. B. Maßstab 1:200 ($\alpha = 1{:}200 = 0{,}005$): 200 cm am Original entsprechen 1 cm am Modell.

Bei Flächengrößen (A', bzw. A) ist der Maßstab zu quadrieren: $A' = \alpha^2 \times A$

In unserem Beispiels-Maßstab 1:200 entspricht 1 cm² am Modell 4 m² am Original.

Für uns wichtiger sind die Maßstabsrelationen für Raummaße, erlauben sie doch bei Kenntnis der Verdrängung des Originals eine Abschätzung des Modellgewichts bei maßstäblichem Tiefgang. Wir erinnern uns: Die Verdrängung ist das Gewicht des Wassers, das durch den eingetauchten Teil des Schiffsrumpfes „verdrängt" wird; nach Archimedes

(287–212 v. Chr.) ist dieses identisch mit dem jeweiligen Gewicht des Schiffes. Da der ins Wasser getauchte Rumpfabschnitt mit dem Tiefgang beschrieben wird, ist dessen Angabe bei der Verdrängungsbestimmung unumgänglich.

Bei Raummaßen (V bzw. V') ist der Maßstab mit 3 zu potenzieren: $V' = \alpha^3 \times V$

Ein M.-1:200-Modell wiegt bzw. verdrängt somit nur 1/8 000 000 des Originals, oder – anschaulicher ausgedrückt – einem Gramm Modellverdrängung entsprechen 8 Tonnen Originalverdrängung. Diese Relation ist exakt nur für den Fall gültig, daß auch das Modell auf einem „Teich" mit Seewasser zum Einsatz kommt, da sich die Verdrängung von seegängigen Schiffen auf Meerwasser bezieht. Bei Einsatz in Süßwasser, und das ist wohl der Regelfall, muß das Modell bei maßstäblichem Tiefgang und vergleichbarer Wassertemperatur um den Faktor 0,975 leichter sein (Dichte Süßwasser/Meerwasser = 0,99/1,025, bei einer Temperatur von 15° C): $M' = 0{,}975 \times \alpha^3 \times M$

Bei der Umrechnung von Geschwindigkeiten (v' bzw. v) sind die Verhältnisse komplizierter und der für diese Fragen zuständige technische Wissenschaftszweig, die Ähnlichkeitsmechanik, hat keine eindeutig schlüssige Antwort parat. Die einfache Maßstabsrelation α führt eindeutig zu niedrigen Modellgeschwindigkeiten. Bei Modellschleppversuchen, die im Großschiffbau bei der Erforschung günstiger Unterwasser-Schiffsformen eine große Rolle spielen und unserer Problemstellung wohl am nächsten kommen, geht man daher von der Ähnlichkeit der erzeugten Wellenbilder aus und kommt bei Abwägung der verschiedensten Einflüsse zu folgender Maßstabs-Relation für die Geschwindigkeit:

$$v' = \sqrt{\alpha} \times v$$

In unserem Beispiels-Maßstab entspricht dann 1 kn Original- ungefähr 0,13 km/h Modellgeschwindigkeit ($\sqrt{200} = 14{,}14$; 1 kn = 1,852 km/h).

Auch die Abschätzung der für das Modell benötigten Antriebsleistung (N') sollte eigentlich über den Maßstab möglich sein. Hat man mit den oben diskutierten Relationen und den entsprechenden Werten des Originals das Modellgewicht und die Modellgeschwindigkeit bestimmt, so kann man für Verdrängungsschiffe (der für fast alle Kriegsschiffe geltende Fall) nach H. Böck [B 7], die benötigte Modell-Antriebsleistung näherungsweise wie folgt bestimmen: $N' = U \times I$
$$= 3 \times v'^3 \times \sqrt{M'} \text{ (in W)}$$

mit U = Motor-Klemmenspannung   I = Motorstrom   v' in m/s   M' in kg

Für ein Schlachtschiffmodell im M 1:200 mit 7,5 kg Gewicht und einer maßstäblichen Geschwindigkeit von 1,19 m/s erhält man z. B. 13,8 W benötigte Antriebsleistung.

Es erscheint mir allerdings einleuchtender zu sein, für die Abschätzung der für das Modell benötigten Antriebsleistung direkt eine Maßstabs-Relation zur meist bekannten Maschinenleistung des Originals zu verwenden, ist doch diese an die Widerstandswerte des zugehörigen Rumpfes optimal angepaßt. So haben denn auch verschiedene Autoren vorgeschlagen, wie schon für die Verdrängung, auch für die Maschinenleistung als Relation die dritte Potenz des Maßstabes zu verwenden: $N' = \alpha^3 \times N$

In unserem Beispiel entsprechen dann z. B. den 210 000 PS unseres Schlachtschiffs ungefähr 19,5 W im Modell (1 PS = 735,3 W) ein Wert für die Antriebsleistung des Modells, der im großen und ganzen wohl als recht brauchbar angesehen werden kann.

Es ist klar, daß andere, im Schiffbau wichtige Kennzahlen wie Schlankheitsgrad d

$$d = \frac{V}{L \times B \times T} = d'$$

mit L, B, T = Länge, Breite, Tiefgang

und Völligkeit b

$$b = \frac{A_{\text{Hauptspant}}}{B \times T} = b'$$

mit A = Hauptspant-Querschnittsfläche

vom Maßstab unabhängig und somit für Modell und Original gleich sind.

2.2.2 *Maßstabs-Auswahlkriterien*

Die Auswahl des Modellmaßstabes richtet sich nach einer ganzen Reihe von Kriterien, die im weiteren kurz diskutiert werden sollen. Generell sollte man wohl gewisse „Spielregeln" einhalten und sich an eingebürgerte Maßstäbe halten. Für Fahrmodelle, und von diesen wird im folgenden fast ausschließlich die Rede sein, sind das in aufsteigender Reihenfolge die folgenden Werte:

1:200, 1:100, 1:75, 1:50 und 1:25

Die Wahl des Maßstabes wird überwiegend durch den geplanten Schiffstyp bestimmt. So ist es wohl unsinnig, einen Super-Flugzeugträger im M 1:25 bauen zu wollen, d. h. einen kleinen „Vergnügungsdampfer" von 12 m Länge und 4,2 t Verdrängung, oder ein Schnellboot im M 1:200 (20 cm lang, Verdrängung 30 g). Die Wahl des Schiffstyps auf der anderen Seite wird neben der persönlichen Vorliebe des Erbauers vor allem auch vom späteren Verwendungszweck des Modells beeinflußt.

Ist man hauptsächlich am Bau selbst interessiert, läßt jeden Ehrgeiz bezüglich Lorbeeren auf F2-Wettbewerben (bzw. F6/F7) vermissen und bringt daher das Modell nur nach eigenem Gutdünken und bei idealen Wetterbedingungen zum Teich, so spielt die Schwimmstabilität wohl eine untergeordnete Rolle. Man kann Kreuzer oder Flugzeugträger mit großem Schlankheitsgrad und nicht gerade berauschender Schwimmstabilität auf Kiel legen, die aus Transportgründen am besten im M 1:200 gehalten werden sollten (Super-Flugzeugträger ergeben dann Modellabmessungen von rund 160 × 40 × 40 cm bei Gewichten von 12 kg). Diese Modelle besitzen dann auch noch genügend Tragfähigkeits-Reserve für Sonderfunktionen. Soll das Modell dagegen zum Ruhme des Erbauers auch auf Wettbewerben paradieren, bei denen mit einer Fahrprüfung bei u. U. auch rauheren nautischen Bedingungen gerechnet werden muß (Wettbewerbsklassen F2 bzw. F6/F7), so ist M 1:200 wohl ungeeignet. Man mache sich in diesem Zusammenhang einmal an Hand der oben diskutierten Maßstabsrelationen klar, was schon relativ ruhige Wasser für ein kleinmaßstäbliches Modell bedeuten. So wird z. B. ein „Lüftchen" mit 10 km/h Windgeschwindigkeit und Wellenhöhen von 5 cm von unserem M 1:200-Modell schon wie ein Orkan mit Windgeschwindigkeiten von 140 km/h und Wellenhöhen von 10 m „erlebt". Daß solche „Unwetter", die im Modellalltag relativ häufig vorkommen, durchweg schadlos überstanden werden, liegt vor allem an der, verglichen mit den Originalen, sehr viel höheren Schwimmstabilität unserer Modelle (z. B. tieferer Schwerpunkt) sowie an der sehr viel robusteren Bauweise. Für Wettbewerbsmodelle ist daher wohl M 1:50, im Grenzfall M 1:100, zu wählen, was andererseits das Spektrum nachzubauender Vorbilder, vornehmlich aus Transportgründen, einschränkt.

Ein häufig gehörtes Argument gegen die kleinen Maßstäbe ist, daß bei Verwendung von Maßstäben kleiner M 1:100 die Detailwiedergabe-Möglichkeiten zu sehr eingeschränkt seien, um genügend detaillierte Modelle bauen zu können. Dies ist insofern richtig, als man natürlich im M 1:200 keine „einzelnen Sechskant-Schraubenköpfe" mehr darstellen kann. Andere Leute glauben wiederum, daß ein großer Maßstab wie 1:25 sie von allzugenauer Feinarbeit befreien wird. Aber jetzt kommt die schon zitierte „Sechskant-

Schraube" wieder ins Spiel, die es, soll das Modell eben wirklich gut aussehen, nachzubilden gilt.

Meiner Ansicht nach ist das Problem der möglichen und nötigen Modell-Detaillierung im wesentlichen eine Frage des „Auflösungsvermögens" unserer Augen. So empfinden wir als Beschauer ein Modell als sehr gut detailliert, wenn die kleinsten Gegenstände am Modell z. B. nicht größer als sagen wir 1 mm sind. Haben wir es mit einem M 1:25-Modell zu tun, so sind noch alle Gegenstände modelliert worden, die am Original größer als 25 mm sind, also theoretisch die meisten Schrauben. Im Falle des M 1:200-Modells sind die 1-mm-Stücke aber schon 20 cm lang, die meisten Schrauben fallen also außer „Betracht"; es gibt allerdings weiterhin genug nachbauwürdige Gegenstände, da das entsprechende Vorbild fast immer auch größer ist. Für das Auge des die Modelldetaillierung beurteilenden Beschauers sind beide Modelle etwa gleich gut gebaut, selbst wenn, absolut gesehen, auf dem M 1:25-Modell kleinere Details zu finden sind.

Und selbstverständlich wird auch das modellbauerische Können ausschließlich durch die Abmessungen der einzelnen Modelldetails demonstriert. Ich möchte daher vor der Ansicht warnen, daß das Bauen im kleineren Maßstab leichter sei, da viele Details ja nicht mehr dargestellt werden können. Vielmehr wird nach dem oben Gesagten wohl klar, daß ein gut gebautes M 1:200-Modell im Prinzip genausoviele „1-mm-Details" enthalten kann, wie ein gut gebautes im M 1:25; die Details stellen – abhängig vom Maßstab – nur Unterschiedliches dar. Das angegebene Beispiel – kleinste Detailgröße 1 mm – ist übrigens ein recht ordentlicher Modellbau-Standard. Nicht viele Modelle, welcher Maßstab auch immer, dürften solche Detailvielfalt erreichen.

Die Auswahl der Maßstabes hängt also vor allem von den Dimensionen des Vorbildes ab. Dazu kommen die „Ressourcen" bzw. der Geldbeutel und nicht zuletzt auch die Transportmöglichkeiten für das zu bauende Modell. Bei Berücksichtigung all dieser Argumente ist für Fahrmodelle der Maßstab jeweils so groß als möglich zu wählen.

2.3 Fotografische Vergrößerung

Mit der Festlegung des Modell-Maßstabes können wir die Abmessungen unseres zukünftigen Modells bestimmen und auch überschlägig abschätzen, ob die Tragfähigkeit des Modells (Verdrängung) die vorgesehene Zuladung (Antrieb, Steuerung und eventuell Ballast) aufnehmen kann und ob wir selbst auch das fertige Modell „aufnehmen", also bequem transportieren können.

Es gibt nun, wie so oft, mehrere Methoden, von den Strichvorlagen zu brauchbaren Rohplänen zu kommen:

a) Möglich, wenn auch sehr umständlich und oft auch ungenau, ist die Vergrößerung der Risse mit Zollstock und Rechner. Besonders bei kleinen Details, wenn es in die Zehntel-Millimeter geht, wird das oft sehr problematisch.

b) Die bessere Methode ist daher die fotografische Vergrößerung. Sie ist ein einfacher und kostengünstiger Weg, eine gegebene Strichvorlage kleinen Maßstabs, in der Regel Seiten- und Draufsicht, auf eine Zweiseitenansicht im gewünschten Modellmaßstab zu vergrößern und damit einen „Rohbauplan" zur Verfügung zu stellen, der dann freilich weiter überarbeitet werden muß. Dieser Weg ist allerdings, will man die Angelegenheit finanziell im Griff behalten, an das Vorhandensein einer Kamera mit Repromöglichkeit sowie einer einfachen, fotografischen Dunkelkammerausrüstung gebunden; SW-Standard genügt natürlich.

c) Die Vergrößerungsarbeit übernimmt auch gerne die nächste „Reprographische Anstalt", doch nimmt die verständlicherweise ihren Preis.

Wir wollen uns im weiteren der „hausgemachten" Vergrößerung noch ein wenig näher zuwenden, für die man, wie erwähnt, eine Kamera mit Möglichkeiten für Makroaufnahmen benötigt. Man braucht also entweder ein Makroobjektiv, Zwischenringe bzw. ein Balgengerät oder, im Falle von einfachen Kameras, Vorsatzlinsen. Das weiter benötigte Reprogerät kann man sich provisorisch mit zwei 100-W-Lampen zur beidseitigen Ausleuchtung und dem leicht „denaturierten" Vergrößerungsgerät – ein Stativ tut es auch – selber herstellen. Dazu zeigt die Fotografie (Abb. 2.1), wie der Aufbau der Reproeinrichtung von mir bewerkstelligt wird, um relativ gut ausgeleuchtete Negative zu erhalten.

Der Lampenkasten des Vergrößerungsgeräts ist abgenommen, der Kondensor und das Objektiv entfernt und die Filmbühne um 180 Grad gedreht. Das Objektiv der Kamera (EXAKTA mit Zwischenringen) steht auf der offenen Objektivbühne. Die beiden Lampenfassungen sind mit matten Kartonreflektoren versehen (leere Fotopapier-Schachteln), um das Streulicht zu unterdrücken und mit Vierkantstab und Papphülsen am Reprogerät befestigt; d. h. hier liegt der Vierkantstab eigentlich nur auf der Kamerarückwand.

Als Repro-Filme kommen nur sogenannte „Strichfilme" in Frage, von denen der gängigste der AGFA-ORTHO 25 ist; der Film muß nach der Belichtung in einem Spezialentwickler (z. B. TETENAL DOKUMOL) entwickelt werden, um die für die weitere Bearbeitung unbedingt notwendige Negativgüte (wenig Grautöne, d. h. extrem harte Gradation) erzielen zu können. Die Belichtung richtet sich naturgemäß nach dem Abstand zwischen Objektiv und Vorlage. Bei meinen Aufnahmen liegt sie in der Größenordnung von 1/4

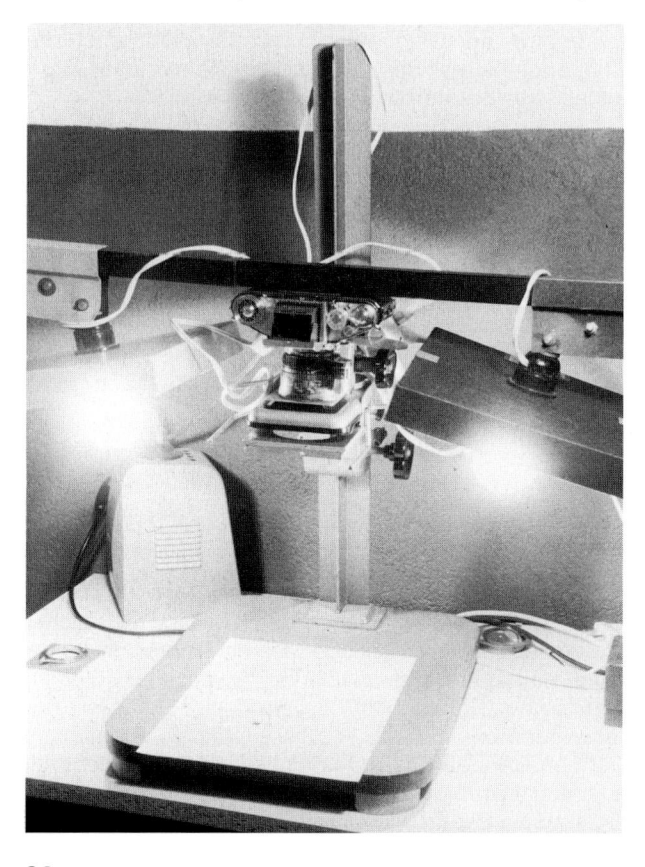

Abb. 2.1:
Reproduktionseinrichtung
für fotografische
Planvergrößerungen (Aufnahme)

Sekunde bei Blende 5.6, die für ausreichende Tiefenschärfe mindestens nötig ist; zum Auslösen verwende ich zur Beruhigung den Selbstauslöser. Eine Serie von Aufnahmen mit verschiedenen Belichtungen ist anzuraten.

Im nächsten Arbeitsgang wird nun die Zweiseitenansicht auf die maßstäblichen Modellabmessungen vergrößert, wobei man einen ersten Eindruck vom späteren Aussehen des Modells gewinnen kann. Wichtig ist in diesem Zusammenhang nur, daß das Vergrößerungsgerät wirklich so eingestellt wird, daß die Risse genau den Modellabmessungen entsprechen. Wie dieser Arbeitsgang so in etwa aussieht, zeigt das Foto in Abb. 2.2. Wegen der enormen Vergrößerung wird auf den Boden projiziert (an Stelle des lichtempfindlichen Fotopapiers liegt auf der Abbildung übrigens schon ein fertig entwickelter und zusammengeklebter Rohplan).

Als Fotopapier kommt Spezialpapier für die Reproduktion von Strichvorlagen zur Anwendung; das gängigste ist hier COPYLINE P-95 von Agfa-Gevaert, ein papierdünnes, relativ empfindliches und bezüglich der Gradation extrem hartes Fotopapier, das nach der Belichtung ebenfalls in DOKUMOL entwickelt werden sollte.

Die wenigsten Hobby-Fotografen verfügen natürlich über Einrichtungen zur Entwicklung und Fixierung von Blättern in Meter-Dimensionen, auch der Autor nicht. Ich verwende daher Fotopapiergrößen im DIN-A 4-Format, die ich unter dem Vergrößerungsgerät (Rotfilter vorschalten) bilddeckend zusammenlege, nach der Belichtung einzeln verarbeite und nach der Trocknung schließlich zum Rohplan zusammenklebe.

Abb. 2.2:
Vergrößerungsaufbau
für fotografische
Planvergrößerung

2.4 Planzeichnung

2.4.1 *Seiten- und Draufsicht*

Die fotografische Vergrößerung der Strichzeichnungen kann leider meist nur als sehr grobes Plangerüst verwendet werden. Eine — wegen der oft extremen Vergrößerung — unscharfe und breite Strichdicke, gewisse Unschärfen an den Rändern (die meisten Fotoobjektive arbeiten nicht so exakt) und auch Zeichenfehler in den Vorlagen selbst treten jetzt voll zutage; ja Sie werden feststellen, daß selbst sehr genau gezeichnet scheinende Risse ihre Ungenauigkeiten haben. Wohl oder übel muß man daher jetzt ans Zeichenbrett; ein normaler Tisch, der einige Wochen für andere Zwecke entbehrt werden kann, tuts natürlich auch. Man besorgt sich zunächst dickes Transparentpapier; das dickste ist hier gerade gut genug, um auch genügend „Reserve" bei eventuell nötigen Radierungen als Folge von Zeichenfehlern zu haben. Dann überträgt man die vergrößerte Strichvorlage auf das Transparentpapier. Je nach Geschmack kann man diese Arbeit mit dem Tuschfüller oder einem Bleistift ausführen; der Autor zieht den Tuschfüller, der besseren Sichtbarkeit wegen, trotz der Nachteile einer schlechten Radierbarkeit bei Zeichenfehlern (Glasfaserstifte sind am besten geeignet) und der allgegenwärtigen Rücksichtnahme auf ausreichende Tintentrocknung, vor.

Neben der reinen Übertragung der Vorlage beinhaltet dieser Arbeitsgang vor allem auch ein intensives Vertrautmachen mit der Konstruktion des Originals und damit auch des späteren Modells, muß man sich doch schon beim Zeichnen gut überlegen, wie die einzelnen Teile zusammengehören. Dabei kommt jetzt auch das Bildmaterial ins Spiel, von dem wir schon im Abschnitt 2.1 gesprochen haben. Denn spätestens jetzt werden Sie feststellen, daß dieses ergänzende Bildmaterial dringend erforderlich ist, um die Seiten- und Aufrisse richtig interpretieren zu können. Hier ist auch der Zeitpunkt, wo die eventuell nicht sehr detaillierten Risse — bei den oft notwendigen, starken Vergrößerungen entstehen eine ganze Reihe leerer Flächen, oder bei „Kleinteilen", wie z. B. Radargeräten, einfach dunkle Punkte — durch dem Bildmaterial entnommene Details ergänzt werden müssen.

Unter Zuhilfenahme der fotografischen Unterlagen sollte es nun möglich sein, die Bug- und Heckansicht aus Seiten- und Draufsicht zu konstruieren. Hilfreich für die weitere Konstruktion des Modells sind in diesem Zusammenhang auch die Zeichnungen von weiteren Schnitten an charakteristischen Stellen (analog den im Abschnitt 2.4.3.1 diskutierten Spantenrissen für den Rumpf), um so die Struktur der Aufbauten genauer „in den Griff" zu bekommen, gibt doch Bug- und Heckansicht meist nur eine sehr ungenaue Vorstellung von der Linienführung in Schiffsmitte.

Basierend auf den Ansichten können jetzt auch wichtige Details ausschnittsweise dargestellt werden, wobei erneut Bildmaterial, gegebenenfalls auch von anderen Schiffen mit gleichen Ausrüstungsgegenständen, verwendet werden kann.

2.4.2 *Unterwasserrumpf und mögliche Modifikationen der Ruder- und Antriebsanlage*

Offen ist jetzt möglicherweise noch die Form des Unterwasser-Rumpfes, von der uns oft genauere Angaben fehlen werden. Am besten ist hier natürlich das Ausmessen eines der schon oben angesprochenen Plastikmodelle vom gleichen Vorbild. Ist ein solches nicht zu bekommen, oder will man sich einfach dessen Anschaffung sparen, so muß man sich erneut mit „Näherungen an die Realität" behelfen, wobei allerdings gewisse „Eckdaten" wie Schraubenzahl, Tiefgang, Vorhandensein eines Bugsonardoms usw. gewöhnlich bekannt sind.

Zum typischen Aussehen eines Unterwasserrumpfes kann man sagen, daß die meisten größeren Schiffe über weite Strecken einen ebenen Kielboden besitzen, wobei der Übergang zur vertikalen Rumpfseitenwand mehr oder weniger stark „abgerundet" ist. Unbekannt bleiben damit nur noch die restlichen 10 % im Bug- und vor allem Heckbereich des Schiffes, also insbesondere die genaue Form des als „Bugbirne" ausgebildeten Bugsonardoms und die Anordnung der Schrauben und Ruder im Heckbereich.

Aber selbst wenn die genaue Unterwasser-Rumpfform aus Originalunterlagen beschafft werden kann, ist es einer Überlegung wert, ob es bei Fahrmodellen, insbesondere mit kleinen Abbildungsmaßstäben (z.B. 1 : 200), immer sinnvoll ist, den Unterwasserrumpf sklavisch genau dem Original nachzubilden, da gewöhnlich sowohl die maßstabsgetreuen Schrauben als auch die aktiven Ruderflächen allzu „mickrig" ausfallen und daher einer wünschenswerten Fahrtüchtigkeit unseres Fahrmodells eher entgegenstehen. Die weiteren Ausführungen dieses Abschnitts beschäftigen sich daher mit den konstruktiven Auslegungskriterien für eine wirksame Antriebs- und Ruderanlage, die in all den Fällen von Nutzen sein können, in denen entweder diesbezüglich genauere Unterlagen über das Original fehlen, oder aber der gewählte Maßstab so klein ist (z.B. 1 : 200), daß einige Änderungen zugunsten der Modellfahrtüchtigkeit sinnvoll erscheinen.

2.4.2.1 *Die Schiffsschraube*

Bei fast allen zeitgenössischen Kriegsschiffen wird die Antriebsleistung mit Schiffsschrauben in Vortrieb umgesetzt; andere Antriebsformen können daher hier unerwähnt bleiben.

Die Schiffsschraube wandelt die Antriebsmaschinenleistung in Schub um, indem sie das Wasser in ihrem Aktionsbereich senkrecht zu ihrer Drehrichtung beschleunigt, wozu sie mit geeignet geformten Propellerblättern ausgerüstet ist, bei zeitgenössischen Kriegsschiffen meist mit vier bis sieben. Der Vorschub ergibt sich dabei aus der Impulsdifferenz zwischen ein- und ausströmendem Wasserstrom (Impuls = Wassermasse × Wassergeschwindigkeit).

Es ist einleuchtend, daß das Beschleunigungsvermögen eines Schiffspropellers von einer ganzen Reihe von Einflußgrößen abhängig ist, wie vor allem von Fläche und Anzahl der einzelnen Propellerblätter (für die Wassermasse), der Blattsteigung und der Propellerdrehzahl (für die Wasserbeschleunigung), sowie nicht zuletzt auch von den Propeller-Anströmungsverhältnissen. Genaue Beziehungen für diese Abhängigkeiten anzugeben ist sehr schwierig und erfordert im Großschiffsbau komplizierte Computerberechnungen bzw. Versuche, die − selbst wenn man Zugang zu geeigneten Computern und Programmen hätte und sie auch fürs Modell durchführen könnte − dem Durchschnitts-Modellbauer praktisch kaum etwas nutzen würden, da er die Schrauben mangels geeigneter Fertigungsmöglichkeiten doch nicht selbst herstellen kann, sondern aus dem reichen Angebot des Fachhandels beziehen muß.

Wie groß sollen nun also die Schiffsschrauben sein, und wie sollen sie aussehen? Wenn immer möglich natürlich maßstabsgerecht, solange nicht ein Mindestdurchmesser unterschritten wird. Dieser Mindestdurchmesser ist praktisch von der benötigten Antriebsleistung abhängig und unterschreitet selbst für Antriebsleistungen von 10 W (pro Motor) kaum 30 mm; für größere Leistungen sind höhere Schraubendurchmesser unabdingbar. Als Faustregel für direkt wirkende, d.h. nicht untersetzte Antriebe gilt:

      Schraubendurchmesser = Motordurchmesser.

Bei Modellen zeitgenössischer Kriegsschiffe sollten die Schrauben mindestens vierflügelig sein; fünf bis sieben Flügel sind bei den Originalen keine Seltenheit. Entsprechende Modellschrauben sind allerdings auf dem Markt nur sehr schwer oder überhaupt nicht zu bekommen.

Dem Schraubendurchmesser ist die Motordrehzahl anzupassen, d.h. es darf aus Gründen der „Kavitationssicherheit" eine Umfangsgeschwindigkeit v_U der Propellerblattspitzen von rund 1000 m/min nicht überschritten werden (daher eventuell Reduktionsgetriebe verwenden); für v_U gilt die Beziehung: $v_U = D \times \pi \times n$

D = Schrauben-Durchmesser in m   n = Drehzahl in U/min

Der Einbau der Schraube hat so zu erfolgen, daß die Blattspitzen im Minimum 10 % des Propellerdurchmessers vom Heckboden entfernt bleiben. Hydrodynamisch wäre es besser, wenn dieser Abstand zu 15 % bis 25 % gewählt würde, optimal wären es gar 30 % bis 50 %, doch stört ein solcher Abstand meist „optisch". Sehr wichtig ist es darüber hinaus, daß der Winkel (β) der Propellerachse zur Waagerechten (Schiffsboden oder KWL) so klein wie möglich bleibt. Der Propellerschub (S) wird nämlich, wie das Kräfteparallelogramm in Abb. 2.3 zeigt, in einen uns ausschließlich interessierenden Vorschub- (V) und einen „Heckhebeanteil" (H) aufgeteilt (die Länge der Pfeile ist in dieser Vektordarstellung ein Maß für den jeweiligen Betrag der Kraft). H ist nur störend und verschwindet logischerweise, wenn der Neigungswinkel β des Stevenrohrs gegen Null geht.

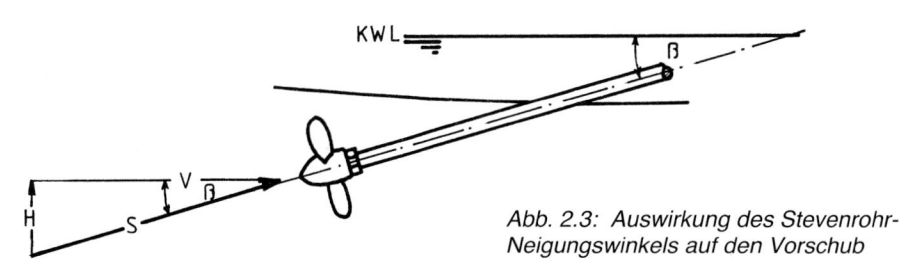

Abb. 2.3: Auswirkung des Stevenrohr-Neigungswinkels auf den Vorschub

Um die für die Effektivität der Schraube nötigen Anströmungsverhältnisse zu verbessern, werden im einfachsten Fall die oft vorhandenen Stevenrohrhalterungen als „Leitbleche" ausgebildet.

Neuerdings ist auch in Modellbaukreisen die „Kortdüse" in Mode gekommen, die insbesondere in ihrer drehbaren Ausführung ideal für gute Manövriereigenschaften ist, z.B. bei Schleppern. Im Kriegsschiffbau findet diese Kortdüsenart weniger Anwendung. Dafür wird z.B. bei mittelgroßen US-NAVY-Einheiten gelegentlich eine starre, kortdüsenähnliche, allerdings etwas längere Ummantelung eingebaut, die angeblich die bei Kriegsschiffen zu vermeidende Geräuschentwicklung des Antriebs stark dämpfen soll (Jet-Pump-Antrieb).

Eine besonders elegante Schraubenkonstruktion ist der Verstellpropeller, der bei Kriegsschiffen bis zu Zerstörergröße verwendet wird, besonders wenn diese durch Gasturbinen angetrieben werden, weil die Drehrichtung einer Gasturbinenanlage nicht umgekehrt werden kann, was für Rückwärtsfahrten und Stopmanöver unbedingt notwendig ist. Bei Dampfturbinen-Anlagen ist übrigens gewöhnlich ein eigener Rückfahrschaufelsatz auf der gleichen Turbinenwelle vorhanden, der gegebenenfalls mit Dampf beaufschlagt werden kann. Im Modell ist der Verstellpropeller vor allem dann angebracht, wenn die Regelbarkeit der Antriebsmaschine nur mäßig ist (z. B. Verbrennungsmotor).

Auf die praktische Ausführung von Leitblechen und Jet-Pump-Antrieb kommen wir noch in Abschnitt 3.3.1 zurück.

2.4.2.2 Zahl der Antriebsanlagen

Die meisten zeitgenössischen Kriegsschiffe besitzen aus Gründen der besseren Manövrierfähigkeit sowie aus Redundanzgründen einen Mehrschraubenantrieb; denn fällt eine

Antriebseinheit aus, so kann immer noch mit den anderen gefahren werden. Zerstörer und Kreuzer besitzen meist zwei Schrauben, größere Einheiten haben oft vier, seltener auch drei Schrauben, um die hohe Antriebsleistung optimal und möglichst geräuscharm in Vorschub umsetzen zu können. Dies ist beim Modell kaum notwendig, ja vielmehr wegen des unvermeidlichen Wirkungsgradverlustes eher störend.

Obwohl erfahrungsgemäß eine Einschraubenanlage mit dem höchsten Wirkungsgrad arbeitet, sollte man sie im maßstabsgerechten Schiffsmodell nur verwenden, wenn auch das Original einen Einschraubenantrieb besitzt, sonst wird es zu ungenau, da die Einschraubenschiffs-Heckgestaltung doch sehr spezifisch ist. Eine gewisse Ausnahme kann man allerdings beim Dreischraubenantrieb insofern machen (häufig verwendet bei größeren deutschen Einheiten aus der Zeit des 2. Weltkrieges), indem man aus Kostengründen nur die mittlere Schraube durch einen Motor antreibt und die äußeren Schrauben leer mitdrehen läßt.

Der Mehrschraubenantrieb dient, wie schon erwähnt, neben der Redundanz vor allem auch der besseren Manövrierfähigkeit. Da ein durch zwei Schrauben angetriebenes Schiffsmodell – ihre richtige Einzelsteuerung vorausgesetzt (auf die wir noch in Kapitel 6.3 kommen werden) – „auf dem Teller" drehen kann, bringt der Zweischraubenantrieb auch beim Modell Vorteile, die aber mit den Nachteilen eines um mindestens 15 % verminderten Wirkungsgrades (O. Krah in SM 5/79), mehr noch aber eines höheren Anschaffungspreises „erkauft" werden müssen.

Der Vierschraubenantrieb ist ein „Doppel-Zweischraubenantrieb" und immer dann nötig, wenn der Schraubendurchmesser nicht weiter erhöht werden kann, jedoch eine bestimmte Vorschubleistung ans Wasser abgegeben werden soll. Einerseits ist beim Schiffsmodell diese Notwendigkeit nur sehr selten gegeben, kann man doch im Gegensatz zum Original, wo dies aus technischen Gründen oft nicht möglich ist, leicht auch eine größere Schraube wählen. Andererseits schlucken vier Schrauben nicht nur rund 33 % Wirkungsgrad, sondern auch eine Menge Geld, das vor allem in die Antriebsmotoren gesteckt werden muß. Man wird daher auch aus wirtschaftlichen Gründen meist auf vier Antriebseinheiten verzichten können, zumal auch die notwendigen Änderungen im Heckbereich relativ geringfügig sind, oder man läßt einfach die jeweils äußeren Schrauben als Attrappen leer mitdrehen.

Bei mehrschraubigen Schiffen sind die einzelnen Schraubenwellen nach Möglichkeit parallel zur Mittelachse einzubauen, da andernfalls ein Teil des Propellerschubs (S) dem reinen Vorschub (V) in Form einer seitlich drückenden Kraft (SK) verloren geht, wie das entsprechende Kräfteparallelogramm in Abb. 2.4 verdeutlicht. Da sich allerdings die Kräfte SK normalerweise aufheben, haben sie auf das Fahrverhalten des Modells keinen Einfluß, sie müssen allenfalls als Wirkungsgradverlust verbucht werden.

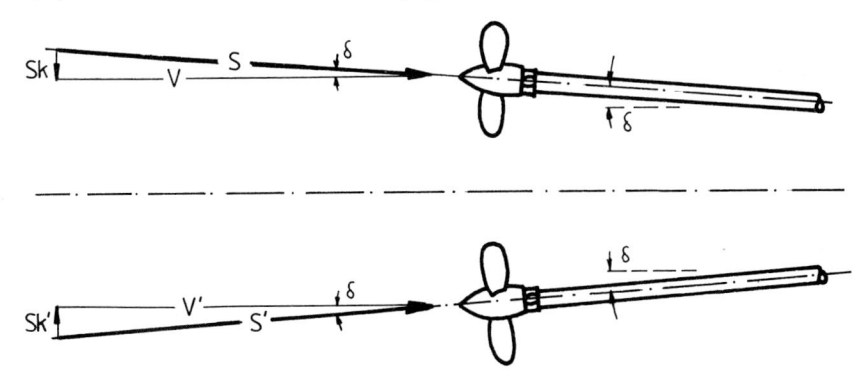

Abb. 2.4: Auswirkung nicht paralleler Stevenrohre auf den Vorschub

Auch die Schlagrichtung der einzelnen Schrauben hat eine gewisse Bedeutung. Wichtig ist vor allem, aus Gründen des „Radeffekts", daß nicht alle Schrauben in die gleiche Richtung drehen. Bei Zweischraubenantrieben sollten die Schrauben nach innen schlagen, weil damit der Nachstrom am besten genutzt wird. Schrauben von Schiffen mit vier Antriebsanlagen schlagen paarweise nach innen.

2.4.2.3 Ruderanlage und Schlingerkiele

Auch die Ruderanlage ist, insbesondere bei kleinen Maßstäben, den Bedingungen eines Fahrmodells etwas anzupassen, wobei man, wie schon bei der Schraubenanlage, dafür sorgen sollte, daß die Verbesserungen nicht allzusehr zu Lasten der Vorbildtreue gehen (sofern, was nicht immer der Fall sein dürfte, Form und Anordnung der Ruder beim Original bekannt sind).

Das Schiffsruder ist eine im Fahrstrom, oder besser noch direkt im Schraubenstrom des Schiffes liegende Fläche, die diesen bei Schrägstellung um den Winkel γ umlenken kann. Die dabei im Druckpunkt der Ruderfläche ansetzende, lotrecht auf sie wirkende Kraft (K) kann in zwei Komponenten zerlegt werden (Abb. 2.5): die Ruderkraft (R) und die der Fahrtrichtung entgegenwirkende, d. h. bremsende Kraft (B). Die Beträge dieser Kräfte hängen von der Ruderfläche, vom Einschlagwinkel γ und, was besonders wichtig ist, von der Geschwindigkeit des die Ruderfläche anströmenden Wasserstromes ab. Es ist klar ersichtlich, daß bei zu großen Winkeln γ die Bremskraft B zuungunsten der uns nur interessierenden Ruderkraft R übermäßig ansteigt, das Schiff also mehr gebremst als gelenkt wird. Als größter Einschlagwinkel γ sollten daher 30 Grad nicht wesentlich überschritten werden.

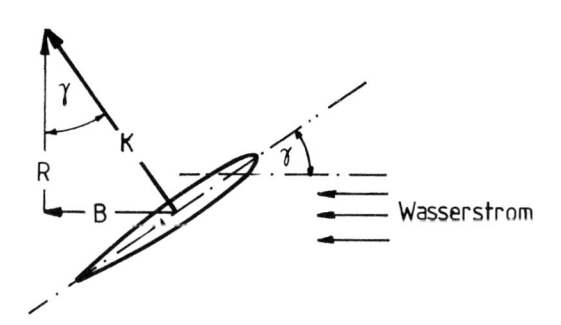

Abb. 2.5: Aufteilung der Ruderkraft in Stellkraft und Bremswirkung

Die Ruderfläche muß, wie schon gesagt, in strömendem Wasser liegen. Das ist im einfachsten Fall der durch die Schiffsbewegung erzeugte Wasserstrom. Es ist aber einleuchtend, daß ein Ruder erheblich effektiver ist, wenn es unmittelbar hinter einer Schraube montiert wird, da hier am ehesten ein nennenswerter, die Ruderkraft erzeugender Wasserstrom vorhanden ist. Es wirkt dann schon, sobald die Schraube dreht und nicht erst, wenn das Schiff fährt.

Es gibt drei grundsätzliche Typen von Rudern: solche mit kurz-tiefen Ruderflächen – für Schiffe mit vergleichsweise großem Tiefgang, z. B. Segelschiffe mit Schwert (a) in Abb. 2.6) –, mit quadratischen (b) und lang-schmalen – z. B. für Schiffe mit geringem Tiefgang, z. B. Flußschiffahrt (c). Von den drei in Abb. 2.6 dargestellten Rudertypen mit identischer Ruderfläche hat das kurz-tiefe Ruderblatt (a) die größte Effizienz.

Aus Gründen der benötigten Stellkraft ist es vorteilhaft, den Drehpunkt eines Ruders nicht an ein Ende der Ruderfläche zu legen, da der vor dem Drehpunkt liegende Ruderteil die benötigte Stellkraft reduzieren hilft (ein Teil der Ruderkraft (K) setzt „auf der anderen Seite des Hebels" an). Diese Stellkraftreduktion zugunsten des Ruderservos muß allerdings meist mit einer Verminderung der Stellgenauigkeit sowie vor allem mit einer Erhöhung der Ruder-Bremswirkung erkauft werden. Als Kompromiß zwischen diesen zwei gegensätzlichen Tatsachen wird der Ruderdrehpunkt fast immer ins erste Drittel der Ruderfläche gelegt.

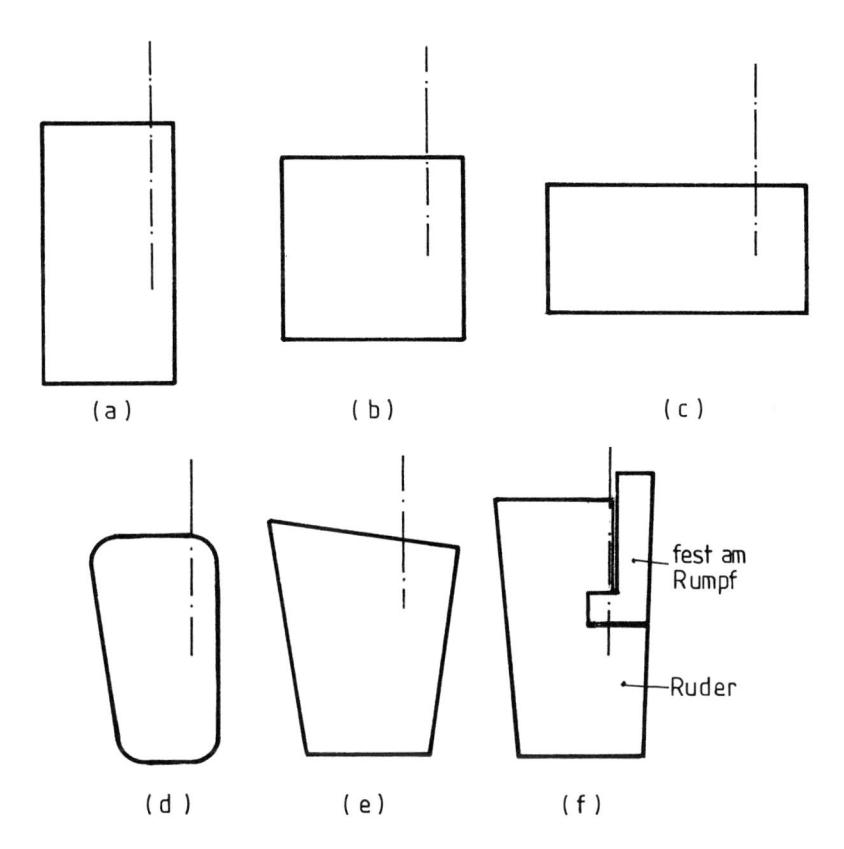

Abb. 2.6: *Verschiedene Rudertypen*
 Grundtypen

 (a) kurz — tiefes Ruderblatt
 (b) quadratisches Ruderblatt
 (c) lang-schmales Ruderblatt

 Praktische Ruderformen
 (d) Form eines im Fachhandel erhältlichen Modellruders
 (e) typisches Einzelruder bei zeitgenössischen Kriegsschiffen
 (f) Pendelruder von Großkampfschiffen (oft als Doppelruder)

Praktische Ruderformen sind abschließend in Abb. 2.6 (d) bis (f) dargestellt. 2.6d zeigt zunächst eine Ruderform, wie sie auch als Fertigprodukt im Modellbau-Fachhandel in verschiedenen Größen bezogen werden kann, 2.5e ein typisches Ruder, wie es auf kleineren und mittleren zeitgenössischen Überwasser-Kriegsschiffen anzutreffen ist und 2.6f schließlich ein Ruder, wie es, häufig auch in doppelter Ausführung, vor allem bei Großkampfschiffen (z. B. Schlachtschiffen) zu finden ist.

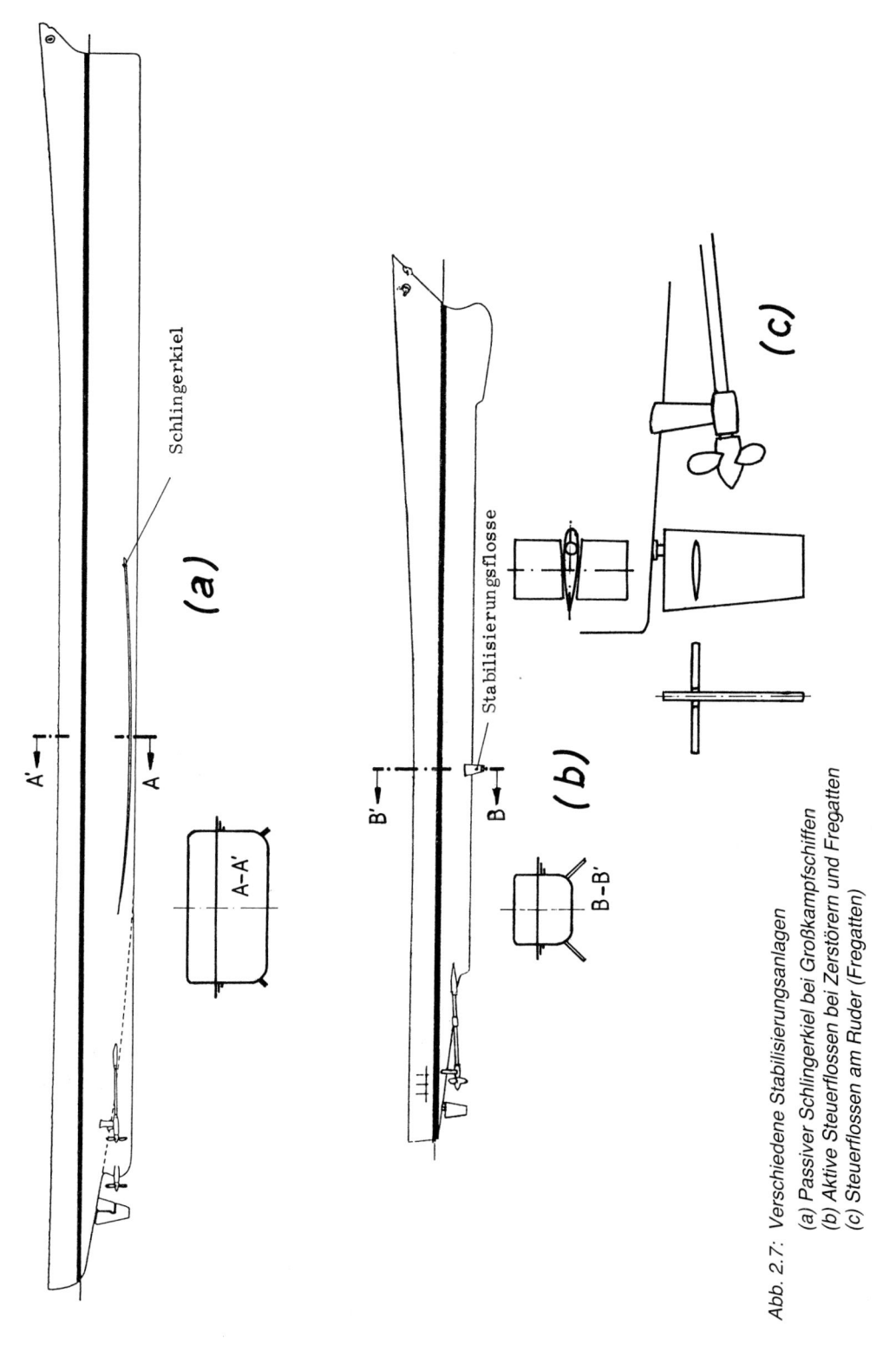

Abb. 2.7: Verschiedene Stabilisierungsanlagen
(a) Passiver Schlingerkiel bei Großkampfschiffen
(b) Aktive Steuerflossen bei Zerstörern und Fregatten
(c) Steuerflossen am Ruder (Fregatten)

Eine besondere Art der „Steuerhilfe" ist das Bugstrahl- oder Querstromruder, ein meist im Bugbereich in einem das Schiff senkrecht zur Längsebene durchstoßenden Kanal montierter Propellerantrieb. Das Bugstrahlruder ermöglicht einen „Schubeinsatz" im Bugbereich quer zum Schiff und damit eine anders nicht mögliche, erweiterte Ruderkapazität. Es ist daher bei zeitgenössischen Kriegsschiffen besonders auf amphibischen Einheiten zu finden, da speziell bei Anlandungen gute Manövriereigenschaften gefordert sind.

Querstromruder kann man heute fertig im Fachhandel beziehen; für Modelle im M 1:200 dürften aber selbst die kleinsten Einheiten (30 mm Kanaldurchmesser) etwas groß sein.

Um die Bewegungen eines Schiffes bei starkem Seegang zu dämpfen, sind moderne Schiffe mit passiven, oft auch aktiven Schlingerdämpfungsanlagen ausgerüstet.

Die passiven Anlagen bestehen meist aus Schlingerkielen, die im Mittelbereich des Schiffsrumpfes nahe dem Boden als eine Art Leitblech montiert sind (Abb. 2.7a).

Aktive Dämpfungsanlagen erkennt man nur an den kleinen, ebenfalls meist seitlich in Schiffsmitte, nahe dem Schiffsboden angebrachten Ruderflossen (Abb. 2.7b), die per Steuercomputer jeweils so verstellt werden, daß sie der Bewegung des Schiffes in dämpfender Weise entgegensteuern. Gelegentlich sind diese Steuerflossen auch waagerecht am Ruderblatt montiert (wie Höhenleitwerke bei Flugzeugen), da sie im Schraubenstrom u. U. eine bessere Wirkung haben (Abb. 2.7c).

Will man die Dämpfungsmöglichkeit eventuell vorhandener passiver Schlingerdämpfungsmittel auch im Modell nutzen, so ist deren effektive Fläche wohl geringfügig zu erhöhen; das gilt, wie alles in diesem Abschnitt Gesagte, besonders bei kleinen Abbildungsmaßstäben.

2.4.3 *Die Linienrisse*

Die Linienrisse beschreiben die Form des Schiffsrumpfes erschöpfend. Sie sind die Schnittkurven der drei, zu den Achsen parallelen, ebenen Flächen mit dem Rumpf. Je nachdem, zu welcher Achse die Schnittebene parallel ist, bezeichnet man die einzelnen Risse als Längenriß, Wasserlinienriß und Spantenriß (Abb. 2.8).

2.4.3.1 *Spantenriß*

Der Spantenriß (Abb. 2.8a) stellt die Schnittlinien des Rumpfes mit den senkrecht zur Mittschiffsachse liegenden Querschnittsebenen dar, zeigt also praktisch die Umrisse der einzelnen Scheiben eines wie ein Laib Brot aufgeschnittenen Rumpfes. Gewöhnlich werden die einzelnen Spantenrißlinien mit fortlaufenden arabischen Nummern bezeichnet. Da die einzelnen Spantenrisse zur Mittelachse des Schiffes symmetrisch sind, werden sie der Übersichtlichkeit wegen meist nur halbseitig dargestellt; auf der rechten Seite vom Bug bis zur Mitte, auf der linken vom Heck bis zur Mitte. Die einzelnen Spantenrisse können abzüglich der Stärke der Beplankung als Spanten-Plan bei der Spantenbauweise für Schiffsmodellrümpfe dienen (wir kommen auf die verschiedenen Rumpfbauweisen noch im nächsten Kapitel zurück).

2.4.3.2 *Längenlinien- und Wasserlinienriß*

Der Längenlinienriß (Abb. 2.8b) zeigt die Schnittkurven senkrechter, zur Mittschiffs-Längsachse paralleler Schnittebenen mit dem Schiffsrumpf. Er zeigt den Rumpf in Seitenansichten und gibt Auskunft über die Form von Bug und Heck sowie den Verlauf des Deckssprungs. Die Längenlinien-Rißlinien werden hier mit kleinen Buchstaben bezeich-

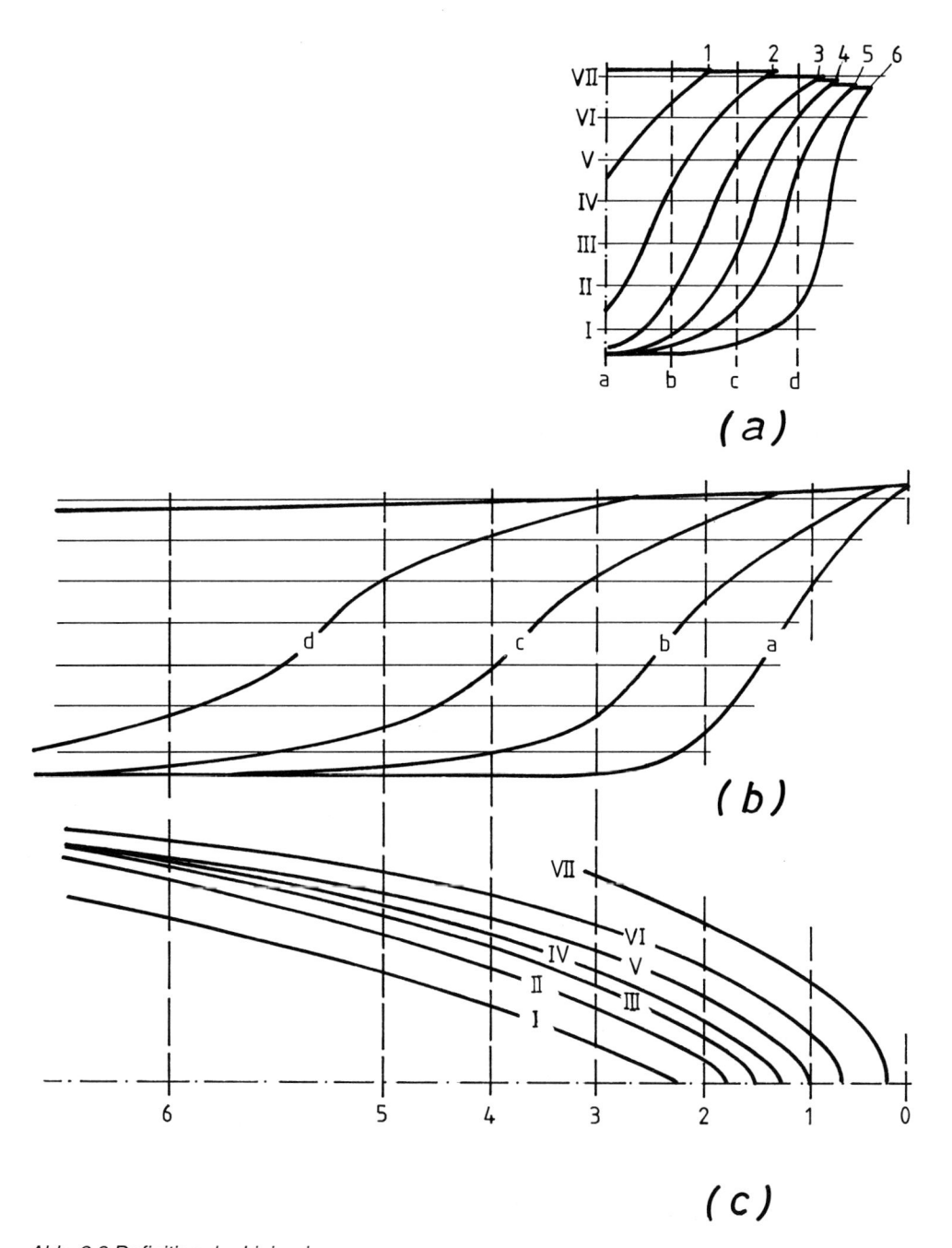

Abb. 2.8 Definition der Linienrisse
- (a) Spantenriß (Kennnung der Kurven und entsprechenden Ebenen in arabischen Ziffern)
- (b) Längenlinienriß (Kennung der Kurven und entsprechenden Ebenen in kleinen Buchstaben)
- (c) Wasserlinienriß (Kennung der Kurven und entsprechenden Ebenen in römischen Ziffern)

net und entsprechen dem Schichtbauplan bei der Senkrecht-Schichtbauweise von Schiffsmodellrümpfen.

Der Wasserlinienriß (Abb. 2.8c), im weiteren mit WL-Riß abgekürzt, zeigt die Schnittlinien von Ebenen parallel zur „Wasseroberfläche", d.h. der Fläche, die durch die Konstruktionswasserlinie (KWL) definiert ist, mit dem Schiffsrumpf. Die einzelnen WL-Rißlinien werden mit römischen Ziffern gekennzeichnet und dienen auch als Vorlage für den Schichtbauplan bei der Waagerecht-Schichtbauweise von Schiffsmodellrümpfen.

Bei engmaschiger Rißfolge und bekanntem Rißabstand genügt in der Regel einer der oben angegebenen Linienrisse zur vollständigen Beschreibung der Rumpfform, da die beiden übrigen jeweils aus dem gegebenen konstruiert werden können. Optisch am meisten Information bietet nach meinem Dafürhalten der Spantenriß.

2.4.3.3 *Konstruktion der Linienrisse*

Ist die Beschaffung von genauen Unterwasseransichten zeitgenössischer Kriegsschiffe oft schon schwierig, so wird man zu gültigen Linienrissen wohl nur sehr selten Zugriff haben. Hier ist man dann in jedem Fall auf „Rekonstruktionen" angewiesen, die allerdings auf eine Reihe von „Eckdaten" abgestützt werden können. Wieder helfen uns vor allem auch die Fotos vom Original, eine gewisse allgemeine Erfahrung, wie die Risse auszusehen haben, und die Grundsätze der Geometrie.

Stark vor- bzw. achterliche Ansichten zeitgenössischer Kriegsschiffe sind relativ leicht in der schon erwähnten, einschlägigen Literatur zu finden, sind doch diese Aufnahmen auch vom fotografischen Standpunkt aus besonders eindrucksvoll. Für uns sind diese Ansichten aber vor allem wichtig, weil sie den Spantenverlauf im Bug- bzw. Heckbereich, wenngleich auch oft nur des Überwasserteils, recht eindeutig wiedergeben; bei US-amerikanischen Schiffen ist es aber auch nicht ganz ausgeschlossen, daß man einmal ein entsprechendes Bild aus dem Dock mit dann sichtbarem Unterwasserteil in die Hände bekommt.

Die Form des in der Mitte gelegenen Hauptspantes ist durch die Tatsache festgelegt – von der man sich meist auch auf den angesprochenen Fotos überzeugen kann –, daß bei den meisten größeren Einheiten der Querschnitt des Hauptspantes mehr oder weniger rechteckig ist, d.h. flacher Boden mit lotrechen Wänden bei abgerundetem Übergang.

Die Konstruktion von Spanten- und WL-Riß ist ein Gemisch aus einfacher Geometrie und gesundem Menschenverstand. Wir beginnen sie mit den Vorbereitungen und zeichnen ein radierfestes Raster für den Spantenriß, das seitlich durch die maximale Rumpfbreite (Strecken b,b' in Abb. 2.9) begrenzt wird und horizontal mit Linien in 1 cm Abstand für die verschiedenen WL-Risse gerastert ist (römische Zahlen); für größere Rümpfe kann man den WL-Riß-Abstand auch etwas erhöhen. Als zweites bringen wir die Rumpfmittellinie für den WL-Riß, die wir mit den Spantenabständen rastern (arabische Zahlen) zu Papier – ich wähle hier meist 5 cm Abstand, im Bug- und Heckbereich gelegentlich auch 2,5 cm; die gleiche Spanten- bzw. WL-Riß-Rasterung ist auch in die Seiten- und Draufsicht des Rumpfes einzuzeichnen (Abb. 2.9).

In das Spantenriß-Raster zeichnen wir mit Bleistift (da wir noch häufiger korrigieren werden) an Hand der Fotografien einen ersten Rohspantenriß, wobei die maximale Breite durch die Breite des Rumpfes an der entsprechenden Stelle gegeben ist, die wir aus der Draufsicht des Rumpfes entnehmen können (Strecken b,b'); die jeweilige maximale Spantenhöhe entnehmen wir der Seitenansicht (Strecken d,d').

Auf der Basis dieses ersten Rohspantenrisses konstruieren wir jetzt den ersten WL-Riß. Dazu greifen wir mit dem Zirkel im Spantenriß auf der zugehörigen WL-Riß-Rasterlinie die Entfernung von der Mittellinie zur Spantenrißkurve ab (Strecken c,c',c") und tragen diese dann am entsprechenden Spantenriß-Raster in unseren WL-Riß ein. Den jeweiligen Start- und Endpunkt auf der Mittellinie greifen wir in der Rumpf-Seitensicht ab (Strecken a,a'). Nach Verbindung der einzelnen Punkte erhalten wir eine erste WL-Riß-Kurve, die möglicherweise noch unsinnige „Dellen" enthalten wird. Nachdem so alle WL-Riß-Kurven konstruiert wurden, „begradigen" wir die einzelnen WL-Risse und korrigieren mit den neuen Werten unseren Roh-Spantenriß.

Dieses „iterative" Vorgehen wird solange wiederholt, bis sowohl der Spantenriß als auch der WL-Riß keine ungebührlichen und unlogischen Sprünge mehr aufweisen, was in der Praxis nach ein oder zwei „Iterationen" der Fall sein dürfte und natürlich nicht unwesentlich von der Ausgangsgüte des ersten Rohspantenrisses abhängig ist.

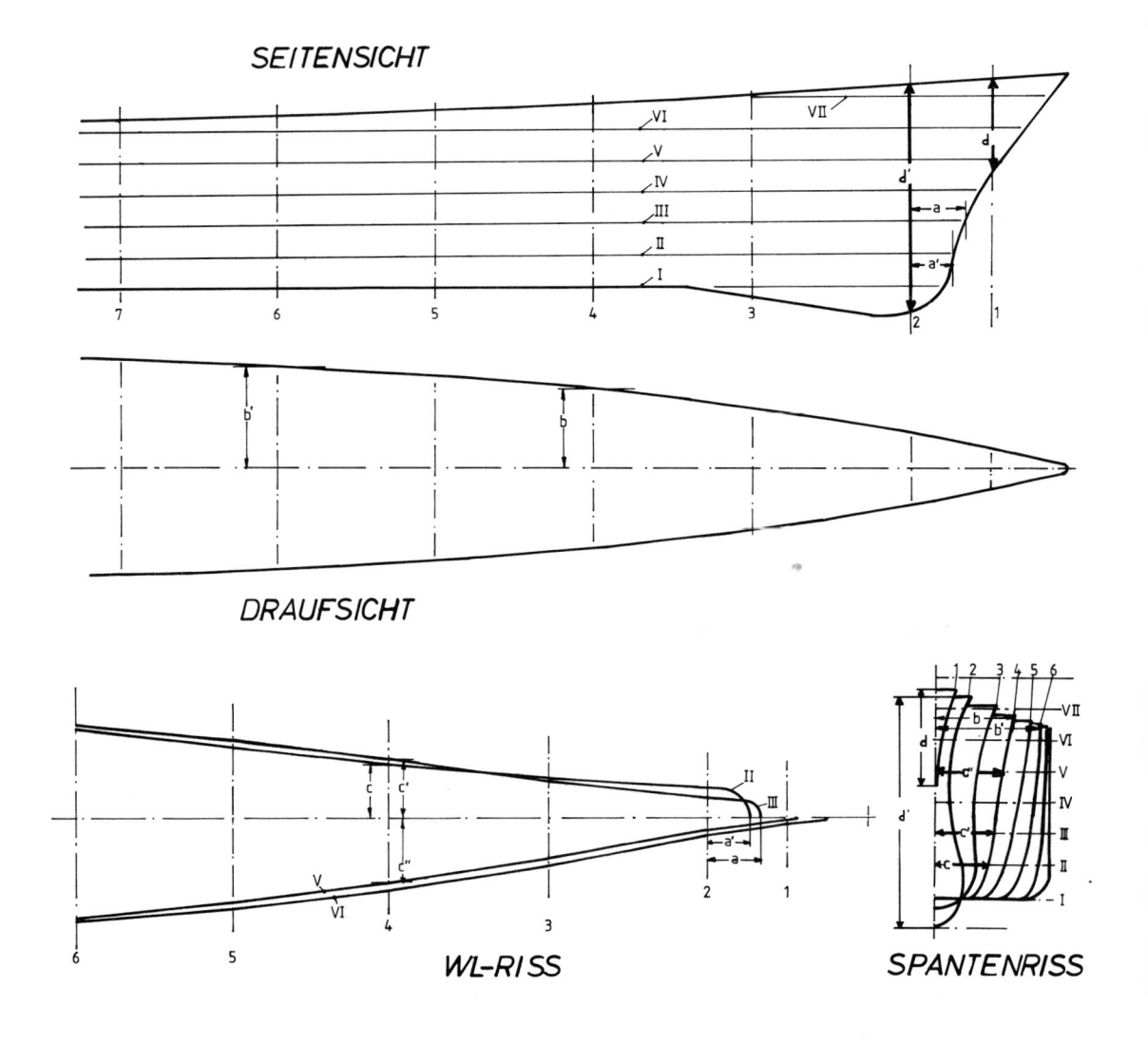

Abb. 2.9 Vorgehen bei der Konstruktion der Linienrisse

3. Bau des Schiffskörpers

Unter dem Begriff „Schiffskörper", wie er dieses Kapitel betitelt, sind im weiteren der eigentliche Schiffsrumpf, das Hauptdeck und die Deckshäuser zu verstehen, die dem Modell das „Rohaussehen" geben. Zu seiner Vervollständigung sind dann noch die verschiedensten Ausrüstungen nötig, die im nächsten Kapitel eingehend besprochen werden.

Jetzt wollen wir uns zunächst mit dem Rumpf beschäftigen. Betrachtet man ein fertiges Schiffsmodell, so erscheint auf den ersten Blick der Bau des Rumpfes der bei weitem einfachste Teil der Gesamtarbeit zu sein. Doch täuscht man sich da vielleicht, kann man doch gerade auch mit einem schlampig gebauten und „windschiefen" Modellrumpf besonders viel verderben, und selbst die detailfreudigsten Aufbauten können das Modell dann nicht mehr retten. Bei Fahrmodellen kommt zum eher negativen Gesamteindruck noch eine Beeinträchtigung der Fahreigenschaften hinzu, sind doch vom besagten windschiefen Rumpf keine vernünftigen Manövriereigenschaften mehr zu erwarten; die zeitliche Investition in eine saubere Rumpfausführung lohnt sich daher allemal.

Im Selbstbau werden Modellrümpfe heute sowohl aus Holz als auch aus glasfaserverstärktem Kunststoff (GfK) hergestellt. Beide Bauarten haben ihre Vorteile. Die erstere Methode ist, benötigt man nur einen einzigen Rumpf, wohl eindeutig weniger zeitaufwendig, ist doch für die Kunststoff-Rumpfherstellung der Bau eines genauen Formmodells unabdingbar. Für kompliziertere Rumpfformen, wie sie z. B. bei Trägermodellen mit den seitlichen Umläufen und Hangartoren vorliegen, scheint mir der Bau aus Kunststoff u. U. problematisch.

3.1 Baumethoden für Holzrümpfe

Die gängigen Methoden des Schiffsmodell-Holzrumpfbaus sind die Block-, Schicht- und Spantenbauweise sowie deren Mischformen wie die Gemischtbauweise, eine Mischung aus Schichtbauweise für Bug- und Heckpartie und — meist vereinfachter — Spantenbauweise im Mittelbereich.

In Blockbauweise wird der Schiffsrumpf aus einem vollen Block Holz ausgeschnitten — als Holzsorten kommen weiche Hölzer wie Linde, Erle, Abachi aber auch Balsa in Betracht. Die Bauweise scheint mir nicht nur sehr kompliziert, sondern auch eine enorme Holz- und damit Geldverschwendung zu sein, die m. E. auf der anderen Seite durch keinen Vorteil aufgewogen wird. Ich werde daher auf diese Methode nicht weiter eingehen und kann sie eigentlich auch nicht empfehlen.

3.1.1 *Schichtbauweise*

Bei der Rumpfherstellung in Schichtbauweise wird der Rumpf aus verschiedenen Schichtbrettern mit auf den Linienrissen basierenden Umrissen aufgebaut. Die Schichten werden einzeln ausgesägt und dann paßgenau zum „Rohrumpf" zusammengeleimt. Schließlich werden die überstehenden Schichtkanten getreu den Spantenrissen „abgerundet". Für diese „Abrundung" des Rohrumpfes braucht man Messer, Raspeln und viel Schleifpapier. Man kann sich daher leicht vorstellen, daß hier eine Menge Staub anfällt, weshalb man, will man den Haussegen nicht allzu starken Belastungen aussetzen, lieber „das Weite" suchen und die Rumpfarbeiten „an der frischen Luft" außerhalb der eigenen vier Wände durchführen sollte. Besonders unangenehm ist übrigens die Staubentwicklung bei der Verarbeitung von Balsaholz, da Balsastaub extrem leicht ist und deshalb lange in der Luft schwebt.

Die Schichtbauweise ist sicherlich auch nicht der billigste Weg zum Modellrumpf, ist doch der Aufwand an Holz vergleichsweise groß, wenn vielleicht auch nicht so groß, wie oft behauptet wird, kann man doch bei geschickter Planung auch viel Holz einsparen. Diese Vorbemerkungen gleich als Warnung für diejenigen, die sich auf diese Rumpfbaumethode einlassen wollen.

Es existieren zwei Varianten, nämlich die Waagerecht- und Senkrecht-Schichtbauweise (Abbildungen 3.1a und b). Die Waagerecht-Schichtbauweise ist die gebräuchlichere und kann bei fast allen Rumpfformen problemlos eingesetzt werden. Lediglich in Spezialfällen, insbesondere wenn die Rumpfaußenhaut Nischen aufweist, mag die Senkrechtbauweise einige Vorteile haben. So wurde vor rund 20 Jahren ein Bauplan (Graupner) des nicht vollendeten deutschen Flugzeugträgers GRAF ZEPPELIN (2. WK) angeboten, bei dem der Rumpf in dieser Senkrechtbauweise konstruiert war, da auf der Rumpfaußenhaut dieses Vorbilds eine Reihe von Nischen vorhanden waren, in denen unter anderem auch Verkehrsboote gelagert wurden.

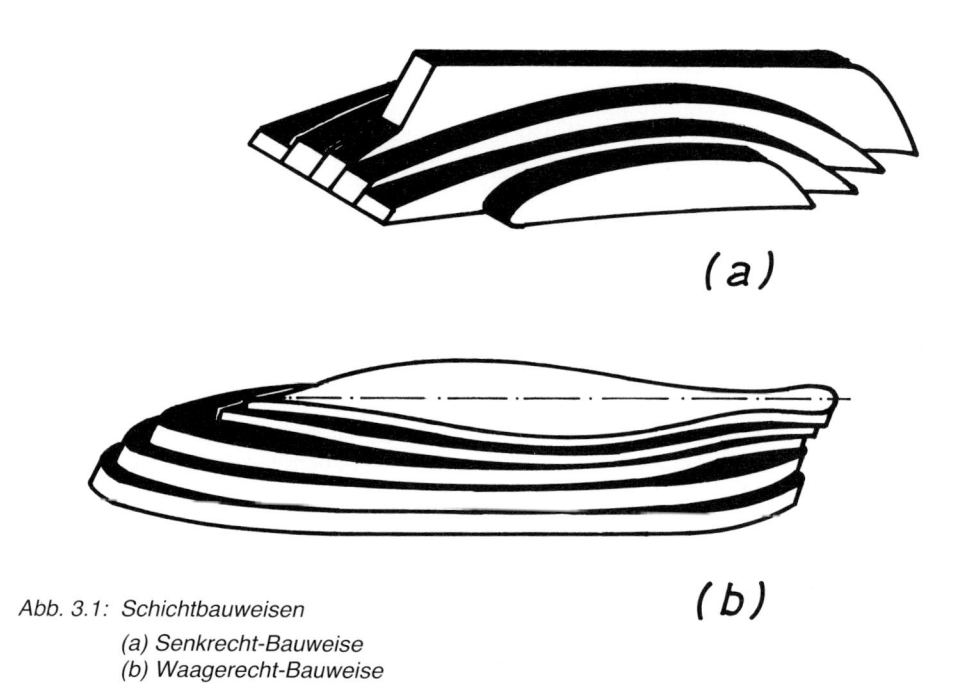

Abb. 3.1: Schichtbauweisen
(a) Senkrecht-Bauweise
(b) Waagerecht-Bauweise

Im weiteren werden wir nur noch auf die Waagerecht-Schichtbauweise näher eingehen, da sie von beiden Schichtbaumethoden die weitaus universellere ist und das meiste sinngemäß auch für die Senkrecht-Schichtbauweise angewendet werden kann.

Für die einzelnen Schichten bevorzugt man, vor allem auch aus Bearbeitungsgründen, weiche Hölzer. Der praktikable Einsatz des sehr weichen und daher problemlos bearbeitbaren Balsaholzes ist umstritten, da er den Rumpf relativ empfindlich gegen Stöße macht. Balsa ist auch relativ teuer, weshalb als billigerer Ersatz schon Kunststoffplatten aus Styropor oder dem etwas härteren Styrodur empfohlen wurden. Auf der anderen Seite arbeiten Balsa und auch die angesprochenen Kunststoffe nach der Rumpffertigstellung nur noch sehr wenig. Sie sind von diesem Gesichtspunkt her also für die Schichtbauweise prädestiniert, erhält man bei ihrer Verwendung doch vor allem relativ leichte und weitgehend verzugsfreie Modellrümpfe mit geringer Neigung zum Quellen.

Dem Manko einer gewissen Stoßempfindlichkeit kann man durch eine spezielle Oberflächenbehandlung begegnen, auf die wir am Ende dieses Abschnitts noch zu sprechen kommen werden, oder man muß allzu rabiates Fahren mit dem Modell vermeiden. Die Stoßempfindlichkeit ist übrigens „modellgetreu", denn auch die großen Vorbilder erhalten beträchtliche Dellen, wenn sie mit anderen Fahrzeugen oder Kaimauern kollidieren.

Wie schon im Abschnitt „Linienrisse" erwähnt, entnimmt man die äußeren Linien für die einzelnen Schichten dem WL-Riß bei der Waagerecht- bzw. dem Längenlinienriß bei der Senkrecht-Schichtbauweise, wobei man üblicherweise 1 bis 2 mm zugibt. Die Innenlinien, die später den Innenraum begrenzen, konstruiert man jeweils mit Hilfe des kleineren der beiden benachbarten WL-Risse (bzw. Längenrisse bei Senkrecht-Bauweise), von denen man etwa 5 bis 10 mm zur Mittellinie hin abzieht. Diese nicht zu knapp zu bemessenden Abzüge bilden beim fertigen Rumpf die Wandstärken (man spart eine Menge Holz, wenn man die Konstruktion der Innenlinien auf der Basis des WL-Risses schon vor dem Aussägen der Schichten durchführt). Wählt man die Innenlinien mehrerer Schichten gleich – dabei ist die am weitesten innen liegende Linie das Maß – so erzielt man automatisch gerade Innenflächen, was besonders im Mittelbereich des Rumpfes ohne große Holzverschwendung möglich ist.

Es hat sich als zweckmäßig erwiesen, mindestens zwei Querstege anzubringen, die den fertigen Modellrumpf versteifen und als wasserdichte Schotts dienen. Ihre Position ist natürlich so zu wählen, daß sie die vorgesehenen Einbauten nicht behindern, also sich z. B. nicht gerade am innenseitigen Ende der Stevenrohre befinden, wo die Motoren Platz finden sollten. Auf der Schicht-Mittellinie werden zu Aufnahme von Paßstiften (Rundholz) noch mindestens zwei Bohrungen in Bug- und Hecknähe angebracht. Diese Paßstifte garantieren später ein korrektes „Stapeln" der einzelnen Schichten.

Die Schicht auf der Höhe der Schraubenwellen erhält an den entsprechenden Stellen Nuten für die Aufnahme des oder der Stevenrohre, da auf diese Weise eine sehr viel einfachere richtige Positionierung der Schrauben möglich ist als z. B. durch nachträgliches Bohren der Stevenrohrlöcher.

Übrigens hat es sich bezüglich des Holzverbrauchs als praktisch herausgestellt, die einzelnen Schichten auf den Mittellinien zu teilen – was eine bessere Ausnutzung der in den Abmessungen standardisierten Bretter erlaubt – und dann vor dem Stapeln der Schichten zusammenzufügen; das Bohren der Paßlöcher erfolgt nach dem Zusammenkleben. Man erspart sich überflüssige Arbeit, wenn man jeweils zwei Bretter zusammenheftet und beide Halbschichten zusammen aussägt, wozu am besten eine elektrische Säge verwendet wird, da diese einen lotrechten Schnitt garantiert, der beim Schichtaussägen wichtig ist.

Die Schichtbrettstärke sollte der jeweiligen Linienkrümmung im Spantenriß angepaßt werden, d. h. je flacher die Spantenrißkurven im Bereich der in Betracht stehenden Schicht sind, desto geringer sollte die Brettstärke gewählt werden, da man umso genauere Rohrrümpfe erhält – und damit auch eine weniger intensive, Staubwolken erzeugende Nachbehandlung anfällt –, je dünner die einzelnen Schichtbretter im Bereich flacher Spantenriß-Kurvenverläufe sind. In Abb. 3.2 ist dargestellt, wie man die jeweils nötigen Schichtdicken konstruieren kann. Vorgegeben wird eine „Stufentiefe" s (= die Breite der einzelnen Schichtstufen, die jeweils zu begradigen sind); ich wähle sie gewöhnlich in der Größenordnung von 1 cm. Man legt nun eine Tangente (t1) an die Spantenrißlinie, die im betrachteten Abschnitt den flachsten Verlauf hat und kommt damit zur ersten Schichtdicke d1. Der Vorgang wird wiederholt für die weiteren Schichten d2 bis d6. Natürlich ist es wenig sinnvoll, jeweils andere Brettdicken zu konstruieren, was zu einer enormen Holzverschwendung führen würde. In der Praxis wählt man daher nur zwei bis drei Schichtdicken, z. B. 5, 10 und 20 mm, und korrigiert die jeweilige Schichtdicke d entsprechend. Man kann mit „s" natürlich auch noch heruntergehen, doch kommt man dann irgendwann einmal zu einem Punkt, wo die einzelnen Schichten so dünn werden, daß der Rumpf schließlich fast nur noch aus Klebstoff besteht.

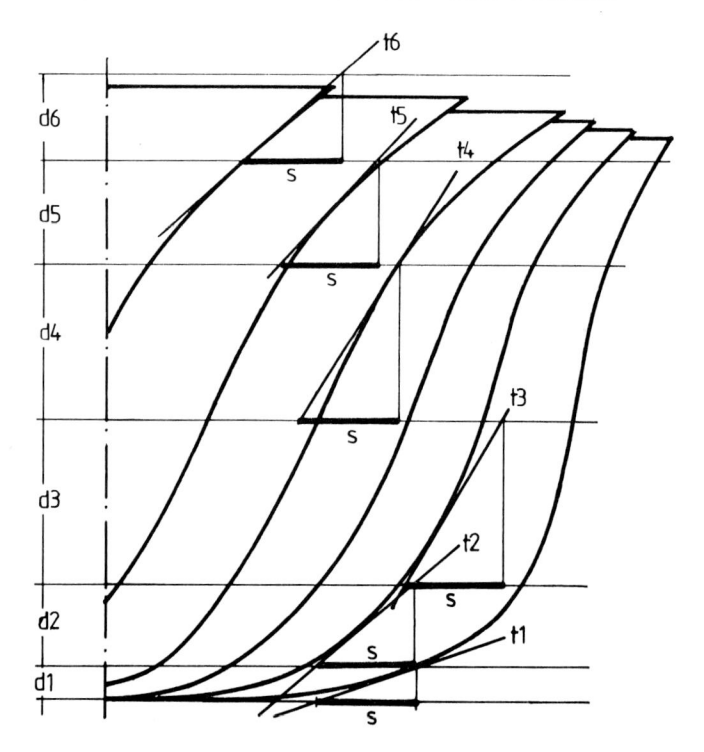

Abb. 3.2: Wahl der Schichtdicke in Abhängigkeit vom Spantenrißverlauf

Der Rumpf wird nun „kopfüber" zusammengeleimt. Auf einer harten und planen Unterlage beginnen wir mit der obersten Schicht, in die wir die Paßstifte einsetzen. Wir verleimen sie mit der jeweils folgenden Schicht — als Klebstoff eignen sich vornehmlich wasserfeste Kaltleime —, bis wir beim untersten Schichtbrett angekommen sind und der Rumpf kieloben vor uns liegt. Die Klebung sollte durch den Einsatz von Leimzwingen verbessert werden, die den Rumpf bis zur vollständigen Trocknung, d. h. etwa zwei Tage, einspannen. Ob das Zusammenkleben in einem Arbeitsgang möglich ist, hängt ein wenig von der Rumpfform ab und ist daher von Fall zu Fall zu entscheiden (Abb. 3.3a). Der Vordersteven ist aus hydrodynamischen Gründen in der KWL meist „messerscharf", was sich bei einem reinen Holzrumpf kaum realisieren läßt. Er wird daher aus 0,5 bis 1 mm starkem Blech gefertigt, das ungefähr 4 cm in die einzelnen Bugschichten hineinreicht und dort mit Zweikomponentenkleber verklebt wird. Festigkeitsprobleme bei der Bearbeitung des Bugbereichs können so vermieden werden, zusätzlich kann man einen Gewinn an Originaltreue verbuchen.

Der so entstandene Rohrumpf kann nun mit Hilfe von Spantschablonen bearbeitet werden, die aus starker Pappe oder ähnlichen billigen Materialien unter peinlichster Beachtung des Spantenrisses gefertigt werden. Bei geschwungenem Kielverlauf oder ausgeprägtem Vor- bzw. Achtersteven müssen darüber hinaus auch noch entsprechende Kielschablonen hergestellt werden. Auch für die Ausarbeitung des Decksprungs sollte man sich entsprechende Schablonen herstellen. Von der Genauigkeit dieser Schablonen hängt die spätere Genauigkeit des Rumpfes ab. Wir beginnen mit der Grobbearbeitung

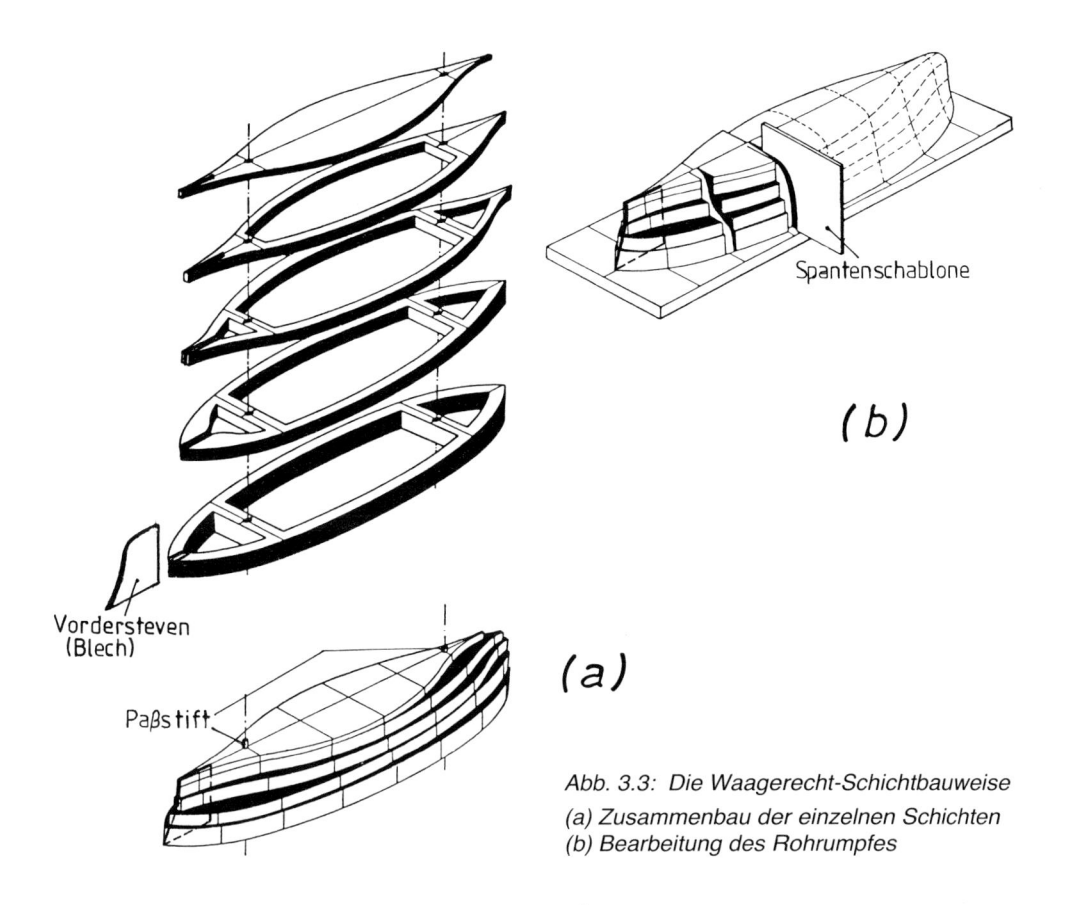

Abb. 3.3: Die Waagerecht-Schichtbauweise
(a) Zusammenbau der einzelnen Schichten
(b) Bearbeitung des Rohrumpfes

des Rohrumpfes, indem wir zunächst die Stufen mit einem Stecheisen oder scharfen Messer abnehmen. In diesem Arbeitsgang wird gegebenenfalls auch grob die Form des Kiels sowie des Vor- und Achterstevens mit Hilfe der Kielschablonen festgelegt sowie der Decksssprung bearbeitet.

Es hat sich bei den meisten meiner in Schichtbauweise gebauten Modelle als zweckmäßig herausgestellt, schon in diesem Baustadium das Hauptdeck aufzukleben, da es die anschließende Feinbearbeitung des Rumpfes sehr erleichtert, ist es doch meist aus Sperrholz und härter als das übrige Schichtmaterial; es stellt somit eine natürliche Barriere gegen zu viel Abtrag dar. Allerdings setzt das Einziehen des Hauptdecks zu diesem Zeitpunkt voraus, daß alle später nötigen Rumpfeinbauten (z. B. Motorbefestigungen, Einbau der Wellen usw.) schon ausgeführt sind, oder das Hauptdeck genügend freie Luken besitzt, um diese Einbauten auch später noch vornehmen zu können.

Wir zeichnen jetzt die Spantenpositionen, für die wir Spantenschablonen hergestellt haben, auf den Rohrumpf auf und bearbeiten diese Stellen so, daß sie die „Forderungen" der entsprechenden Schablonen erfüllen. Danach wird der Rumpf zwischen den Spanten so bearbeitet, daß er glatt und sauber wird (Abb. 3.3b). Es hat mich immer wieder verwundert, daß in den meisten Fachbüchern bei Schichtbauweise auch immer die „Abrundung" des Rumpffinnenraums mit Hilfe von Innen-Schablonen empfohlen wird. Ich muß gestehen, daß ich das nicht nur für eine reine Zeitverschwendung halte, sondern auch für sehr unzweckmäßig, kann man doch die einzelnen Stufen, die stark ausgeprägt vornehmlich im Bug- bzw. Heckbereich vorhanden sind, recht vorteilhaft für die Befestigung von Inneneinrichtungen (Batterie-Halterungen, Empfängerkasten, Servobefestigungen usw.) nutzen. Meiner Überzeugung nach hat man für die „Optik" genug getan, wenn man die gröbsten Unebenheiten ein wenig verschleift.

Der Rumpf nähert sich damit der Fertigstellung. Ein wichtiger Schritt ist jetzt seine gründliche Imprägnierung gegen Feuchtigkeit innen wie außen, um vor allem auch dem späteren Quellen des Holzes zu wehren. Bei Balsaholzrümpfen hat es sich bewährt, den Rumpf zunächst mehrfach mit Porenfüller anzustreichen und mit Schleifpapier feiner Körnung zu schleifen. Es folgt ein Überzug mit farbigem Lack, nach dessen Trocknung eventuelle Ungenauigkeiten besonders gut festgestellt und mit Spachtelfarbe korrigiert werden können. Bewährt hat sich dann das mehrmalige Auftragen von Bootslack, wobei zwischen den einzelnen Schichten jeweils geschliffen werden sollte. Die abschließende Farbgebung wird aufgespritzt, doch davon später.

Schichtbaurümpfe aus Linde, Erle oder Abachi arbeiten nach ihrer Fertigstellung noch ein wenig, so daß schon nach kürzerer Zeit die einzelnen Rumpfschichten durch den Lack durchscheinen können. Das ist bei Balsarümpfen zwar weniger zu befürchten, wenn sie wie oben beschrieben behandelt wurden, doch sind sie dagegen sehr weich, so daß der Rumpf bei rauher Behandlung leicht beschädigt werden kann (die Reparatur ist zwar nicht schwierig aber immerhin ärgerlich). Viele Modellbauer überziehen Schichtbaurümpfe daher nach Fertigstellung gerne noch mit einem Glasfasergewebe und tränken dieses mehrfach mit Epoxydharz; diese Oberflächenbehandlung ist übrigens unerläßlich, wenn anstelle von Balsa Styropor oder Styrodur verwendet wurde. Eine einfachere Variante dieser Methode ist die Verwendung von dünnflüssigem Epoxydharz, mit dem der rohe Holzrumpf direkt intensiv wie mit einem Anstrich getränkt wird. Beide Methoden machen den Rumpf bedeutend widerstandsfähiger, aber speziell im Falle des Glasfasergewebes auch schwerer. Mehr über Kunststoffe im Abschnitt 3.2.

3.1.2 *Spantenbauweise*

Die Spantenbauweise ist die originalgetreue Rumpfbaumethode, werden doch auch unsere großen Vorbilder in Spantenbauweise erstellt, nur daß im Großschiffbau die Spantenabstände sehr viel kleiner sind und daß die Spanten und Beplankungen üblicherweise aus Schiffbaustahl bestehen und nicht, wie meist bei uns, aus Holz. Der Materialverbrauch ist verhältnismäßig gering und − was vielleicht noch wichtiger ist − der Umfang der bei der Schichtbauweise so massiv stauberzeugenden Feinbearbeitung bleibt bedeutend kleiner, vorausgesetzt, es wurde beim Bau nicht gepfuscht.

Während die Schichtbauweise vornehmlich auf dem WL- bzw. Längslinienriß aufbaut, benutzt die Spantenbauweise den Spantenriß. In Spantenbauweise erstellte Modellrümpfe werden daher mit Hilfe einer Reihe von Spanten gebaut, deren äußere Begrenzung abzüglich der Stärke der Beplankung dem Spantenriß entnommen wurde. Die einzelnen Spanten werden an den jeweiligen Spantenpositionen fixiert und mit Längsstringern untereinander verbunden (Abb. 3.4). Das entstandene Gerippe wird abschließend mit Leisten oder dünnen Platten „verkleidet" (beplankt). Man unterscheidet je nach konkretem Vorgehen mehrere Arten von Spantenbauweisen. Erwähnt seien in diesem Zusammenhang die Leisten-, Steck- und Mallenbauweise.

Bei der Steckbauweise werden Kiel und Spanten in einer Art Baukastensystem zusammengesteckt. Das so gebildete Gerüst ist sehr voluminös und füllt einen großen Teil des Rumpfinneren aus, weswegen diese Baumethode für Fahrmodelle direkt kaum geeignet ist; nur als Baumethode für das weiter unten behandelte GfK-Rumpf-Formmodell mag sie ihre Vorteile haben.

Bezüglich des Rumpfinneren liegen die Verhältnisse bei der Mallenbauweise genau umgekehrt. Hier dient das Spantengerüst nur als Bauhilfe und wird nach der Beplankung

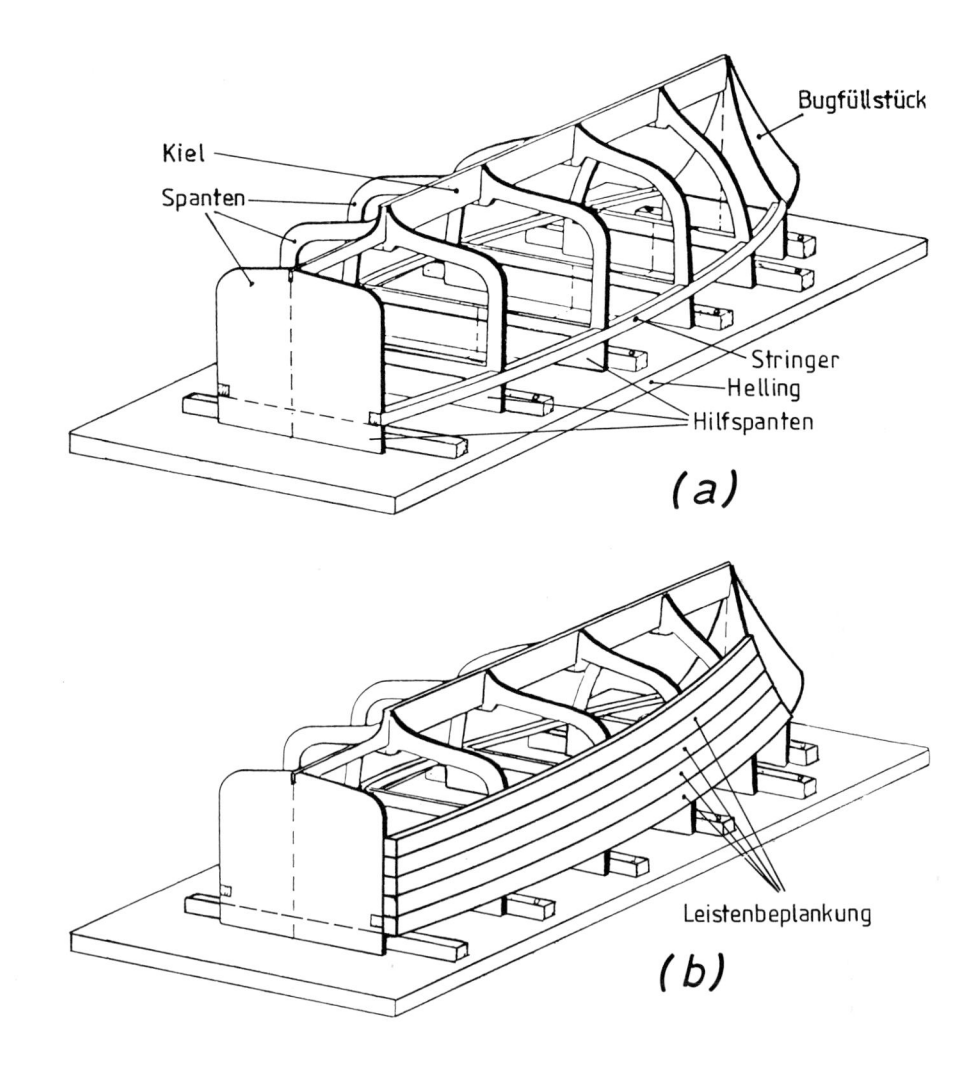

Abb. 3.4: Spantenbauweise
   (a) Das Spantengerüst
   (b) Beplankung des Spantengerüsts mit Leisten (Leistenbauweise)

(die Planken werden nur untereinander, nicht aber mit dem Spantengerüst verklebt) aus dem fertigen Rumpf herausgenommen. Die Methode erlaubt die Herstellung besonders leichter, nur aus einer Außenhaut bestehender Modellrümpfe und findet z. B. bei der Rumpfherstellung von Modellsegelyachten Anwendung.

Bei der Leistenbauweise bleibt das Spantengerüst im Rumpf, der dadurch stabiler, aber auch schwerer wird. Da das prinzipielle Vorgehen bei den letzten beiden Bauweisen – die einzigen, die für unsere Problemstellung von praktischer Bedeutung sind – sehr ähnlich ist, soll im weiteren die Leistenbauweise näher erläutert werden (bei der Mallenbauweise entfällt nur die Befestigung der Planken am Gerippe).

Als Holz für die Spanten eignet sich Sperrholz von 3 bis 6 mm Stärke. Die Spantenformen werden zunächst vom Spantenriß auf Holz übertragen, wobei man die jeweilige

Beplankungsstärke abziehen muß, da der Spantenriß in der Regel die Form der Rumpfaußenhaut wiedergibt. An der Oberkante der einzelnen Spanten werden „Füßchen" (sogenannte Hilfsspanten) angebracht, mit denen die Spanten später auf der Helling, einem kräftigen und planen Brett, kieloben und im richtigen Spantabstand befestigt werden können. Die Länge der Hilfsspanten ist so zu bemessen, daß der Decksprung ausgeglichen und ein gemeinsames „Nullniveau" gewährleistet wird. Weiter sind an den Spanten in gleichmäßigem Abstand Nuten zum Einziehen von Längsstringern vorzusehen.

Um einen wirklich symmetrischen Spant zu erhalten, erscheint es mir vorteilhaft, zwei Halbspanten gleichzeitig zu bearbeiten, indem man zwei Holzplatten zusammenheftet und auf sie den Halbspant aufzeichnet (in den meisten Spantenrissen ist ja ohnehin nur der Halbspant angegeben), gemeinsam aussägt, nacharbeitet und abschließend an der Mittellinie zusammenleimt. Übrigens sollte man die Spanteninnenflächen der meisten Spanten aussägen, da man sonst im Rumpfinneren später keinen durchgehenden Raum für die Einbauten mehr finden dürfte. Nachdem alle Spanten hergestellt, ordnungsgemäß positioniert und mit Längsstringern verbunden sind, steht das Spantengerippe kieloben auf der Helling. Im modellmäßig in Spantenbauweise nur schwierig zu bauenden Bug- und Heckbereich werden Füllklötze eingeklebt, um die richtige Formgebung zu erleichtern. Mit einer Strakleiste (Federstahldraht oder Kiefernleiste), die an das Spantengerippe angelegt wird, wird es sorgfältigst ausgerichtet.

Für die anschließende Beplankung verwendet man am besten Leisten aus gut abgelagertem Holz bester Qualität; geeignet ist Kiefer, Mahagoni oder auch Balsa. Die Stärke der Leisten richtet sich ein wenig nach der Modellgröße (Abb. 3.4b). Sie ist, der Festigkeit des Rumpfes wegen, bei größeren Modellen höher und liegt in Größenordnungen 7 mm × 2 mm bis 10 mm × 3 mm (in jedem Fall wurde ihre Stärke aber beim Anreißen der Spanten als „Beplankungsabzug" berücksichtigt). Um während des Beplankens ein Verziehen des Gerippes zu verhindern, werden die einzelnen Leisten immer wechselseitig angebracht. Man sollte sie in Wasserdampf vorbiegen (es gibt auch entsprechende Biegeeinrichtungen im Fachhandel), an allen Auflagepunkten am Gerippe ankleben und anschließend mit Stecknadeln fixieren (bei Mallenbauweise wird nur untereinander verklebt!)

Nach dem Aushärten des Klebstoffes wird der fertige Rumpf von der Helling abgenommen (die Hilfsspanten absägen) und einer eingehenden Nachbehandlung in Form von Verschleifungsarbeiten unterzogen.

Auch der Spantenbau-Rumpf bedarf einer abschließenden, sorgfältigen Oberflächenbehandlung, will man nicht nach Jahren noch wegen sich bildender Haarrißlecks zwischen den einzelnen Leisten seine blauen Wunder erleben. Eine Behandlung mit mehrfachen Bootslackschichten ist mindestens vonnöten, und viele Modellbauer empfehlen auch hier einen Epoxydharz-Überzug.

Je nach Rumpfform, man denke nur an den Mittelbereich großer Schiffe, die einen mehr oder weniger rechteckigen Querschnitt aufweisen, ist die Leistenbauweise gewiß unnötig und viel zu aufwendig. Hier kann man dann mit mehr oder weniger großen Platten beplanken, die man u. U. noch in Heizdampf etwas vorbiegen kann. Verwendet man als Beplankungsmaterial Balsa, so sollte man die Sparsamkeit nicht übertreiben und mindestens Stärken von 3 mm wählen.

3.1.3 *Gemischtbauweise*

Bei größeren Schiffen haben die Hauptspanten, wie schon erwähnt, ungefähr rechteckige Querschnitte, während die Bug- und Heckpartien dieser Schiffe, vom modelltechnischen Standpunkt aus gesehen, oft recht verwickelt sind. Es liegt daher auf der Hand, diese Bug- und Heckbereiche in Schichtbauweise herzustellen, bei der sich komplizierte Formen leichter verwirklichen lassen, und das Rumpfmittelsegment wegen seines simplen Querschnitts in einer besonders einfachen und holzsparenden Form der Spantenbauweise aufzubauen (Abb. 3.5). Diese Methode der Rumpfherstellung nennt man Gemischtbauweise. Sie ist, wie gesagt, besonders bei Modellen nach großen Vorbildern wie Flugzeugträgern, Schlachtschiffen, Kreuzern usw. angezeigt.

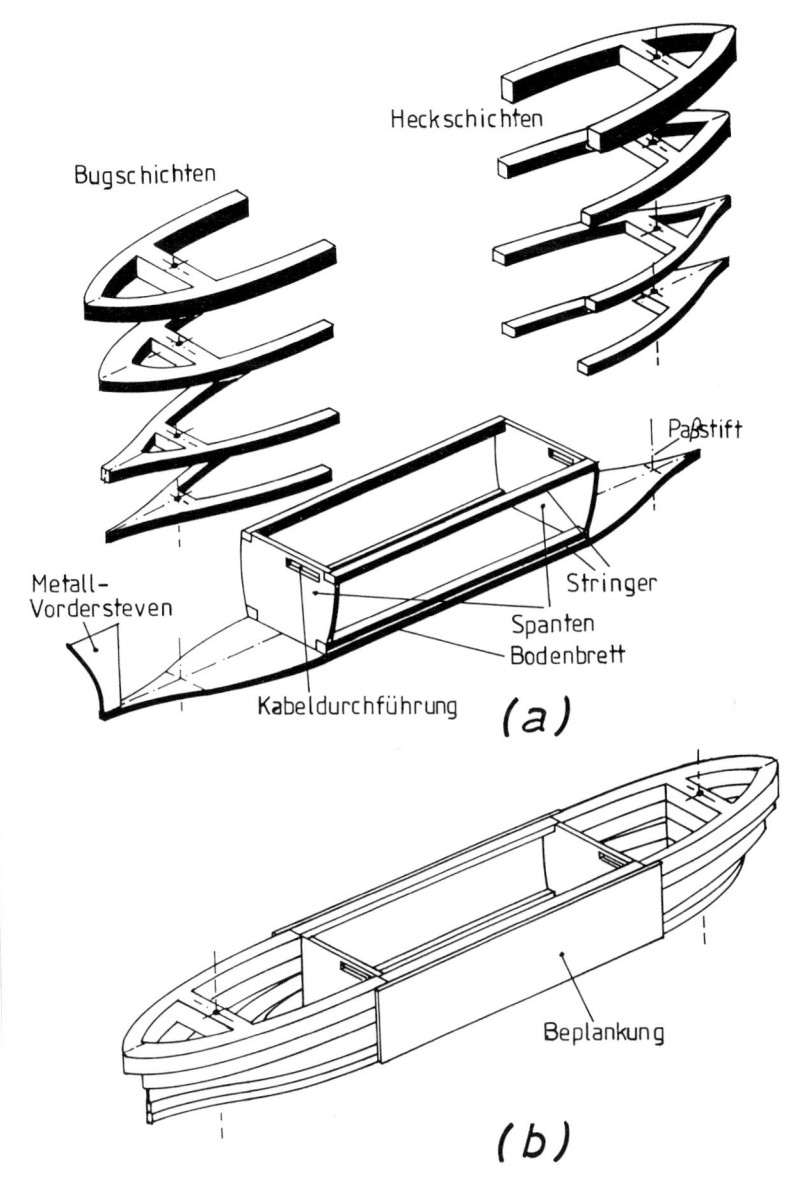

Abb. 3.5: Gemischtbauweise
    (a) Grundgerüst
    (b) Nach Zusammenbau

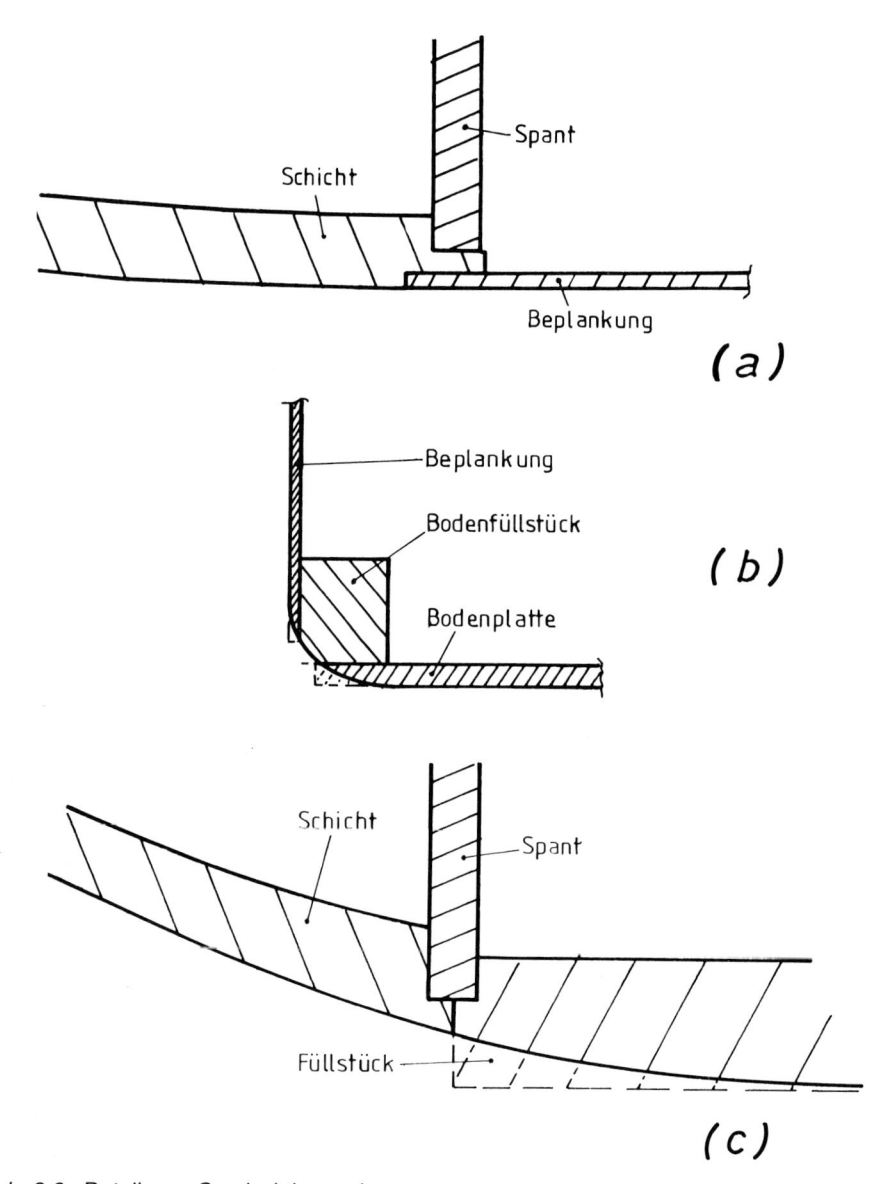

Abb. 3.6: Details zur Gemischtbauweise
(a) Verbindung Schichtbau- zu Spantenbau-Segment
(b) Füllstück für Spantenrundung im Bodenbereich
(c) Beispiel für vereinfachte Spantbauweise im Mittelsegment mittels „Füllbrett"

Als unterste Schicht wird jetzt ein Bodenbrett verwendet, das aus einem harten Material wie z. B. Sperrholz (Stärke 5 bis 10 mm) besteht. Auf diesem Bodenbrett werden zwei, wenn unbedingt nötig auch mehr, Hauptspanten befestigt und mit Stringern verbunden; bei kleineren Rümpfen kann auf die Stringer auch oft verzichtet werden. Die Hauptspanten können voll belassen werden und erhalten nur an ihren deckseitigen Enden Öffnungen für Kabeldurchführungen, so daß sie im fertigen Schiffmodell als Schotts dienen können. Dieser „Spantenbauteil" erstreckt sich über das mittlere Segment des Rumpfes, wo der Spantenverlauf relativ „rechteckig" ist. An den entsprechenden Stellen im Bodenbrett sollten die für das Stapeln der einzelnen Schichten notwendigen Paßstifte sowie im Bugteil der schon früher angesprochene Metall-Vordersteven nicht vergessen werden.

Bug- und Heckteil werden wie gehabt in Schichtbauweise aufgebaut, hier allerdings von unten nach oben. Im Heckbereich mag das in überhängenden Partien zu Problemen beim Anpressen mit den Leimzwingen führen, die allerdings durch Unterlegen von Abfallholz behoben werden können. Wegen der u. U. später eingeschränkten Zugänglichkeit ins Rumpfinnere kann es zweckmäßig sein, schon nach Verleimung der ersten Heckschichten die Antriebsanlage (Stevenrohre, Motorbefestigungen mit eventuellem Reduktionsgetriebe) einzubauen; ein fluchtender Einbau von Motor und Welle ist jetzt noch besonders einfach möglich, gibt es doch noch keinerlei Behinderungen durch Rumpfseitenwände und Schotts. Auf in diesem Zusammenhang diskutable Möglichkeiten der Geräuschdämpfung wollen wir noch im Abschnitt 3.3.3 zurückkommen.

Der Mittelteil kann jetzt beidseitig mit je einer Holzplatte (2-mm-Sperrholz) beplankt werden. Dabei sollte der Übergang zwischen Schicht- und Spantbauteil überlappend erfolgen (Abb. 3.6a). Im Bodenbereich ist wegen des abgerundeten Spantenverlaufs u. U. auf beiden Seiten ein Füllstück nötig (Abb. 3.6b). Bei stärkerer Rumpfkrümmung im Mittelbereich kann man anstelle der Sperrholzbeplankung – das Sperrholz muß dann gebogen werden – auch eine dickere Balsaplatte verwenden und die Krümmung in Schiffslängsrichtung später ausarbeiten (Abb. 3.6c).

Feinbearbeitung und abschließende Oberflächenbehandlung werden wie in den Abschnitten „Schicht-" und „Spantenbauweise" beschrieben durchgeführt.

Erstes Baustadium des IOWA Schlachtschiff-Modellrumpfes in Gemischtbauweise.
Zu erkennen sind der Metall-Vordersteven nebst drei Bugschichten, das Mittelsegment in Spantenbauweise (massive Verkleidung) sowie das Hecksegment mit eingebauten Grundelementen für die Antriebsanlage (Getriebehalterungen)

3.2 Kunststoff-Rumpfherstellung

3.2.1 *Benötigte Werkstoffe, Harze und Gewebe*

Kunststoffe wie ABS, die bei Baukastenmodellen oft für Modellrümpfe und teilweise auch Aufbauten verwendet werden, eignen sich für den Privatmann nicht, da sie komplizierte Spritzformen und Verarbeitungsverfahren voraussetzen, die dem Hobby-Modellbauer fast nie zur Verfügung stehen. Wir verwenden daher Polyester- oder Epoxydharze.

Nur aus diesen Kunstharzen hergestellte Modellrümpfe sind praktisch allerdings nicht zu gebrauchen, da sie spröde wie Glas sind. Man muß sie also „zäher" machen, wozu hier, analog zum Armierungseisen im Stahlbetonbau, „Armierungen" aus dünnsten Glasfasern verwendet werden; das Ergebnis ist das glasfaserverstärkte Kunstharz, abgekürzt GfK.

Die übliche Verarbeitungsmethode ist das „Handauflegeverfahren", bei dem kunstharzgetränkte Glasfasergewebe per Hand auf eine Form aufgebracht werden. Generell gilt dabei, daß die Festigkeit des Bauteils umso höher wird, je größer der Anteil des „Armierungsgewebes" im Laminat ist, anzustreben ist also ein möglichst hoher Quotient Gewebe/Harz.

Kunstharze sind Flüssigkeiten, die nach Zusatz von Katalysatoren vernetzen (Polymerisation) und damit zu festen Körpern werden. Die Reaktionsgeschwindigkeit ist stark von der Umgebungstemperatur und vom verwendeten Harztyp abhängig, die Zeit von der Zugabe des Katalysators bis zum Beginn der Aushärtung bei Raumtemperatur wird als Topfzeit bezeichnet und ist eine wichtige Größe, bestimmt sie doch einerseits die Geschwindigkeit, mit der wir das angerührte Kunstharz verarbeiten müssen (daher nie zuviel gleichzeitig anrühren!), andererseits aber auch die Zeit, die man warten muß, bis das Formstück vollständig ausgetrocknet ist. Die Polymerisation ist exotherm, d. h. das Kunstharz gibt in dieser Phase Wärme ab, die es selbst erwärmt und damit die Topfzeit verkürzt. Es ist daher nützlich, das Material wegen der besseren Wärmeabfuhr in flachen Gefäßen anzurühren und es während der Verarbeitung u. U. zusätzlich zu kühlen (Kühlkissen); das gilt besonders für Kunstharze mit kurzer Topfzeit.

Polyesterharze sind Kombinationen von ungesättigtem Polyester mit monomerem Styrol. Ihre Topfzeit läßt sich durch variable Zugabe des Katalysators stark beeinflussen. Bei der Verarbeitung entwickelt sich ein starker, unangenehmer, an Stadtgas erinnernder Geruch, der die Verarbeitung in geschlossenen Räumen und auch in Kellern praktisch verbietet. Härtet Polyester an der Luft aus, so bildet sich leider keine absolut glatte Oberfläche. Diese Tatsache macht Polyester für das noch zu beschreibende Positivverfahren weitgehend ungeeignet, will man sich nachträgliches mühsames Schleifen und Spachteln ersparen. Polyester ist andererseits billiger als Epoxydharz und daher vor allem bei größeren Modellen für das Budget von Vorteil.

Auch Epoxydharze sind bei Raumtemperatur relativ dünnflüssig und haben eine größere Topfzeit als Polyester. Epoxyd ist im Vergleich zu Polyester allerdings sehr viel angenehmer zu verarbeiten, weil es weitgehend geruchlos ist und sich im unausgehärteten Zustand mit Wasser und Seife leicht aus Pinsel und Werkzeugen sowie von den Händen abwaschen läßt. Es härtet wie z. B. Kunstharzlack mit glatter Oberfläche aus.

Die gebräuchlichsten Armierungsgewebe sind Glasmatten und Glasgewebe. Glasmatten bestehen aus kurzen Glasfaserstücken, die ungeordnet zu einer dünnen Matte verpreßt sind. Sie lassen sich daher leicht mit Harz tränken. Das Ergebnis ist ein fester Rumpf mit einer allerdings etwas unebenen Oberfläche.

Glasgewebe dagegen ist ein Material aus verwebten dünnsten Glassträngen mit glatter gewebeartiger Struktur. Es saugt weit weniger Harz auf und die glatte Oberfläche bleibt auch nach der Verarbeitung erhalten. Die Gewebefeinheit wird in g/m² angegeben. Da es sehr feine Gewebe (50 g/m²) auf dem Markt gibt, lassen sich hiermit besonders leichte Modellrümpfe herstellen. Vor allem in Verbindung mit Epoxydharz hergestellte Rümpfe haben selbst bei dünnsten Schichtdicken große Festigkeit und Elastizität.

Zur Herstellung besonders fester Rümpfe ist das Aufbringen mehrerer Gewebelagen unerläßlich. Bei Verarbeitung des sehr dünnen Glasfasergewebes bleibt dank der wenigen Hohlräume zwischen den einzelnen Glasfäden der Harzverbrauch klein, der Quotient Gewebe/Harz und damit die Festigkeit des Formteils ist also hoch.

Neuerdings bevorzugt man für spezielle Anwendungen, z. B. für Teile mit hohen Beanspruchungen bei geringem Gewicht, auch Kohlefasermatten, die allerdings extrem teuer sind.

Harze und die nötigen Gewebe sind im Handel gebrauchsfertig zu haben.

3.2.2 *Herstellungsverfahren*

Voraussetzung für die Herstellung eines Rumpfes aus GfK ist das Vorhandensein eines Formmodells vom Modellrumpf im M. 1:1. Man kann es mit allen im Abschnitt 3.1 beschriebenen Holzverfahren herstellen, was allerdings als eine sehr kostenintensive Methode angesehen werden muß. Da es aber weder auf die Haltbarkeit des Formmodells noch auf die Geräumigkeit von dessen Innenraum ankommt – wichtig ist nur die einwandfreie und korrekte Rumpfaußenhülle – kommt anstelle des teueren Holzes als Baumaterial auch Styropor, Gips, Pappe (für die Spanten) o. ä. in Frage. Wie gesagt, stimmen muß am Ende nur die Außenhaut; sie muß glatt und vor allem linienrißgerecht sein.

Gewisse Forderungen sind allerdings bezüglich der Gestaltung an das Formmodell zu stellen, soll es doch nach der Laminierung noch vom GfK-Rumpf trennbar sein. So sind alle „Hinterschneidungen" zu vermeiden. Typisch ist hier z. B. eine „Bugbirne", jene Unterwasserausbuchtung im Bugbereich, die im Großschiffbau den Fahrwiderstand herabsetzen soll und bei Kriegsschiffen darüber hinaus das Bugsonargerät aufnimmt. Rümpfe mit einer solchen Bugbirne wird man u. U. nicht mehr aus der Form herausbringen; auch das Laminieren dürfte im Birnenbereich schwierig werden. Bei solchen und ähnlich gelagerten Fällen muß man dann auf eine zweigeteilte Form ausweichen, die beiden Rumpfhalbschalen nach Fertigstellung in der Längsebene zusammenkleben und die Klebestelle abschließend mit einigen Lagen GfK auf der Rumpfinnenseite verstärken.

Ausgehend vom Formmodell gibt es jetzt zwei Möglichkeiten des weiteren Vorgehens, das Positiv- und das Negativ-Verfahren.

3.2.2.1 *Positiv-Verfahren*

Das Positiv-Verfahren ist das einfachere der beiden Verfahren, da das Formmodell ohne Umweg über die Negativform direkt beschichtet wird. Die Form müßte im Prinzip also um die Wandstärke des GfK-Rumpfes schlanker hergestellt werden, als der Modellrumpf selbst schließlich sein soll; bei endgültigen Wandstärken von 1 bis 3 mm kann man einen solchen Maßstabfehler aber wohl fast immer vernachlässigen.

Da die äußerste, zuletzt aufgetragene Schicht an Luft trocknet und die spätere Außenhaut des Modells darstellt, ist hier eine saubere Oberflächenlaminierung besonders wichtig; Polyester ist daher, wie wir schon sahen, weniger geeignet.

Das Formmodell wird zunächst mit Trennmittel (Wachs oder Trennlack) so bestrichen, daß seine Oberfläche garantiert vollständig abgedeckt ist. Nach der Trocknung der Trennschicht wird diese dann mit einem weichen Lappen poliert.

Als erster Laminationsschritt wird eine Lage Glasgewebe (etwa 120 g/m^2) auf den so vorbereiteten Formrumpf gelegt, glatt gestrichen und — falls nötig — eingeschnitten. Auf diese Gewebeschicht wird dann gerade soviel Harz aufgetragen, daß die Schicht gesättigt ist. Auf die noch nicht getrocknete Schicht wird eine zweite Gewebelage aufgebracht und glattgestrichen, wobei sich diese weitgehend noch mit dem Harz der Vorgängerschicht vollsaugt; nur wo das Gewebe trocken bleibt, muß noch etwas Harz aufgetragen werden. Je nach gewünschter Wandstärke können weitere Gewebeschichten auf gleiche Weise aufgebracht werden; oft genügen aber diese beiden Grundschichten.

Der letzten Schicht ist beim Positivverfahren besondere Aufmerksamkeit zu widmen, bildet diese doch die spätere, den Gesamteindruck des fertigen Modells stark beeinflussende Rumpfaußenhaut. Wir verwenden daher jetzt feineres Gewebe (50 g/m^2) und massieren es ganz vorsichtig in die noch feuchte Vorgängerschicht ein, wobei sich das Gewebe schon ein wenig mit dem Restharz tränkt. Diese Glasseide ist äußerst empfindlich, liefert dafür aber bei Verwendung von Epoxydharz eine sehr saubere Oberfläche, auf die, saubere Arbeit einmal vorausgesetzt, sofort lackiert werden kann.

Die überstehenden Gewebereste werden noch abgeschnitten, bevor das Harz ganz getrocknet ist. Die Trocknung kann man übrigens durch Einsatz von Infrarot-Lampen stark beschleunigen; auch gewöhnliche Lampen mit etwas größeren Wattstärken haben einen nennenswerten Infrarotanteil im Licht und können daher für die Trocknung nützlich sein.

3.2.2.2 Negativ-Verfahren

Will man für die Rumpfherstellung auch das billigere Polyester verwenden können, so ist das Negativverfahren vorteilhafter, bei dem der Rumpf in eine Negativform hineinlaminiert wird. Die spätere Rumpfoberfläche ist dann die unterste, direkt im Kontakt mit der Negativform befindliche Schicht (das Harz trocknet hier also nicht an Luft aus, sondern im Kontakt mit der Form); ihre Güte wird daher hauptsächlich von der Oberflächengüte der Negativform bestimmt. Diese Negativform muß allerdings zusätzlich aus Gips oder GfK im Positivverfahren hergestellt werden.

Die Form wird zunächst analog dem Vorgehen beim Positiv-Verfahren mit Trennmittel für die Laminierung vorbereitet (Anstrich und Politur). Als erste Laminatschicht wird nun die Oberflächenschicht mit einem breiten Kurzhaar-Pinsel gleichmäßig aufgebracht. Man kann das Harz übrigens gleich einfärben, was ein späteres Anstreichen des Rumpfes erübrigt; da auf unserem Schiffsmodellsektor aber meist mit ganz speziellen grauen Farbtönungen und halbmatten Oberflächen gearbeitet wird, ist dieses Vorfärben weniger sinnvoll.

Während die Oberflächenschicht zu trocknen beginnt, wird das Glasgewebe für die erste „Armierungsschicht" vorbereitend zurechtgeschnitten und als zweite Schicht in die Form eingelegt, wenn die Oberflächenschicht zwar schon angetrocknet, aber noch leicht klebrig ist (die Glasgewebe halten dann noch ein wenig). Dünnflüssiges Harz wird dann mit einem weichen Pinsel auf dem Gewebe verstrichen, wobei darauf geachtet werden muß, daß alle Luftblasen zwischen der vorherigen Schicht und dem jetzt eingelegten Glasgewebe entweichen können und auch das ganze Gewebe mit Harz getränkt ist. Mit dem Harz sollte man übrigens eingedenk des schon oben angesprochenen „Gewebe/Harz-Quotienten", der die spätere Festigkeit bestimmt, sparsam umgehen; ideal ist es, wenn die aufgetragene Schicht wegen des Glasgewebemusters matt bleibt und nicht so mit Harz bedeckt ist, daß die Oberfläche glänzt. Abhängig von der gewünschten Wandstärke können gegebenfalls so weitere Glasgewebe-Harzschichten aufgebracht werden, wenn die jeweils vorherige Schicht noch nicht ganz durchgetrocknet ist.

Nach der Trocknung des Rumpfes wird zunächst das überstehende Gewebe mit einem scharfen Messer abgeschnitten, wobei man, um Einschnitte in die eigentliche Rumpfschale zu vermeiden, das Messer immer so führen sollte, daß die Schale in die Formwand gedrückt wird. Schließlich wird die Rumpfschale von der Form gelöst und vorsichtig aus ihr herausgehoben.

3.2.3 *Schotts*

Obwohl ein GfK-Rumpf schon eine relativ feste Angelegenheit ist, halte ich es doch für vorteilhaft, je nach Größe des Rumpfes noch zwei oder drei Querschotts einzubauen, die den Rumpf in drei bzw. vier wasserdichte Segmente unterteilen. Diese Maßnahme kommt, wie auch beim großen Vorbild vor allem der „Sinksicherheit" des Modells zugute, läuft doch bei Lecks dann immer nur ein Segment voll; die zusätzliche Versteifung des Rumpfes in Querrichtung ist dabei gewiß kein Nachteil.

Als Schottmaterial kann Balsa verwendet werden, das sich am einfachsten an den vorgesehenen Stellen einpassen, mit Harz ankleben und abschließend ganzflächig mit Harz imprägnieren läßt. Bei diesen Schotts sind deckseitig Durchführungsöffnungen für Einbaukabel vorzusehen.

3.3 Einbau der Antriebs- und Ruderanlage

In den nach welcher Baumethode auch immer erstellten Rumpf gehört abschließend noch die Antriebs- und Ruderanlage, d. h. Motoren, Kupplungen, Wellen und Schrauben sowie die Ruder. Mit den grundsätzlichen Überlegungen zum Problem Antriebs- und Ruderanlage haben wir uns ja schon in Abschnitt 2.4.2 beschäftigt. In diesem Abschnitt ist jetzt vom Einbau der Antriebs- und Ruderanlage in den Rumpf sowie vom Bau der Ruder selbst die Rede. Die Geräuschdämpfung ist in diesem Zusammenhang ein Punkt, dem m. E. beim Einbau der Antriebsanlage einige Aufmerksamkeit geschenkt werden sollte, sind doch die Betriebsgeräusche, die laute Modelle so „ausstoßen", alles andere als vorbildlich.

Was sind nun die Hauptgeräuschquellen und wie können wir ihnen begegnen? Eine Geräuschquelle ist die nicht fluchtende Wellenkupplung. Eine weitere nicht zu überhörende Quelle ist ein Zahnradgetriebe; Riemengetriebe sind in der Regel geräuschärmer. Allerdings liegen die Probleme mit Wellenkupplung und Getriebe oft weniger in den ursächlichen Geräuschquellen selbst – obwohl auch die ganz schön störend, aber gewöhnlich nicht zu ändern sind – sondern vielmehr in ihren meist starren Koppelungen mit dem Schiffskörper, der als Geräuschverstärker fungiert. Eine Geräuschdämpfung auf ein tolerierbares Maß ist daher schon zu erwarten, wenn sowohl Stevenrohre als auch Antriebsaggregate akustisch entkoppelt, d. h. „elastisch" eingebaut werden.

3.3.1 *Einbau der Schraubenanlage*

Schrauben, Schraubenwellen, Stevenrohre und gegebenenfalls Reduziergetriebe selbst herzustellen lohnt in der Regel den Aufwand nicht, gibt es doch im einschlägigen Fachhandel eine reiche Typenpalette.

Die preiswertesten Schrauben sind aus Kunststoff gefertigt und für unseren Anwendungsbereich dreiflügelig, links- und rechtslaufend ab 25 mm Durchmesser zu haben; das reiche Angebot an zweiflügeligen Rennschrauben ist für unsere Modellbausparte weniger geeignet. Alle Schrauben haben eine eingepreßte Messingmutter, je nach Propellerdurchmesser M2 bis M5, zur problemlosen Befestigung an der Schraubenwelle.

Schrauben aus Metall, insbesondere auch vier- und mehrflügelige Exemplare sind wesentlich teurer und vor allem auch schwieriger zu bekommen, weshalb oft schon aus Kosten- oder Beschaffungsgründen auf die günstigen Kunststoffprodukte zurückgegriffen werden muß.

Auch Stevenrohre gibt es in den verschiedensten Qualitäten, Preisklassen, Durchmessern und Längen. Da es sich bei unseren Modellen nach Vorbild bezüglich Leistungsausnutzung bestimmt nicht um „Hochleistungsschiffe" handelt, sind die sehr teuren „Superstevenrohre" mit kugelgelagerten Wellen wohl eine unnütze Geldausgabe. Trotzdem sollten sie natürlich leichtgängig sein, was man schon beim Kauf prüfen kann, indem man sie mit aufgesetztem Propeller leicht anbläst: dann müssen sie sich drehen. Ihr Einbau sollte im Prinzip keine Probleme bereiten. In Holzrümpfen werden sie im einfachsten Fall mit Zweikomponentenkleber eingeklebt; bei Rümpfen in Spantbauweise ist ein verstärkender Holzklotz zu empfehlen. Ähnliches gilt auch für die dünnen Wandungen von Kunststoffrümpfen; auch hier ist ein Holzklotz zur Verstärkung gewiß kein Fehler. Wichtig ist allein, daß Welle und Motor- bzw. Getriebestutzen fluchtend eingebaut werden, um Verluste zu vermeiden, die sich nicht zuletzt auch in Geräuschentwicklung äußern. Das gilt selbst dann, wenn als Kupplung die praktischen Kardangelenk-Kupplungen aus Kunststoff eingebaut werden.

Bei zeitgenössischen Kriegsschiffen sind die Wellenhosen meist nur sehr kurz, so daß ein größeres Stück Stevenrohr frei im Wasser geführt wird. In der Nähe der Schraube wird daher fast immer eine Stevenrohrhalterung vorgesehen, die man zweckmäßigerweise im Modell – etwas vergrößert – als Strömungsleitblech ausbildet. In Abb. 3.7a ist der Aufbau eines solchen Leitbleches dargestellt. Als Material wird Sperrholz verwendet, das man ein wenig auf Strömungsprofil bearbeiten sollte, zumindest sollten die Kanten abgerundet werden. Das Stevenrohr selbst erhält eine Hülse (Messing), die ebenfalls an den Kanten abgeschliffen wird.

Bei Holzrümpfen kann das Leitblech mit einem „Füßchen" versehen werden, das ins Rumpfholz gesteckt werden kann und dort zur sicheren Befestigung beiträgt. Stevenrohrseitig wird es mit Sekundenkleber an Hülse und Stevenrohr befestigt.

Eine spezielle Form des Leitbleches ist der schon erwähnte „Jet-Pump"-Antrieb, eine spezielle, starre Form der Kortdüse, wie er bei einigen US-Überwassereinheiten Verwendung findet.

In Abb. 3.7 b ist ein solcher Jet-Pump-Antrieb schematisch dargestellt, wie ich ihn bei meinem Modell des US-Kreuzers TEXAS versuchsweise eingebaut habe.

Die Düse wird aus Kunststoffrohr hergestellt (ich habe eine alte Silikonkautschuk-Patrone verwendet), das mit einer Lage Balsaholz ummantelt wird (mit Kontaktkleber aufkleben) so daß es abschließend noch etwas auf Form gebracht werden kann. Die Düse wird mit zwei oder drei aus Sperrholz hergestellten Leitblechen am Stevenrohr festgelegt und mit einer weiteren Halterung am Rumpf befestigt. Man kann die Jet-Pump-Düse natürlich auch problemlos aus zwei GfK-Halbschalen fertigen.

Als „Impeller" kommen gewöhnliche Kunststoffschrauben zum Einsatz, die, ursprünglich etwas größer gewählt, auf der Bohrmaschine auf den richtigen Durchmesser gekürzt d. h. abgedrechselt werden.

Beim praktischen Einsatz des Jet-Pump-Antriebes auf meinem Kreuzermodell TEXAS habe ich übrigens keine großen Unterschiede im Fahrverhalten zu den gewöhnlichen Antrieben feststellen können. Zwar sind die Schrauben gegen auf dem Teich herumschwimmende Ästchen jetzt besser geschützt, aber auf vagabundierende Blätter übt der Jet eine fatale Anziehungskraft aus, zumal er sie anschließend schlecht verdauen kann.

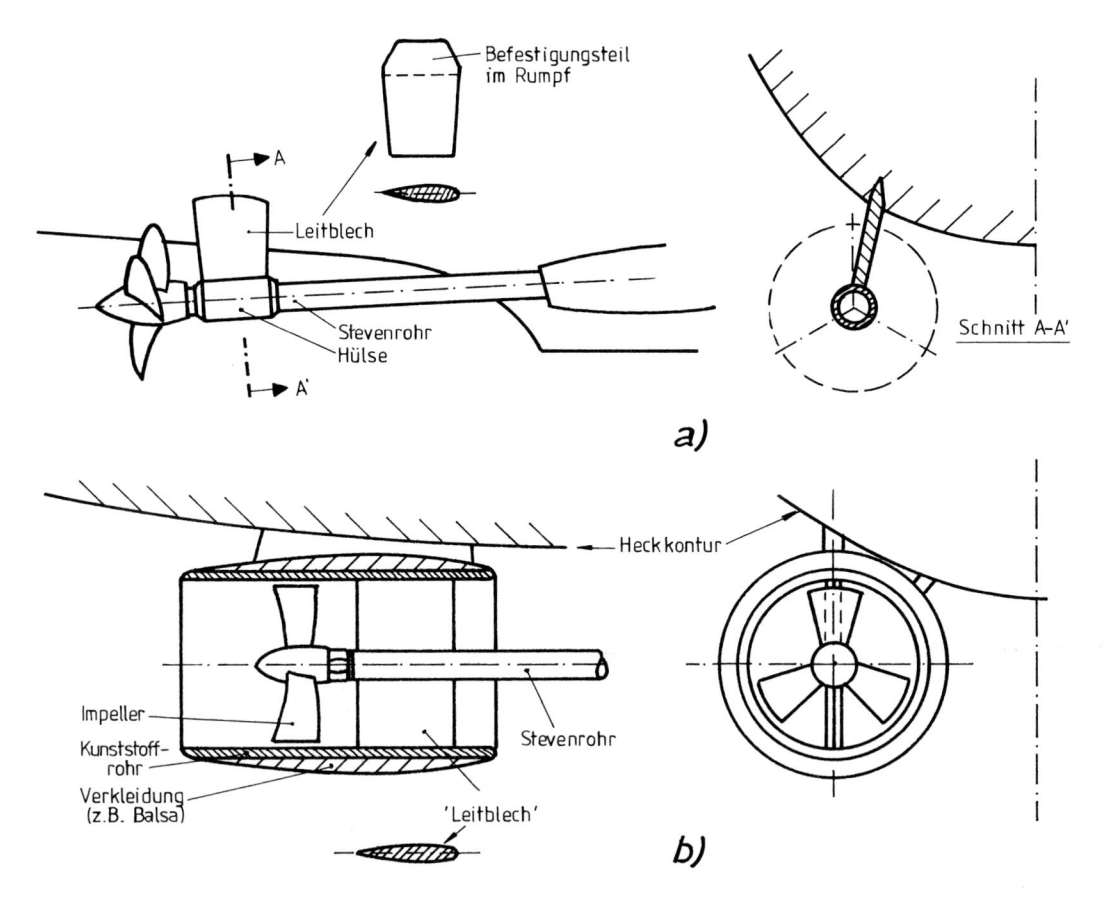

Abb. 3.7: Zwei Möglichkeiten der Strömungsführung an der Schraube
(a) Stevenrohrhalter als Leitblech ausgebildet
(b) Jet-Pump-Antrieb (starre Kortdüse)

3.3.2 Einbau der Antriebsmotoren

Auch bezüglich Antriebsmotoren ist die Auswahl des Fachhandels groß. Die Qual der Wahl nehmen einem vielleicht ein bißchen das Buch von H. Böck [B 7] oder die Prospekte der einschlägigen Modellbaufirmen ab. Die Auswahl erfolgt schließlich an Hand der benötigten Antriebsleistung, die wir mit den Beziehungen des Abschnitts 2.2.1 bestimmen können.

Die Motoren werden im einfachsten Fall an ihren fast immer mitgelieferten Füßen auf einem eigens dafür vorgesehenen und fest im Modellrumpf eingebauten „Motorfundament" aus Holz befestigt.

Eine hinsichtlich der Austauschbarkeit besonders einfache Art der Motorhalterung ist übrigens die Befestigung mittels einzelner Rohrschelle, die sich bei den meisten meiner Modelle bestens bewährt hat. Die Rohrschelle selbst ist dabei mit Zweikomponentenkleber und einer Schraube auf dem schon angesprochenen Motorfundament fixiert (Abb. 3.8). Die Rohrschellenhalterung ermöglicht eine tiefe Einbaulage der Antriebseinheit, was nicht nur einem tiefen Modellschwerpunkt sondern auch einem sehr kleinen Stevenrohr-Neigungswinkel zugute kommt. Als Motoren sind in diesem Fall natürlich nur Typen verwendbar, die, wie allerdings die meisten, eine runde Form haben, und die, falls nötig, mit aufgesetztem Getriebe zu beschaffen sind.

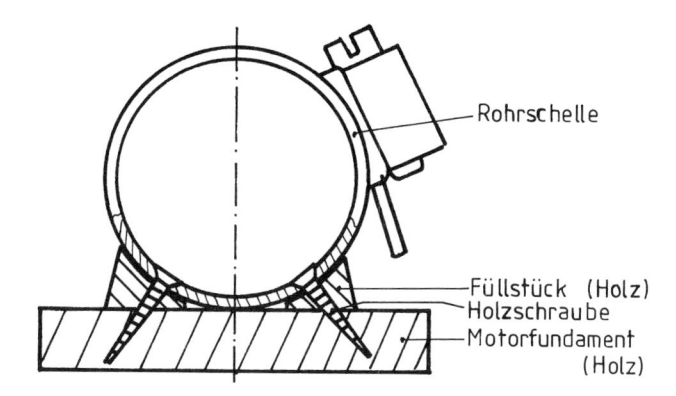

Abb. 3.8: Motorbefestigung mit Rohrschelle

Die ersten beiden Motorbefestigungen benötigen eine Kupplung zwischen Motor- und Schraubenwelle. Bei sehr kleinen Antriebsleistungen genügt dafür ein Kunststoffschlauch, der auf Motorwelle und Wellenende aufgeschrumpft wird. Normalerweise wird man eines der im Fachhandel erhältlichen Kunststoff-Kardangelenke einsetzen, die eine verlustarme Kraftübertragung erlauben, auch wenn die beiden Wellen einmal nicht so ganz hundertprozentig fluchtend eingebaut wurden. Die verlustärmste Kraftübertragung kann man übrigens „einstellen", wenn man die Leerlauf-Stromaufnahme des laufenden Motors mißt, während man die Antriebsanlage justiert; bei kleinster Stromaufnahme ist das Optimum erreicht.

Die Kupplung kann entfallen, wenn ein fertiges Antriebsaggregat eingebaut wird, wie es seit einiger Zeit in zwei unterschiedlichen Größen z. B. von der Firma Graupner vertrieben wird. Motoren fernöstlicher Produktion werden über ein Reduktionsgetriebe – drei Untersetzungen stehen zur Auswahl – direkt an die Schraubenwelle angekuppelt. Motor und Stevenrohr werden dazu im richtigen Abstand an einem Getriebegehäuse aus Kunststoff befestigt (der Motor kann mit zwei Schrauben schnell demontiert werden), das auch Befestigungsmöglichkeiten am Motorfundament bietet. Da der Motor über dem Stevenrohr eingebaut wird, ist die Baulänge des ganzen Aggregats um die Motor- und Kupplungslänge kürzer. Allerdings liegt der Motor meist über der KWL und trägt damit nicht zur Verbesserung der Schwerpunktlage des Modells bei.

3.3.3 Maßnahmen zur Geräuschdämpfung

Die Antriebseinheiten können akustisch leicht vom Schiffsrumpf getrennt werden, indem man das „Motorfundament" so aufbaut, daß es durch eine dünne Moosgummischicht vom Schiffsboden isoliert ist, z. B. als Bodenholz-Gummi-Fundamentholz verklebtes „Sandwich" (Abb. 3.9 a). Bei Rohrschellen-Befestigung der Antriebsmotoren kann man die Geräuschentkopplung übrigens noch dadurch weiter treiben, daß man zwischen Rohrschelle und Motorgehäuse eine weitere Gummischicht legt.

Auch im Falle der Schraubenwelle ist eine Geräuschentkoppelung sinnvoll und möglich, indem man an Stelle des Stevenrohrs ein „Stevenhüllrohr" in den Rumpf fest einklebt und dann das eigentliche Stevenrohr in einer Schicht von Silikonkautschuk in dieses Hüllrohr einbettet (Abb. 3.9 b).

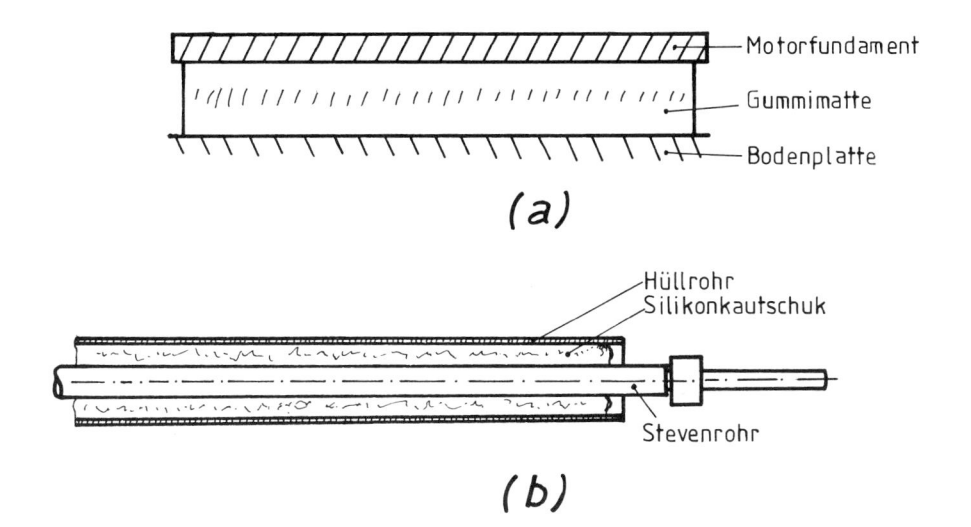

Abb. 3.9: Möglichkeiten der Geräuschdämpfung
  (a) Motorfundament
  (b) Stevenrohr

3.3.4 *Bau und Einbau von Ruder und Schlingerkiel*

Ruderanlagen, d. h. Ruderblätter mit Ruderschaft und Ruderkoker sowie Ruderarm zum Anlenken des Steuergestänges zur Rudermaschine können fertig im einschlägigen Handel bezogen werden. Diese Ruder haben allerdings nur in den seltensten Fällen das durch das Modellvorbild vorgegebene Aussehen. Der Selbstbau ist daher meist unvermeidlich.

Die äußere Form des Ruderblattes, wie sie durch das Vorbild und/oder unsere Planungen des Abschnitts 2.4.2 vorgegeben ist, wird aus wasserfestem Sperrholz ausgesägt und besteht jeweils aus drei Schichten. Die Stärken der einzelnen Schichten richten sich nach den jeweiligen Gegebenheiten; bei meinen M. 1:200-Modellen besteht die Kernschicht gewöhnlich aus 2,5 mm; die beiden Seitenschichten aus 1−1,5-mm-Sperrholz. Die drei Schichten können zusammen nach den Konturen des Ruderblattes ausgesägt werden. Die Kernschicht erhält anschließend noch einen Schlitz von knapp 3 mm Breite, in den der Ruderschaft (3-mm-Messingdraht oder dickwandiges Messingrohr) eingesetzt und mit Sekundenkleber fixiert wird (Abb. 3.10a). Die die Ruderfläche etwas überragenden Teile des Schaftes werden nun abgefeilt und schließlich die beiden Seitenflächen auf die Kernfläche aufgeleimt; mindestens im Bereich des Schaftes wird Zweikomponentenkleber verwendet.

Nach Trocknung des Ruderrohlings wird zunächst am oberen Ruderschaftende ein M 3-Gewinde von rund 1 cm Länge eingeschnitten, an dem später der Ruderarm befestigt werden kann. Dann wird das Ruder auf „Profilform" gebracht, wozu mit Vorteil ein Tellerschleifer verwendet wird (z. B. als Zusatzteil zur elektrischen Bohrmaschine). Für die Erzielung eines symmetrischen Profils können sehr gut die einzelnen, meist verschiedenfarbigen Schichten des Sperrholzes verwendet werden; nur wenn die einzelnen „Farbbalken" auf beiden Ruderseiten die gleiche Dicke haben, ist die Symmetrie des Ruders gewährleistet.

Wichtig ist die abschließende sorgfältige Imprägnierung des Ruderblattes, um späteres Quellen des Sperrholzes beim Einsatz des Modells zu vermeiden. Nach einem mehr-

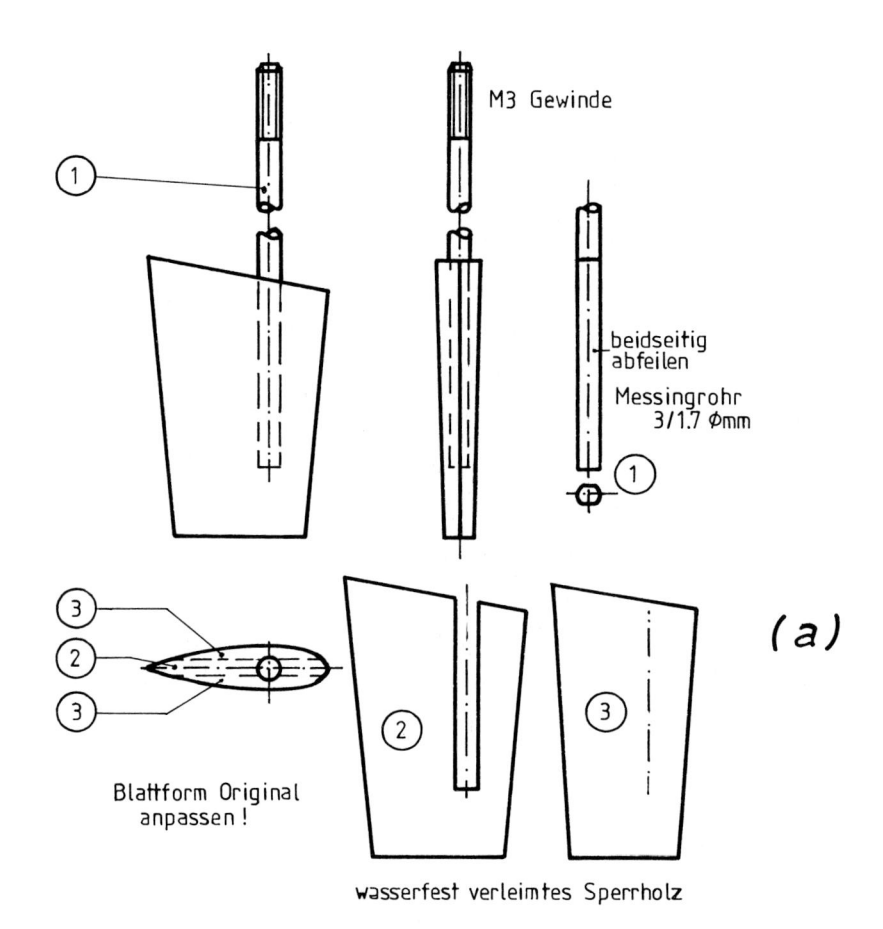

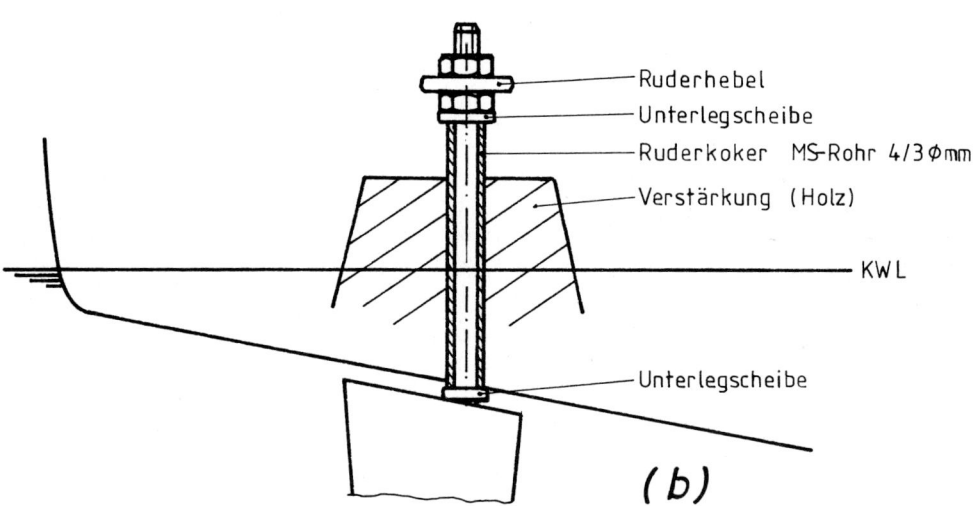

Abb. 3.10: Ruderanlage
(a) Konstruktion des Ruders
(b) Einbau des Ruders in den Rumpf

Ruder- und Wellenanlagen:

Die Einruder-Zweiwellenanlage des Modellträgers SHANGRI-LA. Deutlich zu erkennen auch die Öse zum Einklinken eines Schleppdrahtes für Schleppmodelle.
Die beiden Vierflügelschrauben sind übrigens im gut sortierten Fachhandel erhältliche, leider ziemlich teure Metallschrauben mit bronze-farbiger Oberfläche (40 mm Durchmesser).

Die Zweiruder-Zweischraubenanlage des Modell-Schlachtschiffs IOWA.

Der Jet-Pump-Antrieb des Kreuzers TEXAS

stündigen Imprägnierungsbad in verdünntem Bootslack, wobei dieser in das rohe Holz eindringen soll, erfüllen mehrere weitere Schichten Bootslack gewiß gut ihren Zweck; noch besser ist aber in jedem Fall eine Beschichtung mit Epoxydharz.

Für den Einbau des Ruders benötigen wir noch einen Ruderkoker aus Messingrohr mit etwas mehr als 3 mm Innendurchmesser. Beim Einbau des Kokers ins Modell ist eigentlich nur wichtig, daß seine im Modellinneren liegende Oberkante – wann immer möglich – einige Zentimeter über der KWL liegt; in beplankten oder Kunststoffrümpfen muß ein großzügig dimensionierter Holzklotz zur Verstärkung vorgesehen werden. Wird das Ruder so eingebaut, kann man alle Probleme bezüglich Dichtung vergessen, da das Wasser auch im Koker nie die Kokeroberkante erreicht und damit ins Modellinnere austreten kann (Abb. 3. 10 b); eine Dichtung mit z. B. Kugellagerfett kann natürlich trotzdem nicht schaden.

Über dem Ruderkoker ist eine Öffnung im Hauptdeck vorzusehen, damit die Ruderanlenkung zur Rudermaschine jederzeit zugänglich bleibt (Wartung).

Für den Bau der Schlingerkiele ist erneut Sperrholz gut geeignet. Ihre genaue rumpfseitige Kontur bestimmt man am einfachsten mit einer Pappschablone, die man solange mit der Schere bearbeitet, bis sie stimmt. Um eine stabile Befestigung am Rumpf zu gewährleisten ist es zweckmäßig, die Schlingerkiele mit „Füßchen" auszurüsten, die in den Rumpf gedrückt (bei Balsarümpfen ist das problemlos, ansonsten muß eventuell vorgebohrt werden) und dort verklebt werden können (Abb. 3. 11).

Wichtig ist, daß die Kiele auf beiden Seiten des Rumpfes absolut symmetrisch sind, da sonst die Fahreigenschaften des Modells beeinträchtigt werden können.

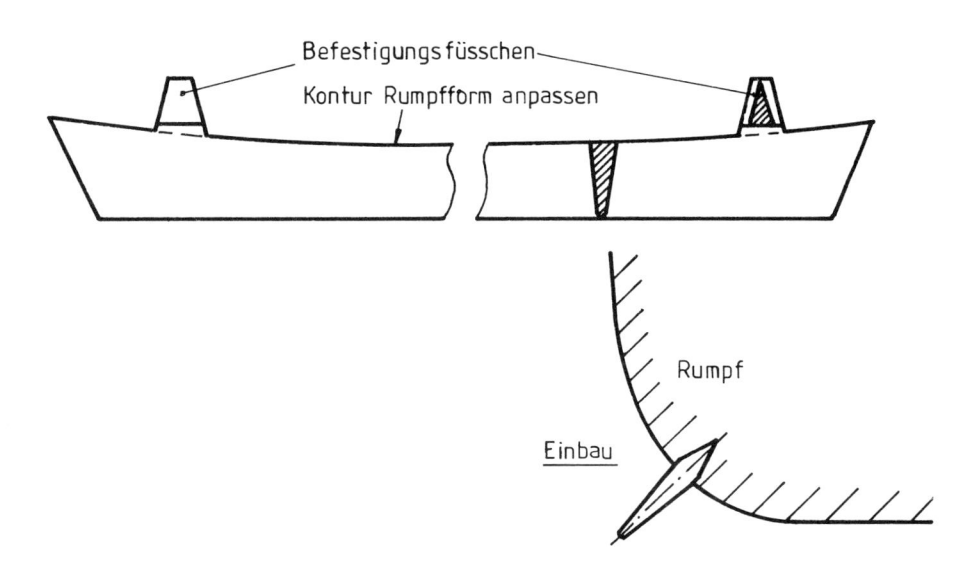

Abb. 3.11: Konstruktion des Schlingerkiels und Anbringung am Rumpf

3.4 Aufbauten

Nach oben wird der Rumpf durch das Hauptdeck abgeschlossen, auf dem die Deckshäuser und übrigen Ausrüstungsgegenstände aufgebaut bzw. gelagert sind. Die Deckshäuser und alle übrigen Aufbautenteile müssen zur Vermeidung von „Topplastigkeit" so leicht als möglich sein, je weiter sie über die KWL herausragen und je höher der Schlankheitsgrad d des Schiffes ist. Dieser „Fundamentalsatz" gilt sowohl für die Originale als auch in noch vermehrtem Maße für unsere Modelle, sind sie doch, wie wir schon weiter oben sahen, oft schon im Normalbetrieb „orkanähnlichen" Witterungsverhältnissen ausgesetzt. Der geeigneten Werkstoffwahl kommt daher die größte Bedeutung zu. Bei allen Fahrmodellen sollte das Rumpfinnere bequem zugänglich bleiben, um Arbeiten an Antriebs- und Steueranlagen durchführen zu können; das Hauptdeck muß deshalb größere Öffnungen aufweisen. Sorgt man nicht beizeiten für diese großzügigen Öffnungen, so bezahlt man später meist mit Beschädigungen an den fragilen Aufbauten, wenn im Modellinneren mal was nicht so richtig klappt und einer Reparatur bedarf.

Da Hauptdeck und Aufbauten von Flugzeug- bzw. Helikopterträgern von denen der übrigen Schiffstypen recht verschieden sind, wollen wir Träger und übrige Schiffstypen im weiteren getrennt behandeln. Zuvor gehen wir aber noch kurz auf die benötigten Werkstoffe ein.

3.4.1 *Aufbauten-Werkstoff*

Auch bei unseren großen Vorbildern war man zwischenzeitlich mehr und mehr vom schweren Aufbautenwerkstoff Schiffbaustahl zu leichteren Aluminium-Legierungen übergegangen. Fatale Folgen hatte dies übrigens im Falklandkrieg, als die Aufbauten der britischen Schiffe nach leichteren Treffern wie Zunder brannten. Nach diesen mißlichen Erfahrungen verwendet man deshalb für die Aufbauten jetzt wieder Stahl oder andere Leichtbau-Legierungen, die einen höheren Schmelz- und Flammpunkt besitzen.

Im Schiffsmodellbau sind die üblichen Aufbauten-Werkstoffe Holz, Karton, Kunststoff oder dünnes Metall, vor allem Aluminium und Messing. *Holz* spielt bei Nicht-Baukastenmodellen wohl weiterhin die wichtigste Rolle, besonders in seiner Spezialform als Sperrholz. Dieses verzieht sich kaum, läßt sich gut verarbeiten und hat hervorragende Festigkeitseigenschaften. Allerdings muß seine Oberfläche vor dem Anstrich einer ausgedehnten Veredelung unterzogen werden, soll sie doch letztlich Metall vortäuschen.

Balsa ist im Modellbau der klassische Leichtbauwerkstoff. Es hat leider den Nachteil, daß es leicht ausfasert oder bricht und damit eine feinere Bearbeitung sehr erschwert, insbesondere bei dünnen Plattenstärken bis etwa 3 mm. Man kann diesem Nachteil begegnen, indem man die Balsaplatten (1 bis 2 mm Stärke) beidseitig mit dünnem Schreibmaschinenpapier beklebt (als Klebstoff dient z. B. verdünntes Pattex). Um die Oberflächengüte des Werkstoffes, den ich PfB (papierfurniertes Balsa) zu nennen pflege, zu verbessern, sollte man die beschichteten Bretter schon vor der weiteren Bearbeitung mit Porenfüller mehrmals imprägnieren und anschleifen. Die Bearbeitung kann problemlos mit einem scharfen Messer erfolgen.

Auch meist dreischichtiges *Balsasperrholz* ist ab 3 mm Plattenstärke auf dem Markt, dessen „Ausfasersicherheit" etwas besser ist als die normaler Balsaplatten; PfB ist diesem Material aber eindeutig überlegen auch hinsichtlich seines Preises; allerdings ist es geringfügig schwerer.

Karton hat sich beim Einsatz für Schanzkleider, kleine Stützen und viele weitere Teile dünner Wandstärke bestens bewährt, da er sich problemlos schneiden und falzen läßt und eine gute Festigkeit besitzt. Seine Oberflächengüte läßt bei qualitativ gutem Karton kaum Wünsche offen. In diesem Zusammenhang ist daher vor allem glatter Briefkarten-Karton geeignet, dessen Oberfläche höchsten Ansprüchen genügt und dessen Dicke für die meisten Anwendungen ausreichend ist; notfalls können aber auch zwei Karten mit Pattex verklebt werden. Wenn im weiteren von „Karton" die Rede ist, ist immer dieser glatte Briefkarten-Karton gemeint.

Auch *Kunststoffe*, vor allem ABS-Platten (Stärken 0,5 bis 4 mm) kommen heute als Aufbautenwerkstoff zum Einsatz. Sie werden mit den einschlägigen acetonhaltigen Klebstoffen verklebt und lassen sich gut verarbeiten. Ihre primäre Oberflächenbeschaffenheit ist der von Hölzern weit überlegen.

Messing als Aufbautenwerkstoff wird nur von wenigen Modellbauern (man muß aber zugeben, vor allem von den „Spitzenkönnern") bevorzugt, die die Aufbauten aus dünnstem Blech (Stärke 0,1 bis 0,5 mm) zusammenlöten, eine Methode, die sich besonders bei den meist gradflächigen Aufbauten moderner Handelsschiffe im Maßstab 1:100 und größer bewährt hat. Noch leichter ist in diesem Zusammenhang Aluminiumblech, das mit Sekundenkleber zusammengeklebt werden kann.

Doppelseitig kupferkaschiertes GfK schließlich, das mehr von der Platinenherstellung in der Elektronik bekannt ist, kann als ein „Mittelding" zwischen Kunststoff- und Metallverarbeitung angesehen werden. Man kann es wie Messingblech löten, ohne die Nachteile der, die übrige Bearbeitung erschwerenden, geringen Wandstärke reiner Metallplatten in Kauf nehmen zu müssen. Wegen der geringen Stärke der Kupferauflage von typisch 35 μm ist die benötigte Lötleistung übrigens gering. Das Material ist allerdings sehr teuer und auch nicht sonderlich leicht.

Da wir gerade beim Gewicht sind, wollen wir uns zum Vergleich einmal die Verhältnisse der benötigten Plattendicken bei gleichem Gewicht für die verschiedenen, oben erwähnten Werkstoffe ansehen. Bezogen auf Sperrholz, dem wir den Faktor „1" geben wollen (z. B. 1 mm Dicke), muß man bei gleichem Aufbautengewicht die Schichtstärke für die anderen Werkstoffe wählen:

Sperrholz	= 1	GfK (doppelseitig CU)	= 0,5
Balsa (PfB)	= 5,3	Aluminium	= 0,3
Karton	= 0,8	Messing	= 0,1
ABS-Platten	= 0,6		

Der Nachteil von Metall ist also vor allem darin zu suchen, daß mit sehr dünnen Platten gearbeitet werden muß (bei Lötung von Blechen geringer Wandstärken ist auch die Herabsetzung der Lötleistung angezeigt), deren Verarbeitung (Sägen, Biegen sowie Löten bzw. Kleben) eine große Portion Erfahrung erfordert, die bei der Verarbeitung von Holz in weit geringerem Maße vonnöten ist. Der Vorteil von Metall ist andererseits dessen primäre Oberflächenbeschaffenheit, die bei Holzaufbauten erst mit Hilfe von Porenfüller, Lack und Schleifarbeit künstlich erzeugt werden muß; diese nachträgliche Veredelung mit „Gewichtszuschlag" verschiebt übrigens auch die Gewichtsverhältnisse wieder etwas mehr zugunsten der Metalle.

Summa summarum kann man sagen, daß für „Otto Normalverbraucher" der Modellbauer-Kategorie, zu der sich auch der Autor rechnet, die Holzverarbeitung problemloser und daher zu empfehlen ist, während die Metallkonstruktion mehr den „Top-Leuten" vorbehalten bleibt.

3.4.2 *Flugzeug- und Helikopterträger*

3.4.2.1 *Flugdeck-Konstruktionen*

Konstruktiv gesehen ist das Flugdeck bei den meisten Flugzeug- bzw. Helikopterträgern eigentlich nur für uns Modellbauer das Hauptdeck, reicht doch der Rumpf beim Original nur bis zur Höhe des Hangars; alles weitere ist „Deckshaus" mit durchgehendem Dach und einem etwas erweiterten Rauchgasabzug in Form einer „Insel" auf der Steuerbordseite.

Wie Abb. 3.12 an einem vereinfachten US-Trägerdeck (CV-42) verdeutlicht, sind die Winkeldecks zeitgenössischer Träger mehr oder weniger seitlich überhängend, haben Ausschnitte zur Aufnahme der Seitenbordaufzüge und sind insgesamt sehr großflächig gehalten, um eine möglichst große Abstellfläche für die Flugzeuge bereitzustellen, die zum Start vorbereitet werden oder gerade gelandet sind.

Da das Flugdeck gewöhnlich hoch über der KWL liegt, ist seine Konstruktion aus Stabilitätsgründen leicht zu halten. Als eigentliches Baumaterial ist daher vorzugsweise Sperrholz von bis zu 3 mm Stärke einzusetzen (bei kleinen Helikopterträgern im M. 1:200 ist Balsasperrholz bzw. PfB vorzuziehen, obwohl es etwas empfindlicher ist), das auf einem Rahmen aus Leisten (Kiefer, Balsa) aufgebaut wird, um die überhängenden Flugdeckpartien zu verstärken und dem Deck insgesamt mehr Festigkeit zu geben. Bei meinen Trägermodellen, deren Rümpfe in Gemischtbauweise mit Sperrholzspanten im Mittelteil aufgebaut wurden, sind die Decksleisten mit diesen Spanten zusätzlich verschraubt (Abb. 3.12a), um eine möglichst feste Verbindung Deck – Rumpf sicherzustellen, wird doch das Modell häufig am Flugdeck angehoben und „ausgedockt".

Die „Serviceöffnungen" für den ungehinderten Zugang ins Modellinnere können praktisch nur im Flugdeck selbst liegen. Während ich bei meinen ersten Modellen meist eine einzelne, über das gesamte Flugdeck reichende Öffnung vorgesehen hatte, bevorzuge ich heute mehrere kleine Luken über den einzelnen Rumpfsegmenten, weil sich die kleineren Lukendeckel weniger verziehen können und nur in den seltensten Fällen mehrere Luken gleichzeitig geöffnet werden müssen. Wenn die Fugen klein bleiben, fallen sie im Deck kaum auf, zumal sie von den reichlich vorhandenen Decksmarkierungen kaum unterschieden werden können. Als Deckelsitz dienen die Flugdeck-Verstärkungsleisten.

Wichtig ist auch eine „Verriegelung" der Luken, damit die Lukendeckel bei größeren Krängungen bzw. durch die unvermeidbaren Erschütterungen beim Transport nicht verrutschen können. Ich verwende dazu meist kleine Flachkopfschrauben, die man zwar ein bißchen sieht, wenn man sie nicht mit geparkten Flugzeugen zustellen kann, die aber auf

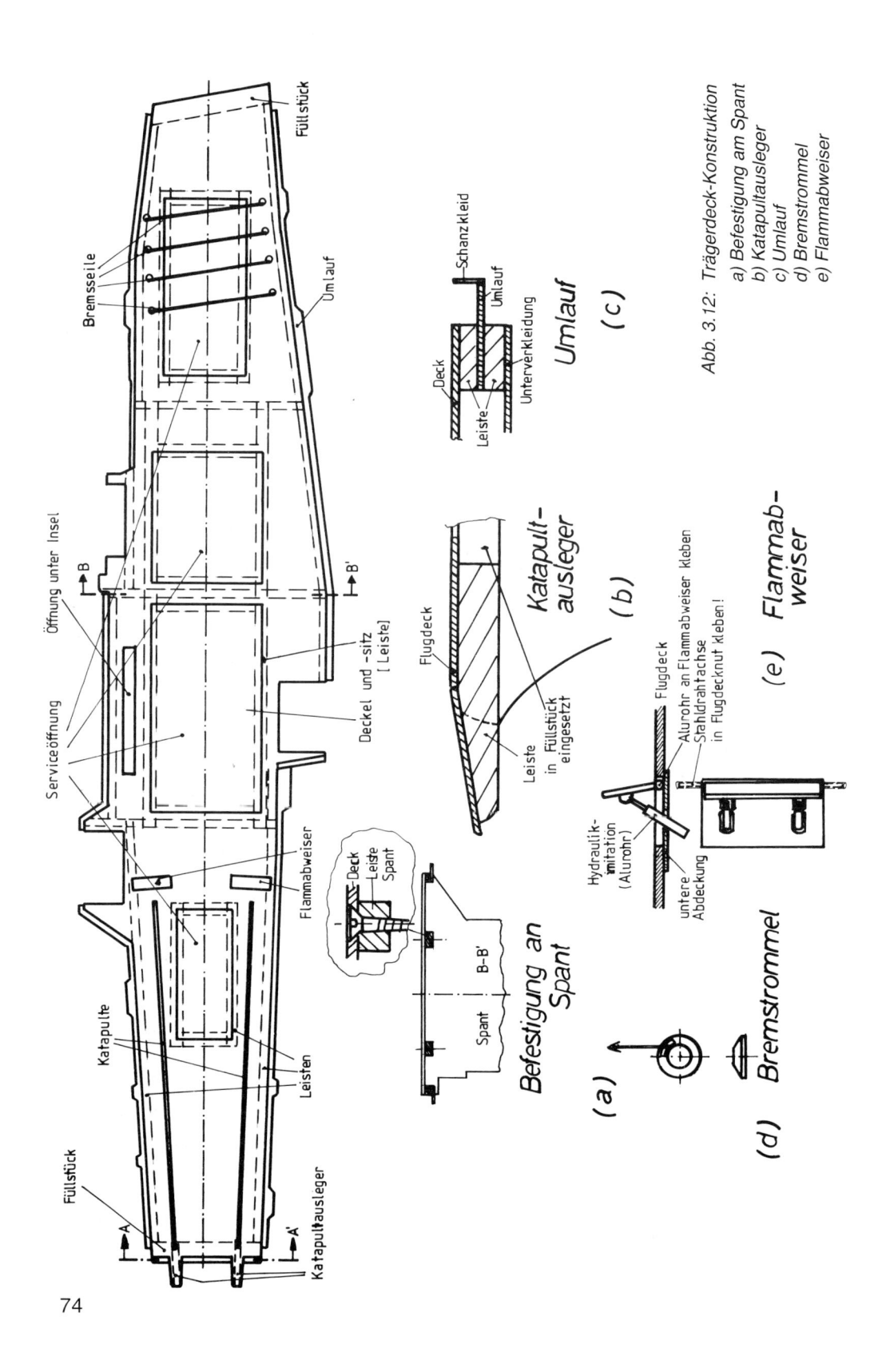

Abb. 3.12: Trägerdeck-Konstruktion
a) Befestigung am Spant
b) Katapultausleger
c) Umlauf
d) Bremstrommel
e) Flammabweiser

der anderen Seite die unkomplizierteste Lösung darstellen; auch die Bedienungslöcher für eventuell vorzusehende Riegel würde man ja sehen.

Das Flugdeck ist in weiten Bereichen von Umläufen umgeben, auf denen oft für die Flugzeugwartung an Deck benötigtes Material gelagert ist und wo sich auch die umfangreichen Feuerlöscheinrichtungen befinden. Diese Umläufe liegen für gewöhnlich 1 bis 2 m unter der Flugdeck-Oberkante und sind von diesem über in regelmäßigen Abständen angebrachte Treppen, aber auch vom Unterdeck aus erreichbar. Geschützt werden die Umläufe durch Schanzkleider, auf die außen im ungefähren Meterabstand schmale Stahlstreifen zur Verstärkung aufgeschweißt sind.

Die Umläufe werden am einfachsten aus Sperrholz hergestellt und an den Seiten des Flugdeckrahmens an bzw. zwischen den Verstärkungsleisten mit diesen verklebt (Abb. 3.12c). Die Schanzkleider samt Verstärkungsstreifen erstellt man aus Karton (Verstärkungen ebenfalls Kartonstreifen). Die zahlreich benötigten Niedergänge gibt es als Fertigprodukt aus Kunststoff in den unterschiedlichsten Maßstäben und guter Qualität im Fachhandel, weswegen es unsinnig wäre, sie selber herzustellen.

3.4.2.2 *Katapultanlagen und Fangeinrichtungen*

Auf Trägern werden Flugzeuge heute mit Hilfe von Dampfkatapulten gestartet und mit Fangseilen beim Landen abgebremst, da „Landebahnen" von etwas über 300 m Länge für Start bzw. Landung moderner Jets wohl kaum ausreichen dürften. Während die Träger für den Start noch bis in die jüngste Zeit in den Wind gedreht und volle Fahrt voraus machen mußten – um die dadurch gegebene zusätzliche „Startgeschwindigkeit" zu nutzen –, kann man mit den modernsten amerikanischen Katapulten (Typ C13-Mod1) selbst die schwersten Trägerflugzeuge auch bei gestopptem Träger noch in die Luft bringen.

Die Katapulte, zwei vorne und – bei den großen US-Superträgern – weitere zwei auf der Backbordseite in Höhe der Insel, fallen eigentlich durch keine Modellbau-signifikanten Details ins Auge, sieht man von dem schmalen Schlitz einmal ab, in dem der Katapultschlitten bewegt wird. Allerdings befinden sich hinter den Katapult-Startpunkten normalerweise im Deck versenkte, beim Start aber hydraulisch aufrichtbare Flammabweiser, die die an Deck arbeitenden Bedienungsmannschaften vor den heißen Abgasen der beim Start mit Vollschub und gegebenenfalls mit eingeschalteten Nachbrennern laufenden Strahltriebwerke schützen sollen.

Es macht sich gut, wenn der Katapultschlitz mit einem Fingerfräser in das Deck eingefräst werden kann. Wichtiger ist aber der Bau der Flammabweiser, die, wie beim Original, im Deck versenkbar ausgeführt werden können (Abb. 3.12e). Man sägt dazu den Flammabweiser aus dem Deckmaterial aus, kürzt am unteren Ende um 2 mm und klebt dort ein einseitig zur Verbesserung der Klebfläche etwas abgefeiltes 2-mm-Ms-Rohr an. Ein in dieses Rohr gesteckter Stahldraht wird beidseitig in Schlitzen mit dem Flugdeck verklebt und dient so als Drehachse. Die Öffnung im Flugdeck wird mit einem Stück Sperrholz von unten verschlossen, in das zwei Bohrungen für die „Hebehydraulik" gebohrt sind. Diese stellt man am einfachsten aus mehreren ineinandergeschobenen Aluröhrchen her, die drehbar am Flammabweiser befestigt werden (Alu-Rohr oben flachklopfen und mit Nagel in Kartonwinkel befestigen; Kartonwinkel an Flammabweiser-Rückseite ankleben). Beim Abklappen des Flammabweisers verschwindet die Hydraulik so im Bodenloch, um beim Hochklappen wieder zu erscheinen.

Ältere Flugzeugtypen benötigen noch spezielle Stahlseile, mit denen sie am Katapultschlitten befestigt werden. Um diese Stahlseile nicht bei jedem Start zu verlieren, sind an den Katapultenden Ausleger montiert, die am Bug der Träger als „Hörner" in Erscheinung treten. Neuere Flugzeugtypen dagegen besitzen spezielle Anlenkungshebel am Bugfahrwerk zur direkten Kupplung an den Katapultschlitten, weshalb die Ausleger nicht mehr nötig sind und daher in jüngster Zeit mehr und mehr verschwinden.

Beim Bau der Ausleger ist auf eine massive Bauweise besonders zu achten, da sie wegen ihrer exponierten Lage sehr zum Abbrechen neigen (bei Kollisionen sind sie die gefährdetsten Teile). Am sichersten ist es daher, wenn man den Auslegerunterbau mit dem Flugdeckgerüst gut verbindet (Abb. 3.12b).

Landende Flugzeuge müssen mit Fangseilen abgebremst werden. Dazu verfügt jedes Trägerflugzeug über einen Landehaken, der beim Landeanflug nach unten abgesenkt werden kann. Als Pendant dazu befindet sich im hinteren Viertel des Trägerdecks ein Satz von gegenwärtig nur noch vier, quer über die Landebahn gespannten Stahlseilen, die mit unter Deck befindlichen hydraulischen Bremsanlagen verbunden sind.

Bei einer korrekten Landung, die heute übrigens, ähnlich den Blindfluglandeverfahren in der zivilen Luftfahrt, automatisch durchgeführt werden kann, erfaßt der Landehaken des Flugzeugs eines der Bremsseile, worauf das Flugzeug dann auf wenigen Metern recht abrupt zum Stehen gebracht wird. Dann wird der Landehaken gelöst und das Flugzeug kann zu seinem Standplatz rollen.

Vom ganzen Bremsseilsystem sichtbar sind nur die Seile selbst und die sehr flachen Umlenkrollen (Abb. 3.12d) beiderseits der Landebahn. Letztere lassen sich leicht aus Sperrholzresten aufbauen. Ob man die Seile selbst auch einbaut — sie sind zumindest bei meinen Modellen wegen der darunterliegenden Serviceöffnungen etwas störend — ist diskutabel; auf meinen Trägermodellen sind sie allerdings nur aufgezeichnet.

Schließlich verfügt jeder Träger noch über ein Nylon-Notnetz, das quer über die Landebahn gespannt werden kann, wenn der Landehaken eines Flugzeugs defekt ist. Für den Modellbauer relevant ist in diesem Zusammenhang nur die entsprechende Decksmarkierung, über der das Netz befestigt wird.

3.4.2.3 *Aufzüge*

Flugzeuge befinden sich auf einem Träger gewöhnlich unter Deck im Hangar, wo sie viel besser vor der die Korrosion fördernden, salzhaltigen Luft geschützt sind als auf dem Flugdeck. Im Hangar werden die Maschinen in der Regel auch gewartet. Um sie vom Flugdeck in den Hangar zu befördern, werden Aufzüge benötigt.

Während diese Aufzüge früher in der Mitte des Flugdecks angeordnet waren, werden heute drei bis vier Seitenaufzüge verwendet, die an Deck in einer Aussparung enden und in Hangarhöhe an der Außenhaut des Rumpfes entlanglaufen.

Es erscheint mir sinnvoll, die Aufzüge auch beim Modell beweglich zu halten, was ohne allzugroße Probleme realisiert werden kann. Abb. 3.13 zeigt die prinzipielle Konstruktion eines modernen Seitenaufzuges. Die Aufzugsführungen werden beim Modell aus 1- und 2-mm-Sperrholzstreifen zusammengesetzt; die darin laufenden Zungen sollten etwas stärker sein (2,2 mm), damit eine gute Klemmwirkung sichergestellt wird und der Aufzug beim Modellbetrieb nicht plötzlich „in der See" verschwindet.

Die Aufzugsunterkonstruktion wird, wie in Abb. 3.13 angedeutet, teilweise vernutet, da ihre Beanspruchung, besonders bei Aufzugverschiebungen, erheblich werden kann.

An den freien Aufzugaußenkanten befinden sich üblicherweise Fangnetze, die die Mannschaften vor dem unfreiwilligen Absturz in die See schützen sollen. Man baut diese Fangnetze am einfachsten aus metallenem Fliegengitter, wobei man die Stützen der Tragekonstruktion mit Zweikomponentenkleber imitiert (Füllen einer Netzbahn).

Führung

Fliegengitter
Stege aus Araldit

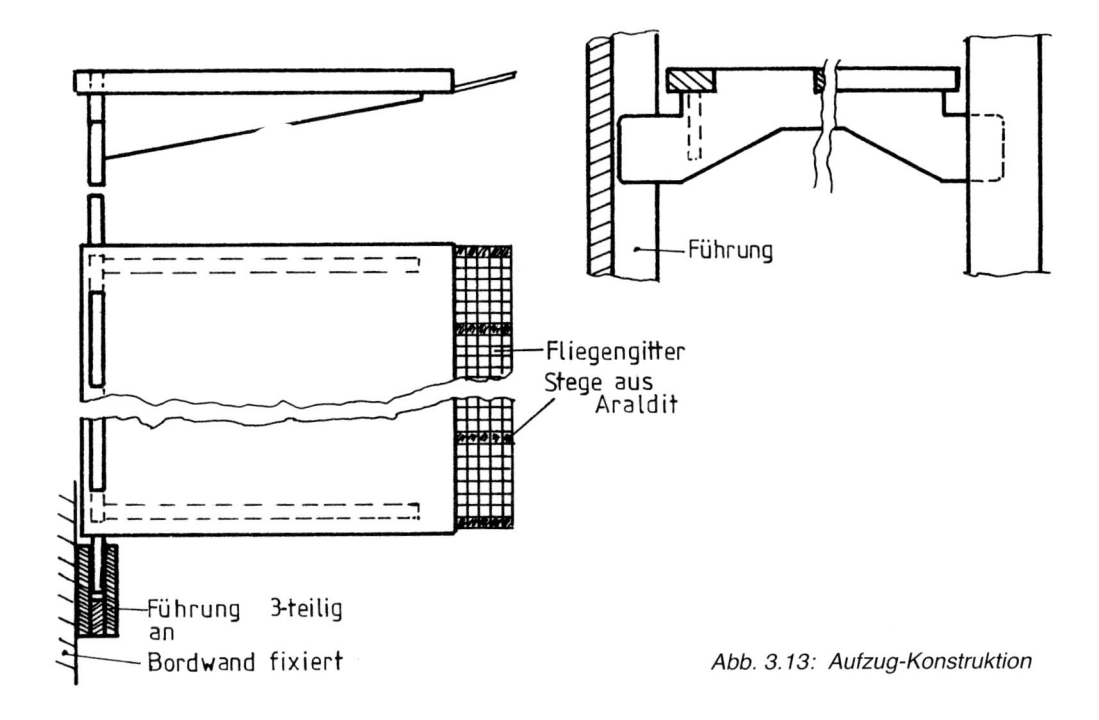

Führung 3-teilig
an
Bordwand fixiert

Abb. 3.13: Aufzug-Konstruktion

3.4.2.4 Insel

Im Gegensatz zu allen übrigen Überwassereinheiten ist das Deckshaus eines Trägers, das man Insel nennt, vergleichsweise klein und schmal, da man den vorhandenen Platz vornehmlich für das Parken von Flugzeugen nutzen möchte. Die Insel befindet sich immer auf der Steuerbordseite des Flugdecks im mittleren Drittel des Schiffes.

Die Inseln zeitgenössischer Träger sind in der Regel 5 bis 6 Decks hoch und beherbergen in zwei verglasten Decks übereinander Schiffs- und Verbandsführung (Kommando- und Admiralsbrücke) sowie an der flugdeckseitigen Seitenfläche den Kontrollturm (Tower) für den ordnungsgemäßen Flugbetrieb. Der meist als Rohrmast ausgeführte Hauptmast ist gespickt mit einer Fülle von Radargeräten und sonstiger Elektronik, auf die wir noch im Kapitel „Ausrüstung" näher eingehen werden. Bei nicht nuklearen Antriebssystemen sind auch die Rauchgasabzüge in die Insel integriert, wobei ein eigentlicher Schornstein meist nur schwach als Absatz im hinteren Teil der Insel ausgemacht werden kann.

Bei modernen Trägern steht die Insel fast immer auf einem seitlich überhängenden Teil des Flugdecks, was einen starken, verkleideten Unterbau erfordert, in dem unter anderem auch die Rauchgasabzüge aus dem Rumpf geführt werden müssen.

Wegen des relativ einfachen Grundaufbaus einer Trägerinsel bietet sich die einfache „Schachtelbauweise" geradezu an. An den Grundkasten, aus den beiden der Silhouette folgenden Seitenflächen und den beiden schmalen Stirnflächen zusammengesetzt, werden die verschiedenen überragenden Decks der Brücken sowie die Umläufe einfach angeklebt (Abb. 3.14). Als Material können alle unter 3.4.1 angegebenen Werkstoffe verwendet werden. Auf weitere Einzelheiten, wie auch auf die „Verglasung" der Brückenfenster, kommen wir im Zusammenhang mit den gewöhnlichen Deckshäusern noch zurück.

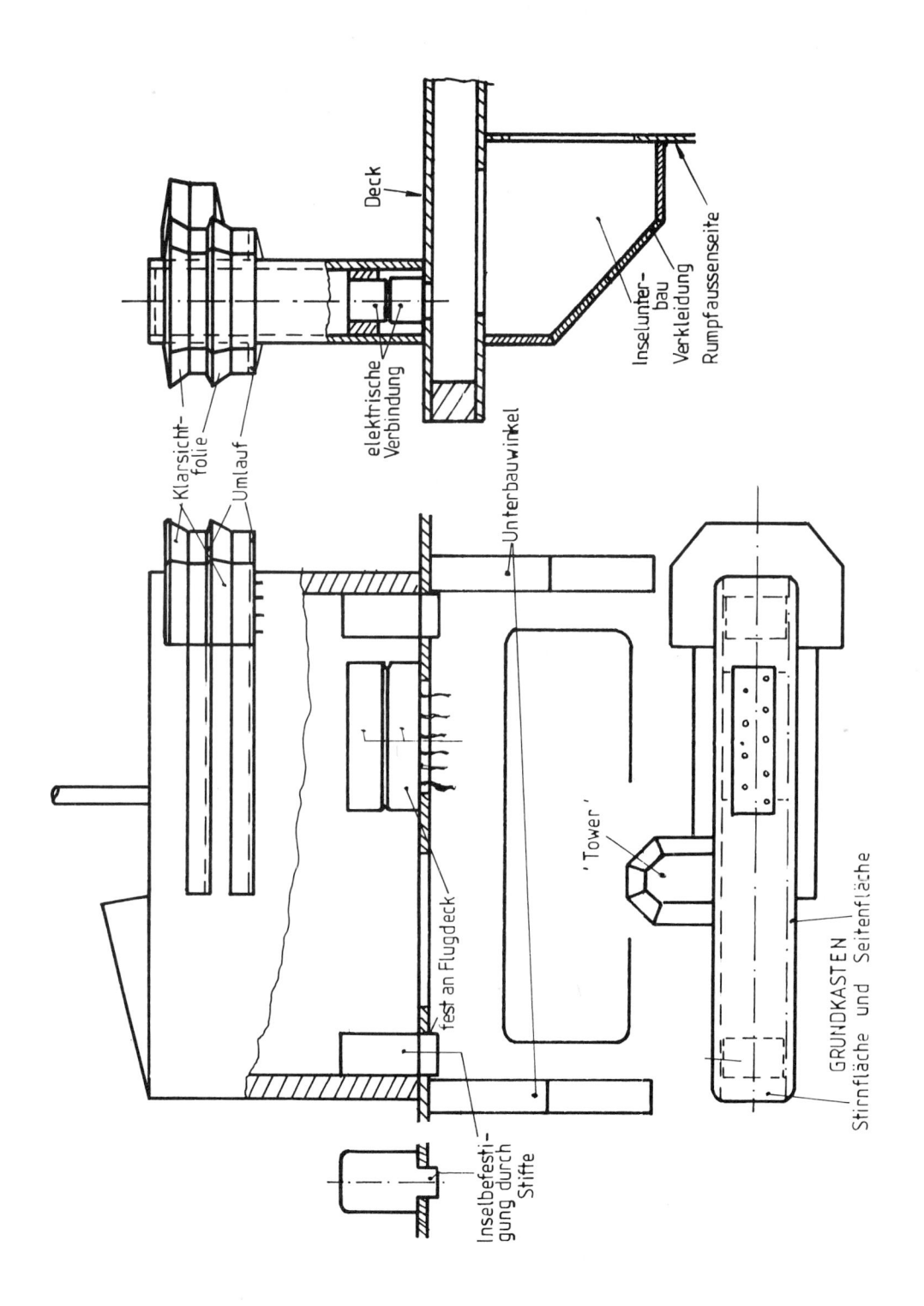

Abb. 3.14: Aufbau der Insel

Zwei Beispiele für Trägerinseln:

◀

Steuerbordseite der Insel des Trägers SHANGRI-LA

Die Insel steht übrigens neben ihrer richtigen Position, so daß die beiden kurzen Befestigungsstützen, die Steckerleiste für die elektrische Verbindung zur Insel und auch die Öffnung im Deck für die Belüftung des Dampferzeugers erkennbar wird.
Unter dem seitlich angebrachten großen Radarschirm steckt in der etwas dickeren Röhre der Schirmantriebsmotor nebst Getriebe. Das Ganze wird etwas kaschiert durch die Sensoren des ECCM-Systems WLR-6.

▶

Backbordseite der Insel des Trägers FDR im Rohbau (2. Version)

Man erkennt die Schanzkleider an den Umläufen aus Karton, das Filigran der Antennen auf dem Mast und die hier zum Teil geöffnet dargestellten Türen. Es fehlt noch die Verglasung von Brücke und Tower. Auf der Schornsteinkrempe Scheinwerfer für die Flugfeld-Beleuchtung (Alu-Rohr).

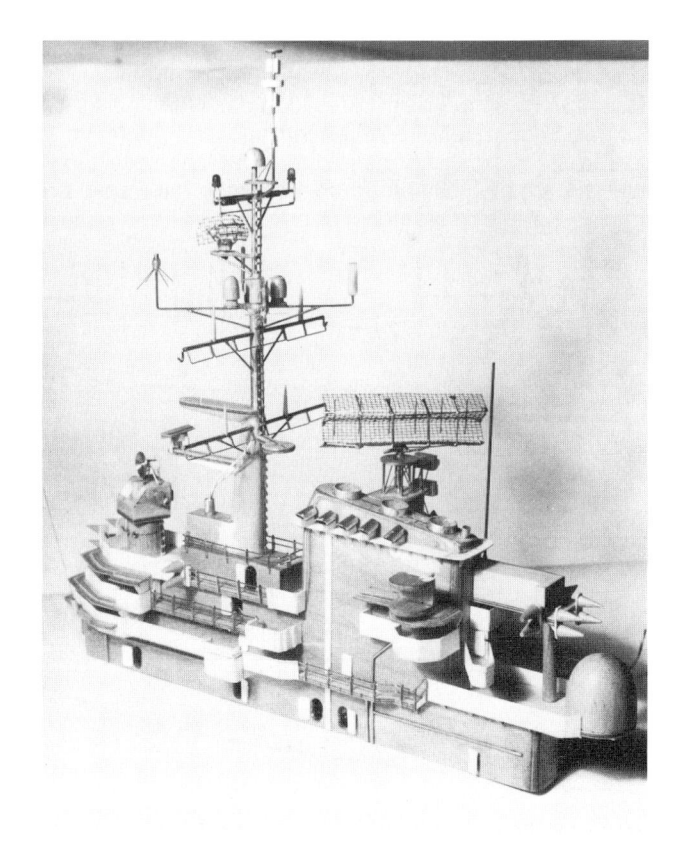

Der Inselunterbau schließt mit der Inselaußenkante ab und wird aus zwei festen Winkeln hergestellt, die mit dünnen Platten beplankt werden. Öffnungen sowohl im Deck als auch in der Rumpfaußenhaut erlauben die Durchführung von Kabeln und Luft, z. B. für den Dampferzeuger. Man sollte die Insel übrigens in jedem Fall demontierbar auf dem Flugdeck befestigen (elektrische Verbindungen über eine Stiftleiste), da dadurch vor allem auch das Transportvolumen eines Trägermodells beträchtlich vermindert werden kann.

3.4.3 *Übrige Schiffstypen*

3.4.3.1 *Hauptdeck*

Auch das Hauptdeck der übrigen Schiffstypen wird normalerweise aus nicht zu dickem Sperrholz gefertigt. Stärken von 2 bis 3 mm sind immer ausreichend, insbesondere wenn, wie oft bei Kriegsschiffen, ein Deckssprung (Wölbung in Längsrichtung) vorhanden ist und das Hauptdeck deshalb gebogen werden muß. Das Hauptdeck wird direkt mit dem Rumpf verklebt, eine Arbeit, die, wie schon früher erwähnt, schon vor der abschließenden Bearbeitung des Rumpfes erfolgen sollte.

Schiffsdecks weisen normalerweise auch eine geringe Wölbung quer zur Längsachse auf, damit das Wasser von überkommender See zur Seite hin leichter ablaufen kann. Diese Deckswölbung liegt bei zeitgenössischen Kriegsschiffen bei 1 bis 2 cm pro Meter Breite, so daß sie, insbesondere bei kleineren Maßstäben, wohl nicht berücksichtigt werden muß.

Besonders im Bugbereich haben Schiffe häufiger ein nahtlos in die Rumpfaußenhaut übergehendes Schanzkleid, das als Schutz gegen überkommende See dient. Beim Modell stellt man ein solches Schanzkleid aus Karton, dünnem Sperrholz (quer zur Faserung, damit es sich leichter biegen läßt) oder Messingblech her; die jeweilige Dicke des Schanzkleides muß beim Aussägen des Hauptdecks berücksichtigt werden (Abb. 3.15). Da das Schanzkleid in Verlängerung des Spantenverlaufs im Bugbereich meist etwas schräg steht, ist die Konstruktion der Schanzkleidabwicklung recht komplex, weshalb man sie am einfachsten durch Versuche mit Papierstreifen ermittelt und abschließend auf das Schanzkleidmaterial überträgt.

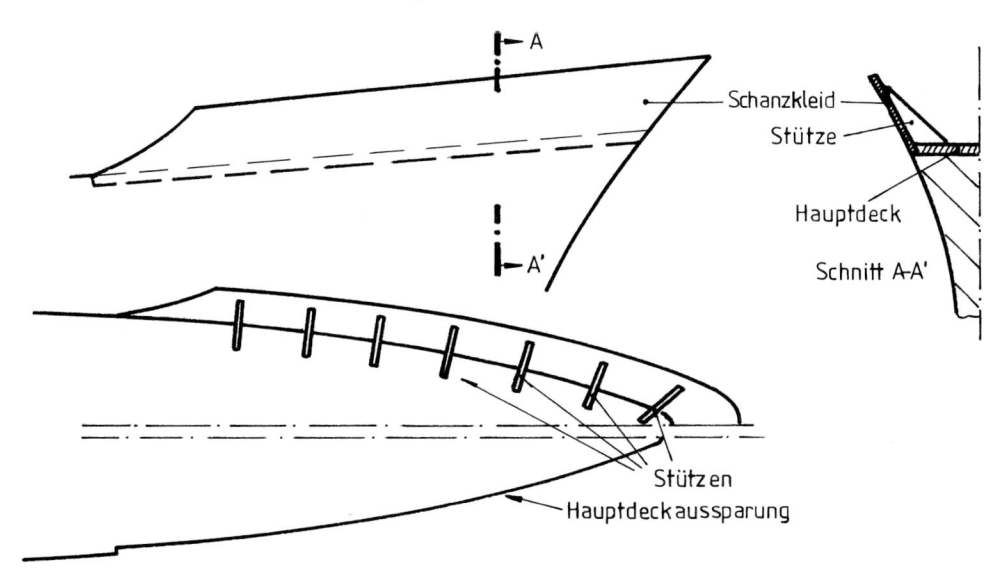

Abb. 3.15: Bugverkleidung mit Schanzkleid

Das Schanzkleid hat gewöhnlich Öffnungen zum Ablaufen des überkommenden Seewassers (Speigatts) und ist auf der Innenseite durch Verstärkungswinkel abgestützt, die auch aus Schanzkleidwerkstoff gefertigt werden.

Im Gegensatz zu den Trägermodellen können die großzügig dimensionierten Serviceöffnungen bei den übrigen Schiffstypen oft zum großen Teil unter den Aufbauten versteckt werden. Man kann die Öffnungen in diesem Fall noch mit einem Süll umgeben, um das Rumpfinnere mit seiner teilweise wasserempfindlichen Elektronik besser gegen überkommendes Wasser zu schützen; das Süll dient darüber hinaus auch als Paßsitz für die Aufbauten (siehe Abb. 3.16).

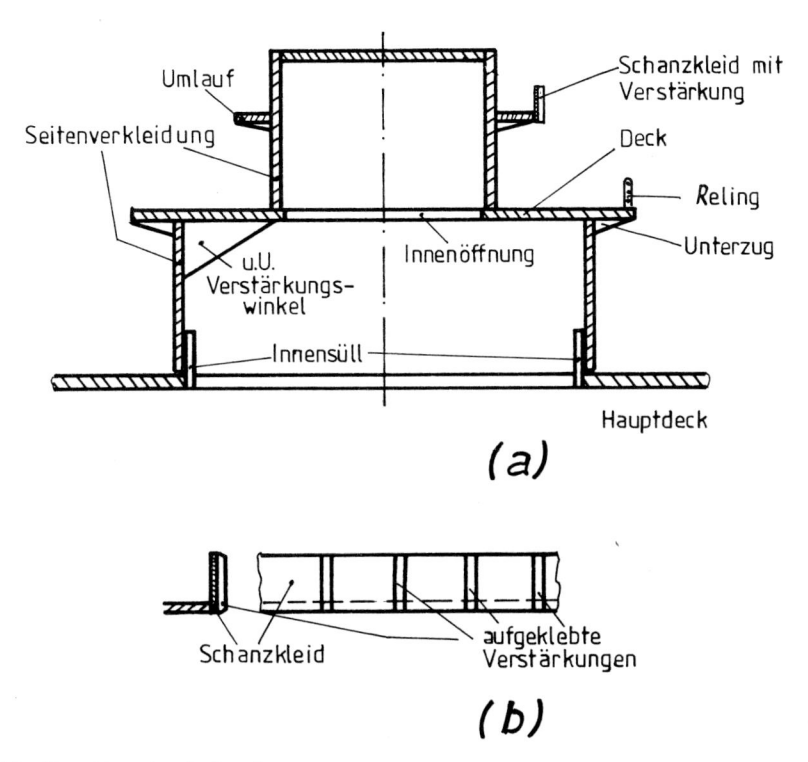

Abb. 3.16: Zum Bau der Aufbauten
    a) Deckhaus-Konstruktion
    b) Schanzkleid

Die elektrischen Verbindungen zu den Aufbauten werden wieder durch Stiftleisten sichergestellt, die im Elektronikhandel mit bis zu 30 Stiften angeboten werden.

Die Möglichkeit einer versteckbaren Serviceöffnung hat man leider auch bei diesen Schiffstypen nicht immer. Insbesondere die Luke über dem Ruderkoker wird man wohl aus dem Hauptdeck schneiden müssen, das im Heckbereich bei vielen größeren Kriegsschiffen als Helikopterlandedeck fungiert. Die schmale Fuge kann man daher eventuell durch einen geparkten Helikopter weitgehend verdecken.

3.4.3.2 Deckshäuser

Die „Deckshäuser" zeitgenössischer Kriegsschiffe sind meist durchgehende, oft aber recht verwickelte Aufbauten, die erst von den verschiedensten Sensor-Leit- und Waffensystemen entblößt werden müssen, bevor man ihren im Grunde relativ einfachen Aufbau erkennen kann. Im Unterschied zu den Deckshäusern moderner Handelsschiffe, die sich bezüglich Linienführung von landgestützten „Wohnsilos" nur noch graduell unterscheiden, sind die einzelnen Decks (Etagen) des Aufbaus von Kriegsschiffen oft wie Terrassenhäuser verschachtelt, um im Bild des Wohnungsbaus zu bleiben.

Wegen dieser „Terrassenstruktur" der Aufbauten drängt sich die Schichtbauweise geradezu auf (eine Schicht pro Etage), wobei man wegen des Gewichts Balsaschichten bevorzugen sollte; der höheren Festigkeit wegen ist ein „Sandwich" aus 2-mm-Sperrholz und Balsa (Stärke nach Bedürfnis) wohl noch vorzuziehen. Diese Schichtbauweise hat aber m. E. nicht nur den Nachteil eines relativ hohen Holzverbrauchs, sondern bringt, sofern man keinen Winkelschleifer zur Verfügung hat, vor allem auch Probleme bei der lotrechten und rechtwinkeligen Bearbeitung der Seitenflächen (der Übergang von Seitenwand zu Dach neigt zu Rundungen), weswegen ich diese naheliegende Baumethode weniger favorisiere.

Meine bevorzugte Bauart ist auch hier der „Schachtelbau". Man sägt die einzelnen Decksdächer (= Boden der nächsten Etage) aus dünnem und hartem Material aus (z. B. 2-mm-Sperrholz) und verkleidet sie anschließend mit dünnen Platten (Sperrholz, PfB, Karton, ABS oder Metall), wodurch eine einzelne Etage des Deckshauses entsteht (Abb. 3.16); bei größeren Seitenflächen ist zur höheren Festigkeit der Aufbauten die Verwendung von Verstärkungswinkeln (Balsa) angezeigt. Teile des Decks, die von der darüberliegenden Etage verdeckt werden, sägt man aus Gründen der Gewichtseinsparung aus.

Bau der Deckshäuser des Kreuzermodells TEXAS in Schachtelbauweise mit PfB. Die weißen Flächen markieren deutlich die Papierfurnierung, auf die auch die Umrisse problemlos aufgezeichnet werden können; die schwarzen Kanten entstehen durch Imprägnierung des rohen Balsas an den Schnittkanten. Weitere Ausrüstungen wie Starter, Beleuchter und Kanonen im Rohbau erkennbar.

Jede der einzelnen Etagen wird, falls Holz als Werkstoff verwendet wurde, vor dem Zusammenbau einer „Oberflächenbehandlung" unterzogen, bestehend aus mehreren Schichten Porenfüller nebst Verschleifung.

Die einzelnen Decks sind oft balkonartig überhängend und werden, auch beim Original, durch Unterzüge (Verstärkungswinkel) abgestützt, die man beim Modell aus Karton herstellen kann. Gegen ein mögliches Herunterfallen wird die Mannschaft durch Relings oder auch Schanzkleider geschützt; letztere sind oft durch außen aufgeschweißte Stahlstreifen verstärkt (Abb. 3.16b). Als Schanzkleidmaterial eignet sich erneut Karton, aus dem auch die verstärkenden Streifen bestehen können.

Falls eine Reling vorzusehen ist, sollten die entsprechenden Pfostenlöcher schon vor dem Zusammenbau der Aufbauten gebohrt werden, da dies nachher oft nicht mehr möglich ist. Bei kleinen Maßstäben ist der Einsatz von Streifenreling (Vertrieb AERONAUT) empfehlenswert.

3.4.4 *Schornstein*

Viele zeitgenössische Kriegsschiffe haben den klassischen, alleinstehenden Schornstein verloren und verfügen heute über Rauchgasabzüge, die in die, auch als Elektronikträger genutzten, Aufbauten integriert sind und die in der US-NAVY als MACK (MAst and staCK = Mast und Schornstein) bezeichnet werden. Nur auf den von Gasturbinen angetriebenen Einheiten findet man noch etwas differenziertere, schornsteinähnliche Gebilde, über die die von Gasturbinen produzierte, relativ hohe Rauchgasmenge abgeblasen wird.

Schornsteine (Abb. 3.17a) stellt man am einfachsten in Spantenbauweise her, wobei die Spanten aus Sperrholz, die Stringer aus Balsa und die Beplankung aus Balsa (1 mm), dünnem Sperrholz oder Karton bestehen kann. Die Kappe besteht aus Sperrholz mit einem Rand aus Sperrholz, Blech oder Karton. Auch die MACKs (Abb. 3.17b) lassen sich am einfachsten in Spantenbauweise herstellen.

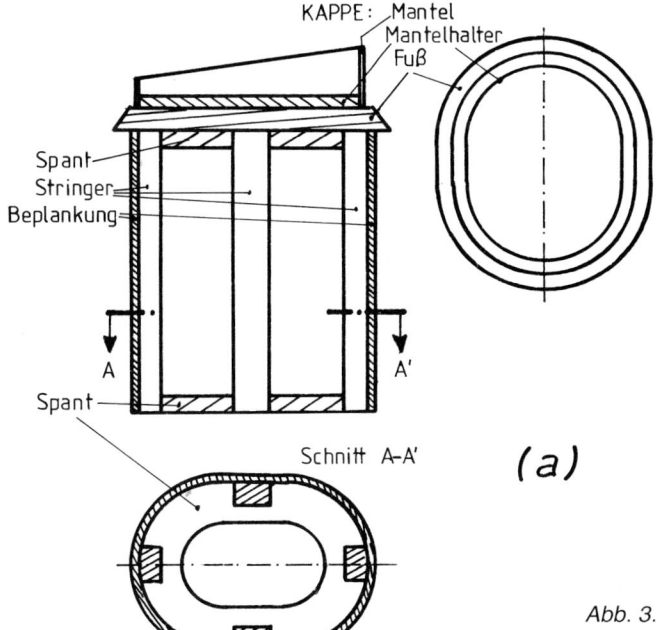

Abb. 3.17: Schornstein-Konstruktion
a) klassischer Schornstein

b) MACK

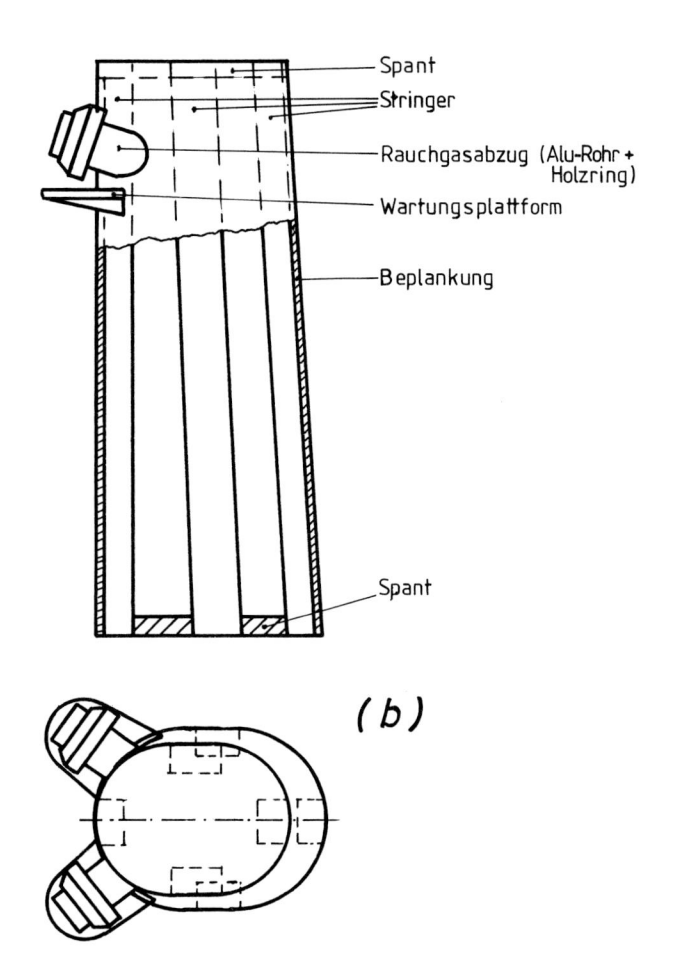

— Spant
— Stringer
— Rauchgasabzug (Alu-Rohr + Holzring)
— Wartungsplattform
— Beplankung
— Spant

(b)

Schon beim Bau des Rauchgasabzugs sollte man sich die Option „Dampferzeuger" offenhalten (siehe Abschnitt 7.2) und ein gut dimensioniertes Alurohr von 10 bis 15 mm Innendurchmesser einbauen, das den Dampferzeuger aufnehmen und den der Rauchentwicklung förderlichen guten Zug gewährleisten kann. Im Falle eines MACKs müssen die beiderseitigen Rauchgasstutzen weitgehend luftdicht mit dem zentralen Dampferzeugerrohr verbunden werden, soll die Dampferei später realistisch aussehen. In jedem Fall sollte man aber wirkliche Öffnungen in den Rauchgasabzügen vorsehen.

3.5 Masten

Die Masten zeitgenössischer Kriegsschiffe sind verwirrend in der Vielfalt ihrer elektronischen Ausrüstung wie ECM/ECCM-Anlagen, Radargeräten, Peitschenantennen, Windmeßgeräten und vielem mehr, die auf den verschiedenen Plattformen und Rahen untergebracht ist und auf die wir eingehender noch im nächsten Kapitel zurückkommen werden. Hier soll uns nur die Konstruktion des eigentlichen Mastes interessieren, der übrigbleibt, wenn man alle Ausrüstungsgegenstände entfernt hat.

Zwei Masttypen kann man unterscheiden, nämlich die Röhrenmasten (Abb. 3.18a) — die vorzugsweise auf Trägerinseln zu finden sind und oft eine größere Anzahl von kleineren Plattformen halten — und die Gittermasten. Dies sind Drei- oder Vierbeinmasten, die aus

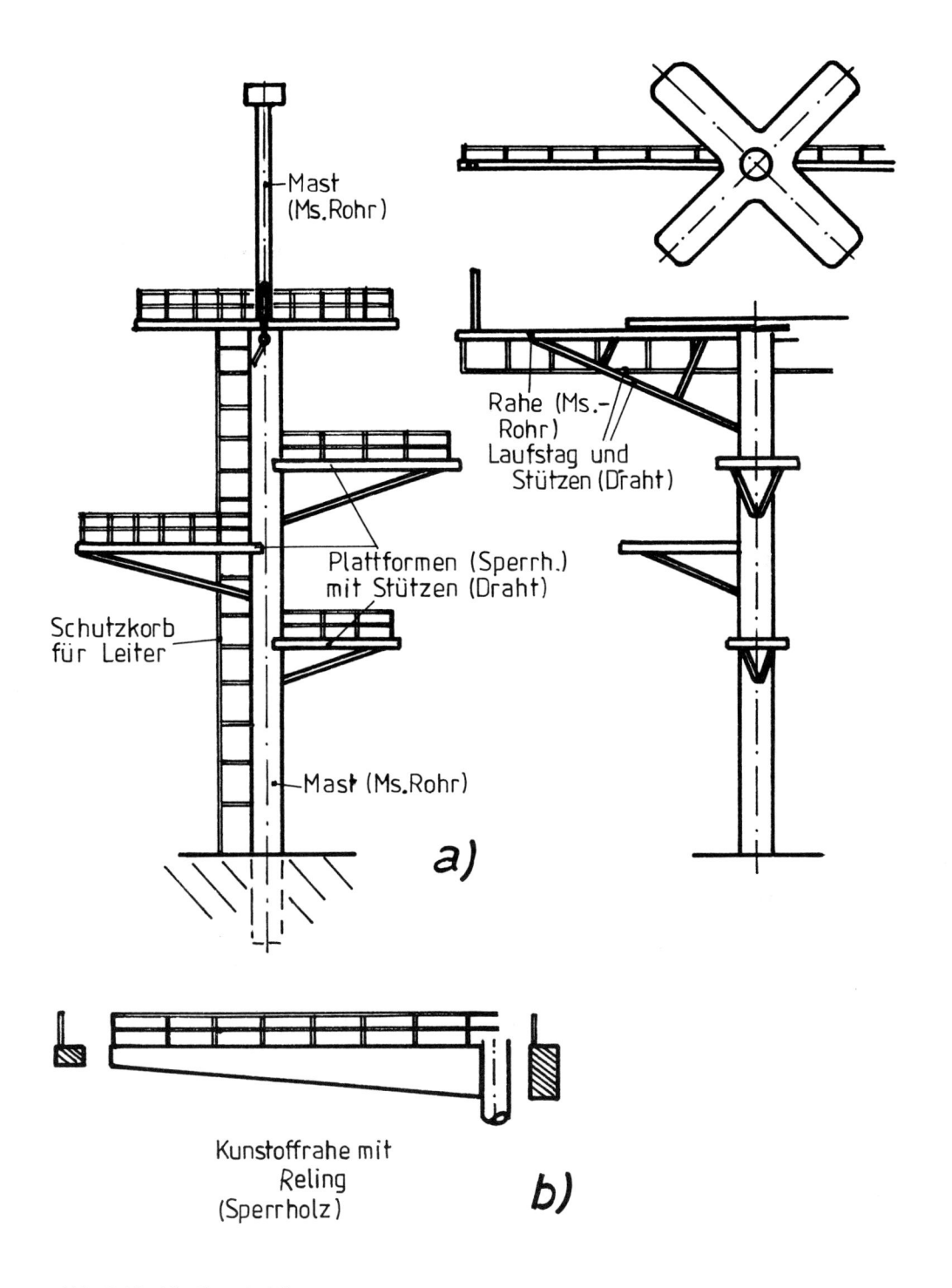

Abb. 3.18: Mastkonstruktion
(a) Beispiel eines Röhrenmastes (Trägerinsel, MACK-Aufsatz)
(b) Rahe mit rechteckigem Querschnitt

Gewichtsgründen mit einer fachwerkartigen Struktur verstärkt sind (Abb. 3.18c) und gewöhnlich nur ein bis zwei größere Plattformen aufweisen, auf denen die Hauptradargeräte anzutreffen sind.

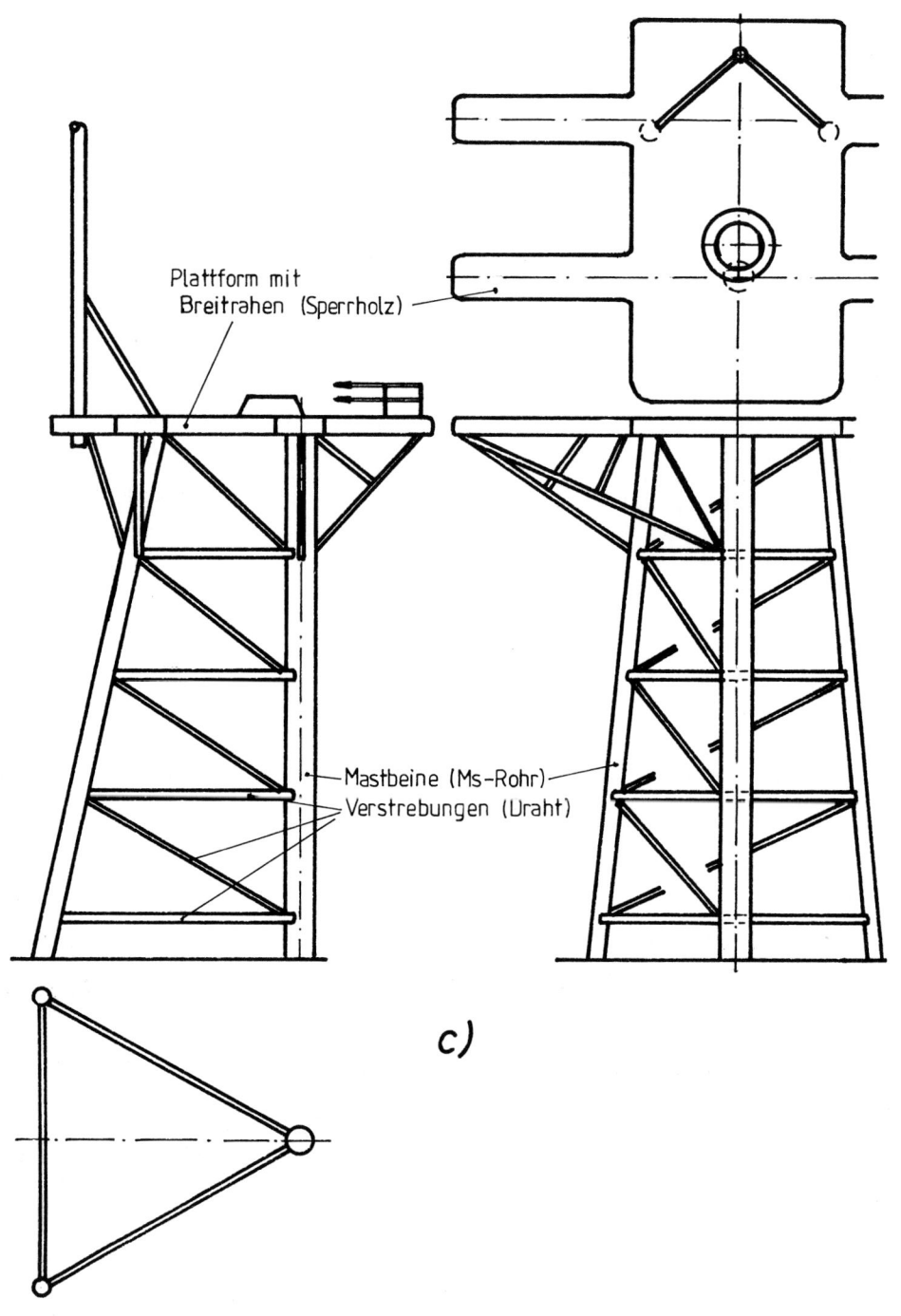

Abb. 3.18: (c) Beispiel eines Gittermastes mit einer Plattform

Schornstein und Masten:

◄

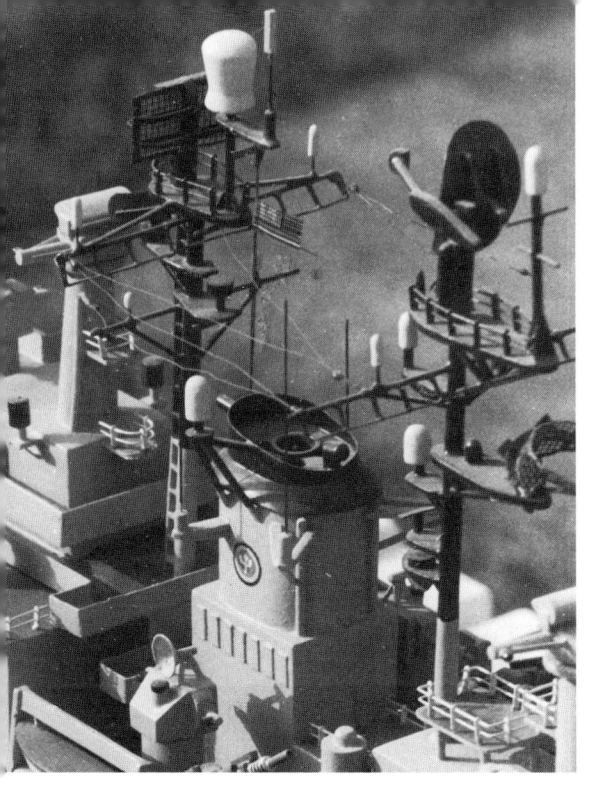

Schornstein und Masten des schweren Kreuzers NEWPORT-NEWS. Gut zu erkennen der im Kamin eingebaute SEUTHE-Raucherzeuger Typ-5 und die zwischen den beiden Masten verspannte RC-Antenne.

▼▼

"Mack" des Lenkwaffen-Kreuzers ALBANY. Unten zu erkennen zwei Zielbeleuchter SPG-74 sowie der ASROC-Starter Mk.-16.

Vorderer Schornstein und Mastkonstruktion auf dem Schlachtschiff IOWA. Gut zu erkennen der AN-SPS-49 Schirm und die NTDS-Antennenanlage. An den Enden der vorderen Mastrahe je eine rote (backbord) und grüne (steuerbord) LED in Form eines ECCM-Topfes, die bei eingeschaltetem Fahrstrom leuchten und so ein versehentliches Entleeren der Fahrbatterie verhindern helfen. ▼

Um auf den Plattformen Servicearbeiten an den verschiedenen Geräten durchführen zu können, müssen sie zugänglich sein, wozu Leitern an den Masten angebracht sind; sie sind zum Schutz der Mannschaften z. T. mit Schutzkäfigen umkleidet. Die Plattformen selbst werden gewöhnlich von einer Reling gesichert.

Auf Höhe der Hauptplattformen sind fast immer ein bis zwei Rahen zu finden, die meist einen runden Querschnitt besitzen. Auf den jüngsten US-Schiffen werden inzwischen auch Kunststoffrahen mit rechteckigem Querschnitt eingebaut, die sich zu den Enden hin stark verjüngen (Abb. 3.18b). Auch sieht man da und dort Rahen, die eine breitere „Ausbuchtung" der Hauptplattform zu den Seiten hin darstellen (Abb. 3.18c). Da auf den Rahen weitere Geräte vorhanden sind, die auf eine gelegentliche Wartung angewiesen sind, werden die Rahen durch Relings abgesichert oder besitzen metallene Fußsteige (Laufstage), wie sie in der guten alten Zeit der christlichen Seefahrt (aus Tauwerk) auch an den Rahen der Segler in Gebrauch waren.

Obwohl sich die Mastkonstruktion schon sehr weit über der Wasseroberfläche befindet und daher aus Gründen der Modell-Schwimmstabilität leicht gehalten werden sollte, empfiehlt sich aus Festigkeitserwägungen als Material für den Röhrenmast bzw. die Hauptbeine des Gittermastes Messingrohr, da man beim Hantieren am Modell doch immer wieder mal auch etwas unsanfter an die Masten stößt, die sich dann nicht gleich verbiegen oder gar abbrechen sollten.

Für die Plattformen verwende ich Sperrholz, das man mit Sekundenkleber problemlos an den Maströhren befestigen kann.

Die Gitterkonstruktion der Gittermaste sowie die zahlreichen Stützen der verschiedenen Plattformen bei beiden Masttypen kann aus Alu- bzw. Messingdraht zusammengesetzt werden und wird ebenfalls mit Sekundenkleber fixiert; der spätere Anstrich (Spritzen) tut dann ein weiteres zur endgültigen Festigkeit der Konstruktion.

Dasselbe Material ist auch für die Mastrahen zu empfehlen, wenn diese einen runden Querschnitt haben; andernfalls ist Sperrholz vorzuziehen.

Der Selbstbau der Leitern und der Reling lohnt sich meist nicht, da man Entsprechendes in guter Qualität im Fachhandel bekommt. Auch für die bei einigen Schiffen an den Rahen vorhandenen Laufstage verwende ich im Fachhandel erhältliche Streifenreling, die ich um einen Zug kürze und direkt an das Metall der Rahen anlöte; man sollte die Laufstage übrigens auf keinen Fall vergessen, da sie die „Optik" der sonst etwas nackten Rahen entscheidend verbessern.

3.6 Fenster, Bulleyes, Lukenabdeckungen und Türen

Fenster und Bulleyes sind in den Deckshäusern und auch an der Rumpfaußenhaut zeitgenössischer Kriegsschiffe nur noch selten zu finden, da die Schiffe als Schutz gegen die moderne ABC-Kriegsführung meist über eine Vollklimatisierung verfügen. Fenster sind daher nur noch in Bereichen zu sehen, wo es wirklich auf Sicht ankommt, und das ist vor allem auf der Brücke.

Die „Glaserarbeiten" beschränken sich damit weitgehend auf die Brücke. Als Modellbau-Glas eignet sich Klarsichtfolie (Celluloid), die sich gut mit den üblichen acetonhaltigen Modellklebern verarbeiten läßt. Dazu wird ein Folienstreifen zwischen Schanzkleid und Brückendecke schräg festgeklebt (Abb. 3.19). Bei kleinen Maßstäben genügt das Aufmalen der Stege mit Farbe, bei größeren Maßstäben müssen die Stege anschließend aufgeklebt werden, wobei man mit dem Klebstoff vorsichtig umgehen muß.

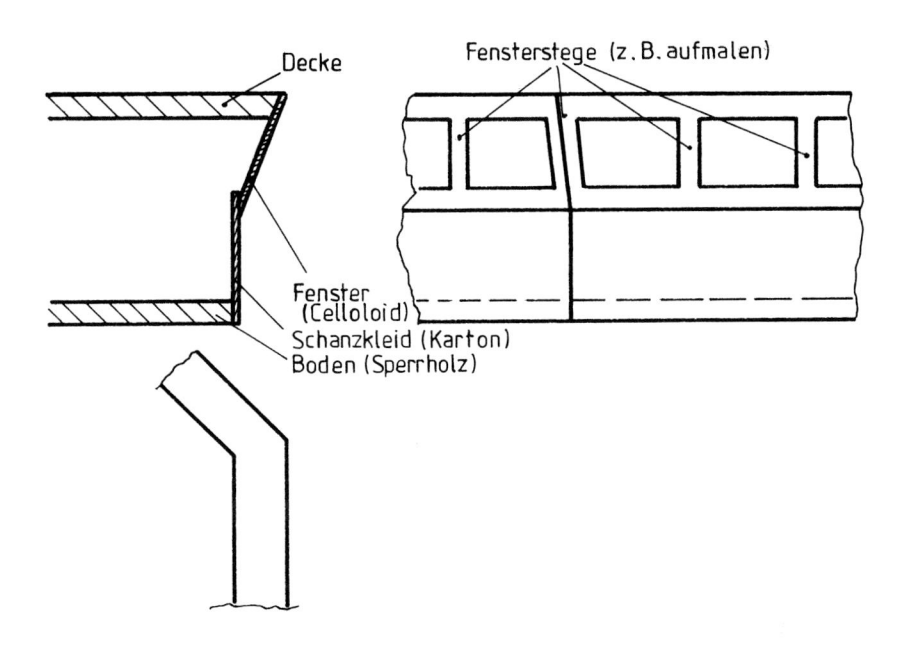

Abb. 3.19: Deckshaus-Verglasung

Eine andere Möglichkeit der Verglasung ist bei kleinen Maßstäben die Imitation der Scheiben durch Auftrag von mit Schwarz leicht getrübtem Klarlack auf eine weiße Unterlage, am besten ein aufgeklebtes, dünnes Kartonstück in der Größe des Fensters. Die Scheibenfläche wird dazu zunächst mit weißer Farbe grundiert und anschließend mit dem getrübten Lack (Trübung muß ausprobiert werden) übermalt. Besonders bei sonst mattem Anstrich wirken die glänzenden „Klarlack-Scheiben" schon aus kürzerer Distanz recht echt. Allerdings ist, wann immer möglich, eine Klarsichtfolien-Verglasung vorzuziehen, insbesondere wenn man, wie auf der Brücke, durch die Aufbauten hindurchsehen kann. Falls es beim Original wirklich noch ein paar Bulleyes geben sollte, so kann man sie fast immer mit Hohlnieten geeigneter Größe imitieren.

Türen und Luken sind in der Regel auf Schiffen recht zahlreich vorhanden. Sie einfach nur mit dunkler Farbe aufzumalen, wie man das gelegentlich sieht, erscheint mir zu billig. Die einfachste Herstellung von Türen und Luken läuft auf der Basis von Kartonstreifen. Die Türen werden in der richtigen Länge vom Streifen abgeschnitten und abschließend die Ecken ein wenig abgerundet; als grobe Richtlinie für die Dimensionen dient Abb. 3.20. Zweckmäßigerweise erfolgt diese Abrundung auf Stapel, wo ein Dutzend oder mehr Türen in einer kleinen Klemme zusammengepreßt sind, damit es am Modell nicht zu einer unschönen Türenvielfalt kommt.

Diese einfachste Türenart kann bestimmt nur auf Modellen mit kleinem Maßstab akzeptiert werden, da sie hier naturgemäß weitgehend unstrukturiert bleiben kann, also konkret weder Türgriffe noch Angeln besitzen muß.

Will man die in Abb. 3.20 gezeigten Details berücksichtigen und den Aufwand in Grenzen halten — die Herstellung von z. B. 50 weitgehend identischen Türen ist schon eine ganz schöne Strapazierung der Geduld — so biete sich die „Massenproduktion" via Kunststoff geradezu an, kann man doch sein Modellbauerkönnen auf die präzise Herstellung des Formmodells konzentrieren.

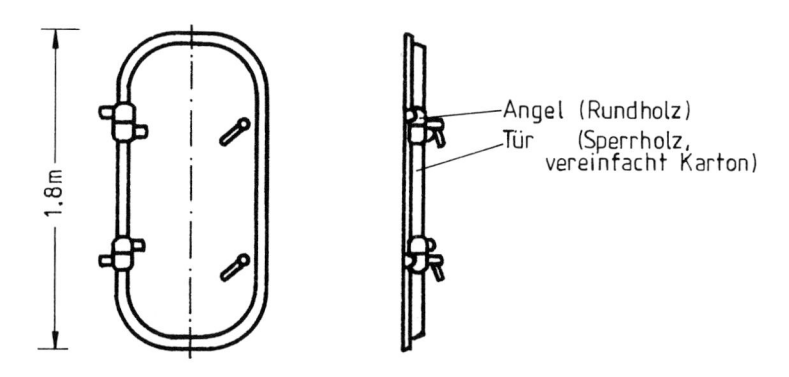

Abb. 3.20: Einfache Türen

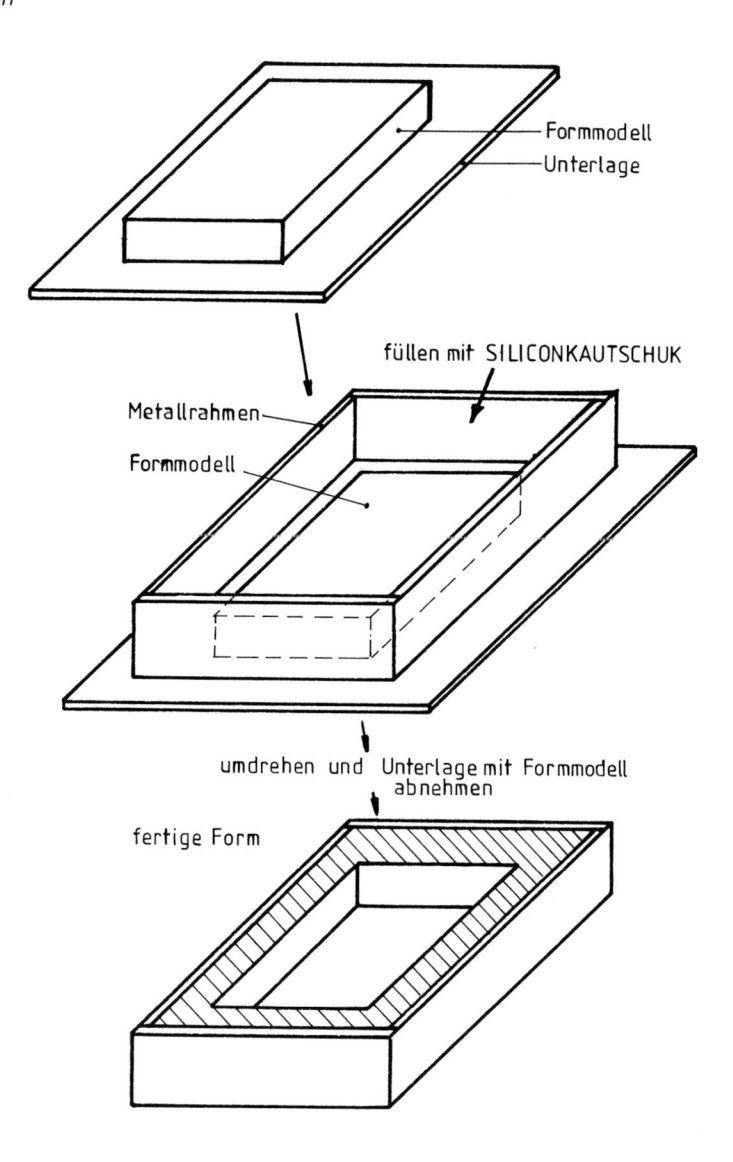

*Abb. 3.21:
Herstellung einer Form
aus Silikonkautschuk für
die Massenproduktion
von Kleinteilen*

In SM 3/85 hat K. Eckardt eine einfache Kunststoffmethode zur Herstellung von Kleinteilen vorgeschlagen, die verdünnten Autospachtel als Kunststoff und Silikonkautschuk (Dichtmasse) als Formmaterial verwendet; letzterer hat den Vorteil, daß wegen seiner weichen Konsistenz auf Trennmittel verzichtet werden kann.

Das Formmodell wird dazu auf eine plane Unterlage aufgeklebt und mit einem kleinen Formkasten – am besten aus Metall – umgeben, der mit Silikonkautschuk aufgefüllt wird. Nach Trocknung der Formmasse wird der Formkasten umgedreht und die Unterlage samt aufgeklebten Formmodell abgehoben (Abb. 3.21).

Verdünnter Autospachtel (Verdünnung ausprobieren) wird jetzt in die Form gefüllt und der Überschuß mit einem breiten Spachtel entfernt (breiter als Formkasten), wobei die Metallränder des Formkastens die weiche Formmasse vor Beschädigung schützen. Nach der Trocknung der Spachtelmasse kann das Formstück aus dem Formkasten genommen werden. Überstehendes Material wird abgebrochen und die Unterseite vorsichtig plangeschliffen. Schließlich wird das Formstück an der gewünschten Stelle am Modell festgeklebt.

Diese Methode der Massenproduktion eignet sich allerdings aus zwei Gründen nur für die Herstellung von Kleinteilen:

a) Formstücke aus getrocknetem Autospachtel sind recht spröde und leicht zerbrechlich. Sie können sinnvoll daher nur als aufgeklebte Teile verwendet werden, denen der Untergrund den Halt gibt; das trifft für Türen und Lukendeckel zu.

b) Da Silikonkautschuk recht teuer ist, ist das Auffüllen größerer Formkästen kaum zu vertreten.

4. Ausrüstung

Erst die Ausrüstung mit den mannigfaltigsten Waffensystemen, Leitanlagen, Flugzeugen, Helikoptern sowie Radarantennen und „elektronischen Waffen" macht ein gut gebautes Kriegsschiffmodell zu einer sehenswerten Angelegenheit. Konstruktion und Bau dieser Ausrüstung stehen daher im Zentrum dieses Kapitels. Die im weiteren als Beispiele angegebenen Ausrüstungsteile, der Vorlieben des Autors wegen überwiegend aus dem Arsenal der US-NAVY stammend, sind einseitig vermaßt, damit sie als Vorlage in jedem beliebigen Maßstab dienen können.

4.1 Waffensysteme: Waffen und deren Leitgeräte

Für den Modellbauer von Interesse sind auf einem Kriegsschiff natürlich nur alle sichtbaren Waffensysteme, d.h. alle Rohrwaffen, Torpedoabschußeinrichtungen – sofern sie nicht in die Aufbauten integriert sind (dann ist nur eine Klappe zu sehen) – Lenkwaffenstarter und alle zur Steuerung der Waffensysteme notwendigen Leiteinrichtungen (Entfernungsmesser, Zielausleuchter usw.).

4.1.1 *Rohrwaffen, Torpedorohrsätze und zugehörige Leitgeräte*

In der jüngsten Geschichte des Kriegsschiffbaus haben die Rohrwaffen stark wechselnde Beachtung erlebt. Mit dem Abschuß eines israelischen Zerstörers im 67er Krieg durch eine sowjetische STYX-Rakete (abgefeuert von einem ägyptischen Schnellboot) wurden die Rohrwaffen in Ost und West mehr und mehr durch Lenkwaffen ersetzt, die plötzlich als erheblich effektiver galten; im US-amerikanischen Arsenal gab es daher zeitweise Kreuzer, die über keinerlei Kanonen mehr verfügten. Inzwischen hat aber eine Art Ernüchterung eingesetzt. Rohrwaffen wurden überall nachgerüstet und sind auch auf Neubauten wieder gefragt.

Ein Geschütz wird durch sein Kaliber, d. h. den Kanonenrohr-Innendurchmesser und die Rohrlänge charakterisiert; letztere wird mit der Kennung „L" als Vielfaches des Kalibers angegeben (die Bezeichnung 12,7/L38 z. B. steht für ein Geschützrohr mit 12,7 cm Innendurchmesser und einer Rohrlänge von $12,7 \times 38 = 482,6$ cm). Die auf zeitgenössischen Kriegsschiffen eingesetzten Geschütze haben alle Kaliber unter 15 cm; einzig die schweren 40,6/L50-Kanonen der modernisierten Schlachtschiffveteranen der US-amerikanischen IOWA-Klasse sind noch größer.

Großkalibrige Schiffsgeschütze sind nun schon seit einem halben Jahrhundert fast ausschließlich in rundum geschlossenen, relativ stark gepanzerten Türmen mit ein bis vier Rohren untergebracht. Man unterscheidet reine Seezielgeschütze, deren Rohre nicht weiter als etwa 45 Grad angehoben werden und Allzwecktürme, wo sie – in fast senkrechte Stellung (85 Grad) gebracht – auch gegen Flugzeuge verwendet werden können.

Die Geschützrohre erwärmen sich beim Gebrauch, was bei hohen Schußfolgen u.U. zu Materialproblemen führen kann. Während man in westlichen Marinen mit Lufkühlung auszukommen glaubt und einfach die Schußfolge etwas herabsetzt, sind die modernen Schiffskanonen in der sowjetischen Marine zum Teil mit Wasserkühlungen ausgerüstet. Der Ladevorgang ist heute weitgehend automatisiert. So gibt es z. B. in den modernen 12,7/L54-Leichtgewichtstürmen Mk.-45 der US-Navy überhaupt kein Bedienungspersonal mehr.

Zur Rohrbewaffnung gehören jeweils auch die entsprechenden Feuerleitgeräte, die, der besseren Übersicht wegen, meist relativ hoch am Schiff angebracht sind. Während es sich früher ausschließlich um optische Anlagen zur Entfernungsmessung handelte, greift man heute bei der Zieldatenermittlung vor allem auf Funkmeßverfahren und lasergestützte Erfassungsgeräte zurück, weshalb die entsprechenden Geschütz-Leitgeräte alle über Radarantennen und Laser verfügen. Jedem Kaliber sind ein oder mehrere Geräte zugeordnet, die für die entsprechende Artillerie charakteristisch sind.

Viele Turmtypen, besonders wenn es sich nicht gerade um die allermodernsten Modelle handelt, haben optische Entfernungsmesser auch am Turm selbst, die bei großkalibrigen Waffen als „Ohren" im hinteren Drittel der Turmseitenflächen angebracht sind. Heute sind diese rein optischen Entfernungsmesser z. T. auch durch lasergestützte Zieldaten-Erfassungsgeräte ersetzt, erkenntlich an den „Froschaugen", die auf dem Turmdach angebracht sind (z.B. amerikanischer 1,27/L54-Turm Mk.-42, der auch auf den deutschen Zerstörern der LÜTJENS-Klasse als Hauptartillerie eingebaut ist).

Ein relativ neuer Typ von Rohrwaffe sind kleinkalibrige Gatling-Geschütze (Kaliber 20 bis 30 mm) zum Abfangen feindlicher Lenkwaffen im Nahbereich des Schiffes durch einen „Kugelhagel" von Hartkerngeschossen (abgekürzt CIWS=Close-In-Weapon-System). Die Geschütze haben dazu eine extrem hohe Schußfolge, die nur mit mehreren rotierenden Rohren (Gatling) erzielt werden kann. Die zugehörige Leitanlage ist direkt im Geschütz integriert. In westlichen Marinen sind die amerikanische PHALANX (6 Rohre, 3000 Schuß/Minute) oder die niederländisch-amerikanische GOALKEEPER (7 Rohre, 4300 Schuß/Minute) eingesetzt; Vergleichbares gibt es aber auch auf sowjetischen Schiffen.

Die Torpedowaffe ist heute auf U-Booten und kleinen Einheiten – vor allem auf Schnellbooten – beheimatet. Auf größeren Kriegsschiffen finden sich dagegen, wenn überhaupt, nur noch Abschußeinrichtungen für die kleineren Anti-U-Boot-Torpedos.

In einigen westlichen Marinen gebräuchlich ist der Starterdrilling Mk.-32 , z.T. sind die Abschußrohre aber auch in den Aufbauten bzw. im Heckspiegel integriert und dann nur bezüglich der Austrittsöffnungen (Abdeckklappen) für den Modellbauer relevant.

Die zugehörigen Zieldaten-Erfassungsgeräte stützen sich auf Unterwasser-Ortungsanlagen, die, da nicht direkt sichtbar, vom Modellbauerstandpunkt aus vergessen werden können.

Nach dieser kurzen Übersicht über auf unseren Vorbildern Vorhandenes kommen wir nun zum Nachbau im Modellmaßstab.

Geschützrohre fertigt man am besten aus Messingrohr. Länge und Durchmesser der Rohre an der Mündung erhält man, wie schon erwähnt, aus der Geschützkennung. Zum Rohrinnendurchmesser kommt noch die Wandstärke, die an der Mündung etwa 30% des Kalibers beträgt. Bei kleinen Maßstäben können die „Kaliber" auch geringfügig größer sein. Um die für viele Geschützrohre charakteristischen Absätze nachbilden zu können, müssen die Läufe u.U. aus mehreren MS-Rohren verschiedener Dicke zusammengesetzt und verlötet werden (Abb. 4.1). In eine elektrische Bohrmaschine eingespannt, werden die Läufe gegebenenfalls noch konisch gefeilt (Besitzer einer Drehbank können natürlich auf ihre komfortableren Möglichkeiten zurückgreifen).

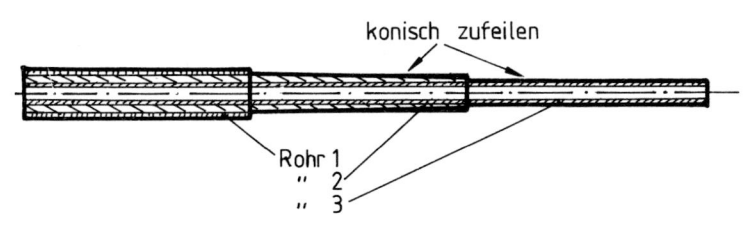

Abb. 4.1: Aufbau eines Geschützsrohres

Bei vielen Kriegsschiffmodellen sind die Geschützrohre, entgegen der Wirklichkeit, unbeweglich im Turm montiert. Da ihre originalgetreue Elevationsmöglichkeit im Turm aber keine großen Probleme aufwirft, bevorzuge ich den beweglichen Einbau und werde nachfolgend zeigen, wie bei verschiedenen Turmtypen vorgegangen werden kann.

Bei einrohrigen Türmen ist für den Turmkörper die Senkrecht-Schichtbauweise empfehlenswert. Als Beispiel dient der in Abb. 4.2 dargestellte und schon erwähnte 12,7/L 54-Turm Mk.-45. Das Geschützrohr wird in der Rohrwiege aus Alurohr oder auch Rundholz festgeklebt, die in einem „Sandwich" aus zwei Rohrhalterschichten (Sperrholz) und der Zentralschicht drehbar gelagert wird. Die Zentralschicht wird mit ihrer Stärke geringfügig größer als der Rohrdurchmesser gewählt und vorne so ausgeschnitten, daß ein ausreichender Elevationswinkel für das Rohr gewährleistet ist, wie das in der Seitenansicht gestrichelt angedeutet ist. Außen werden auf die Rohrhalterschichten beidseitig Füllstücke aufgeklebt, die dem Original entsprechend bearbeitet werden können.

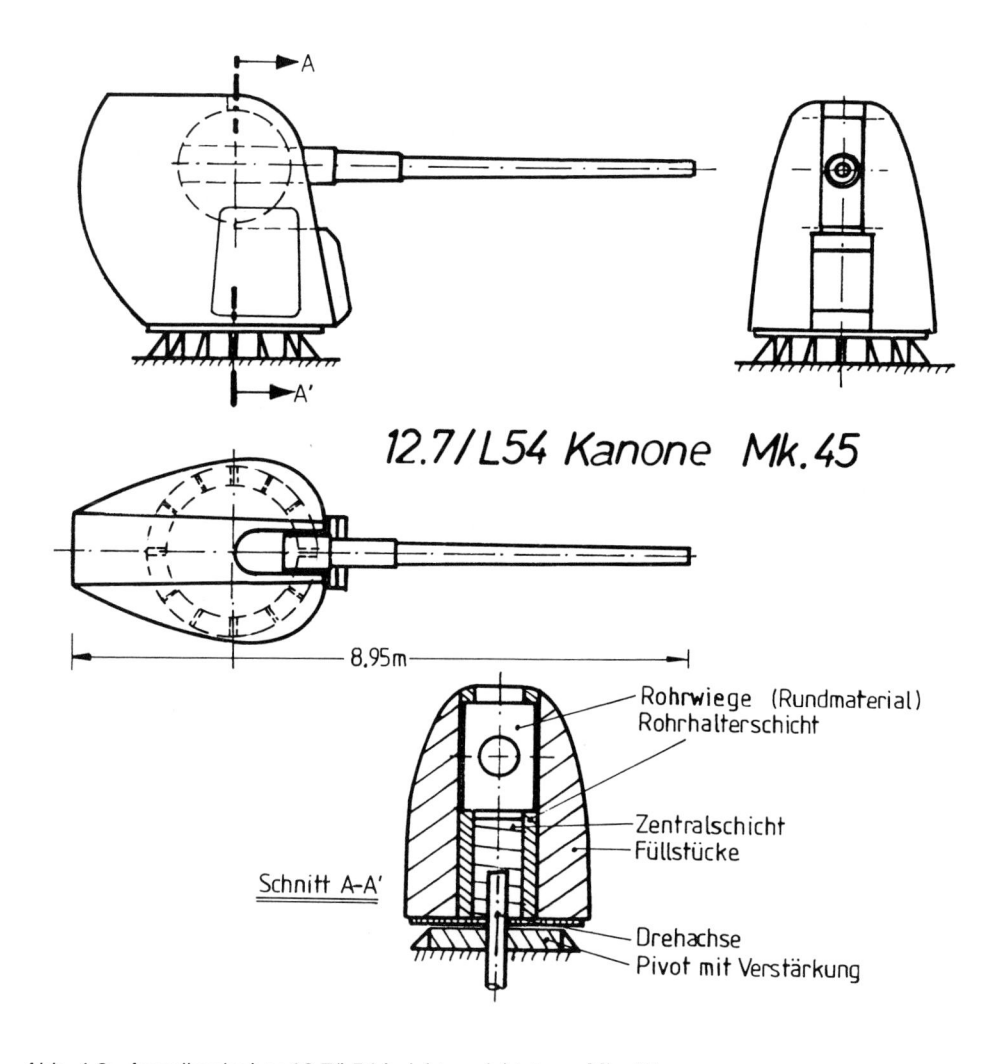

Abb. 4.2: Amerikanischer 12,7/L54 Leichtgewichtsturm Mk.-45

Das Geschütz wird drehbar auf dem Pivot befestigt, das direkt am Modell angeklebt wird, hier mit Verstärkungen aus Karton. Als Drehachse habe ich früher Rundholz verwendet und es einfach in die entsprechende Bohrung des Pivots gesteckt. Kommt diese Achse beim Einsatz des Modells aber einmal mit Wasser in Berührung, so gibt's bald Probleme, da das Holz gewaltig zu quellen beginnt. Heute verwende ich daher fast immer eine Schraube (je nach Geschützgröße M2 bis M4) in einem Lager aus Ms-Rohr. Mit einer entsprechenden Flügelmutter kann das Geschütz dann von unten nicht nur gegen Herausfallen gesichert, sondern auch in jeder Position festgestellt werden.

Bei mehrrohrigen Türmen, die meist mehr oder weniger eckig gestaltet sind, ist die Schachtelbauweise vorteilhafter. Als Beispiel dient in Abb. 4.3 der schon etwas betagte, aber auch in einigen anderen westlichen Marinen immer noch verwendete amerikanische 12,7/L38-Zwillingsturm Mk.-38. An die Turmgrundplatte (z.B. aus 3-mm-Sperrholz) werden zunächst die beiden Seitenflächen (2-mm-Sperrholz oder ABS) und das hintere runde Füllstück geklebt. Die beiden Rohre werden in die Rohrwiege aus Rundholz eingeklebt, worauf diese zwischen den Seitenflächen mit zwei Stahlstiften drehbar befestigt wird (ich setze alle Rohre eines Turmes auf eine gemeinsame Achse; die einzelnen Kanonen eines Turms können also nicht unabhängig voneinander angehoben werden, wie das bei großkalibrigen Originalen z. T. möglich ist). Die restliche Turmverkleidung kann mit dünnem Material erfolgen (ich verwende bei meinen kleinen Maßstäben meist Karton), in das man zuvor die beiden Schlitze der Rohrführung eingeschnitten hat. Der Turm wird vervollständigt durch den hinten angebrachten Lüftungsaufsatz und die je zwei „Ohren" an den Turmseitenflächen. Luken können eventuell durch aufgeklebte Kartonstreifen angedeutet werden. Die drehbare Befestigung auf dem Pivot mit einer „Schraubenachse" wurde schon oben beschrieben.

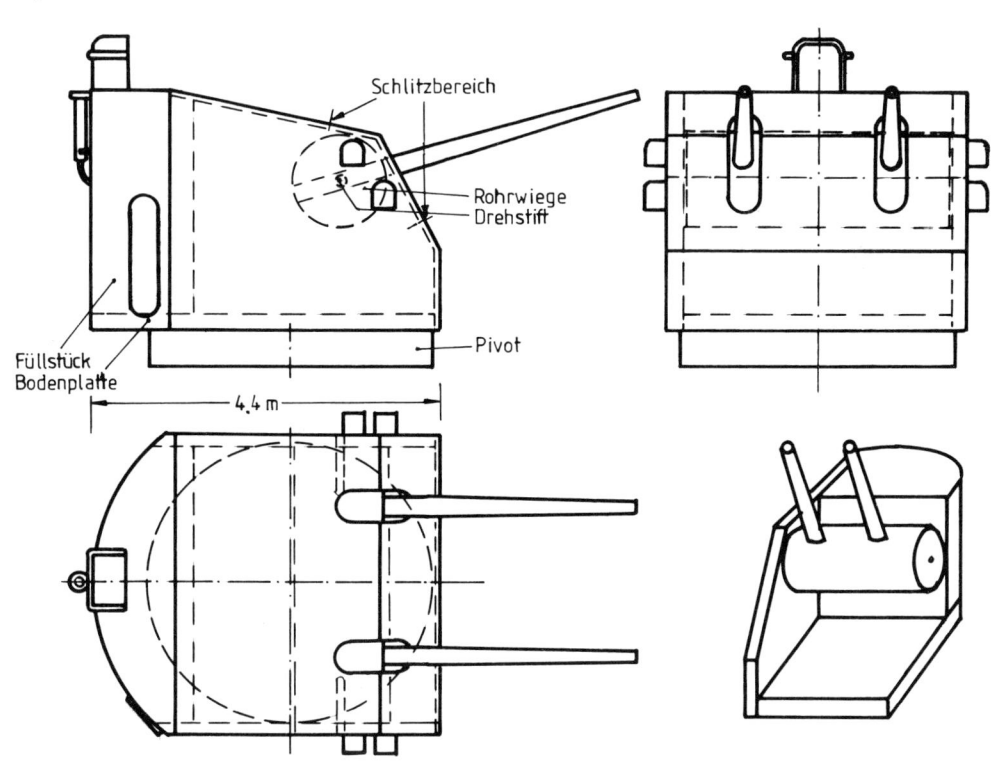

Abb. 4.3: Amerikanischer 12,7/L38 Zwillingsturm Mk.-38

Die Schlitze in der Turmfront, in denen sich die Rohre auf und ab bewegen, sind vor allem bei großkalibrigen Geschützen mit kleinerem Elevationswinkel oft durch Schutzmanschetten geschützt, die es nachzubilden gilt, da sie das Aussehen des Turmes ganz wesentlich prägen. Verwendet werden kann hierfür schwarzes, gegebenenfalls auch graues Tuch, das turmseitig zunächst an einem Rahmen aus 2-mm-Sperrholz festgeklebt wird (Abb. 4.4a) und das dann am Rohr so befestigt werden muß (Klebung mit Sekundenkleber), daß das Rohr auch nach der Montage beweglich bleibt (Abb. 4.4b); einige Vorversuche sind dazu wohl unerläßlich.

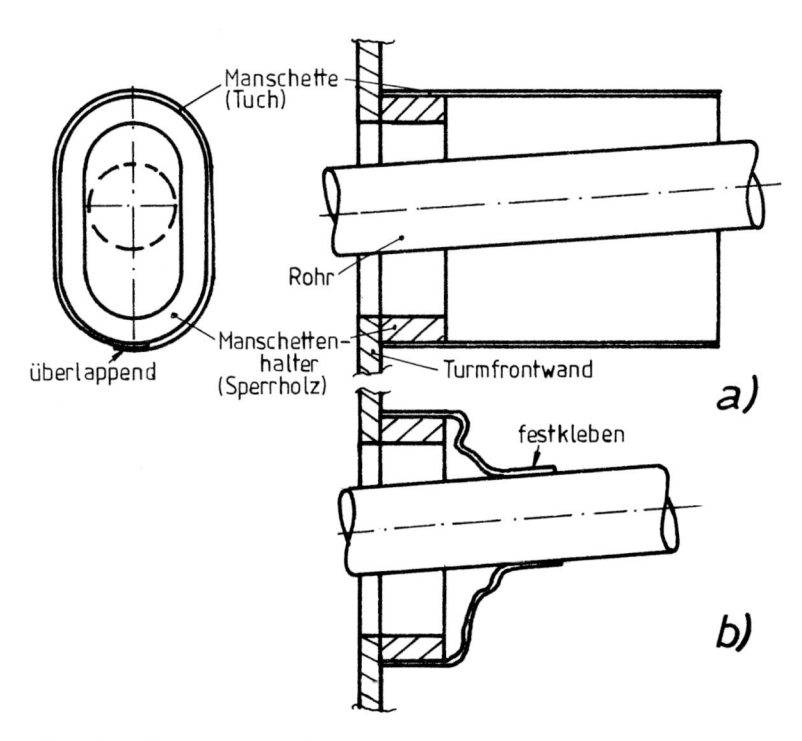

Abb. 4.4: Bau einer Schutzmanschette

Als erstes Beispiel für ein Feuerleitgerät (FLG) soll in Abb. 4.5 das „konventionelle" Gerät Mk.-37, Mod 10 dargestellt werden, wie es in einer neueren Version auf dem reaktivierten Schlachtschiff IOWA in mehrfacher Ausfertigung zu finden ist, und das zu dem oben beschriebenen Zwillingsturm Mk.-38 gehört. Am einfachsten ist es hier wohl, den Körper selbst aus dem Vollen zu arbeiten und den kleinen „Höcker" auf der linken Seite der Vorderfront (der vermutlich eine lasergesteuerte Zielerfassung enthält), die zwei Luken aus Kartonstreifen sowie die drei „Rucksäcke" auf der Rückseite nachträglich anzukleben. Für den Bau der „optischen Achse" kann man Rundholz oder MS-Rohr verwenden; eventuelle Schutzmanschetten und auch die beiden Linsen an den Enden der Achse sind dabei mit Zweikomponentenkleber zu imitieren.

Das Leitgerät wird, wie schon bei den Türmen beschrieben, drehbar auf einem am Modell festgeklebten Pivot befestigt.

Der Parabolspiegel des Funkmeß-Entfernungsmessers wird in einer Wiege aus Holz und Kartonresten eingeklebt und mit MS-Draht analog der Vorgabe auf dem FLG-Dach verstrebt. Am Boden des Schirmes ist ein Dipol aus Rundmaterial eingelassen.

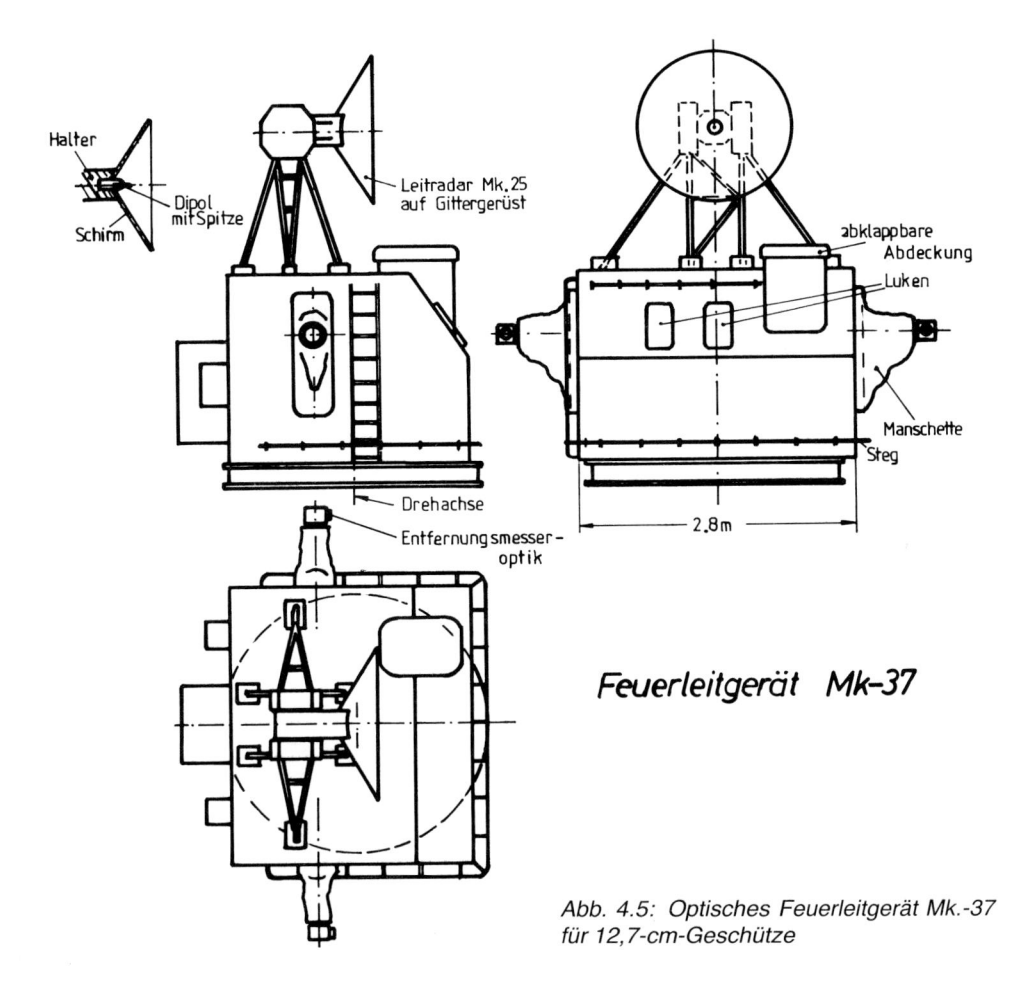

Abb. 4.5: Optisches Feuerleitgerät Mk.-37 für 12,7-cm-Geschütze

Der Parabolspiegel selbst kann bei kleinen Maßstäben aus einer Kartonscheibe gefertigt werden, deren Radius r nach Maßgabe der Beziehung in Abb. 4.6 der hinteren Kantenlänge des Schirms entspricht. Man schneidet dann abhängig vom vorgegebenen Öffnungswinkel des Schirmes (definiert mit d) das berechnete Kreissegment β aus der Scheibe aus und klebt die Schnittkanten wieder zusammen, wodurch man schließlich einen kleinen „chinesenhutförmigen" Parabolspiegel erhält.

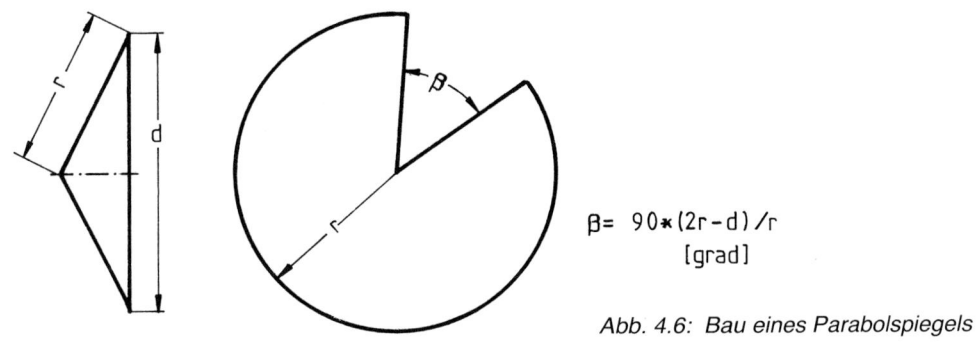

$$\beta = 90 * (2r-d)/r \text{ [grad]}$$

Abb. 4.6: Bau eines Parabolspiegels

Für größere Maßstäbe mögen die geraden Parabolspiegelflächen des „Chinesenhuts" u.U. zu ungenau sein, dann hilft die Herstellung aus einem kreisrunden Stück Blech, das mit Hammer und Stahlkugel in die richtige Form „getrieben" werden muß.

Wesentlich moderner als das FLG Mk.-37 ist die in Abb. 4.7 dargestellte Anlage Mk.-86 (STIR), die aus zwei, meist auf Mastplattformen installierten Hauptkomponenten besteht, nämlich dem mit einem Parabolspiegel bewehrten Zielerfassungssystem (SPG-60) und einem weiteren Funkmeßteil (SPQ-9), der, für uns Modellbauer vorteilhaft, unter einer Plastikhaube versteckt und gewöhnlich eine „Etage höher" zu finden ist. Oft ist auch noch ein kleiner, kaum wahrnehmbarer optischer Entfernungsmesser auf einem weiteren Mastpodest vorhanden. Mit dem FLG-Mk.-86 werden sowohl die oben erwähnte Kanone Mk.-45 gerichtet, als auch Fla-Lenkwaffen ins Ziel gebracht.

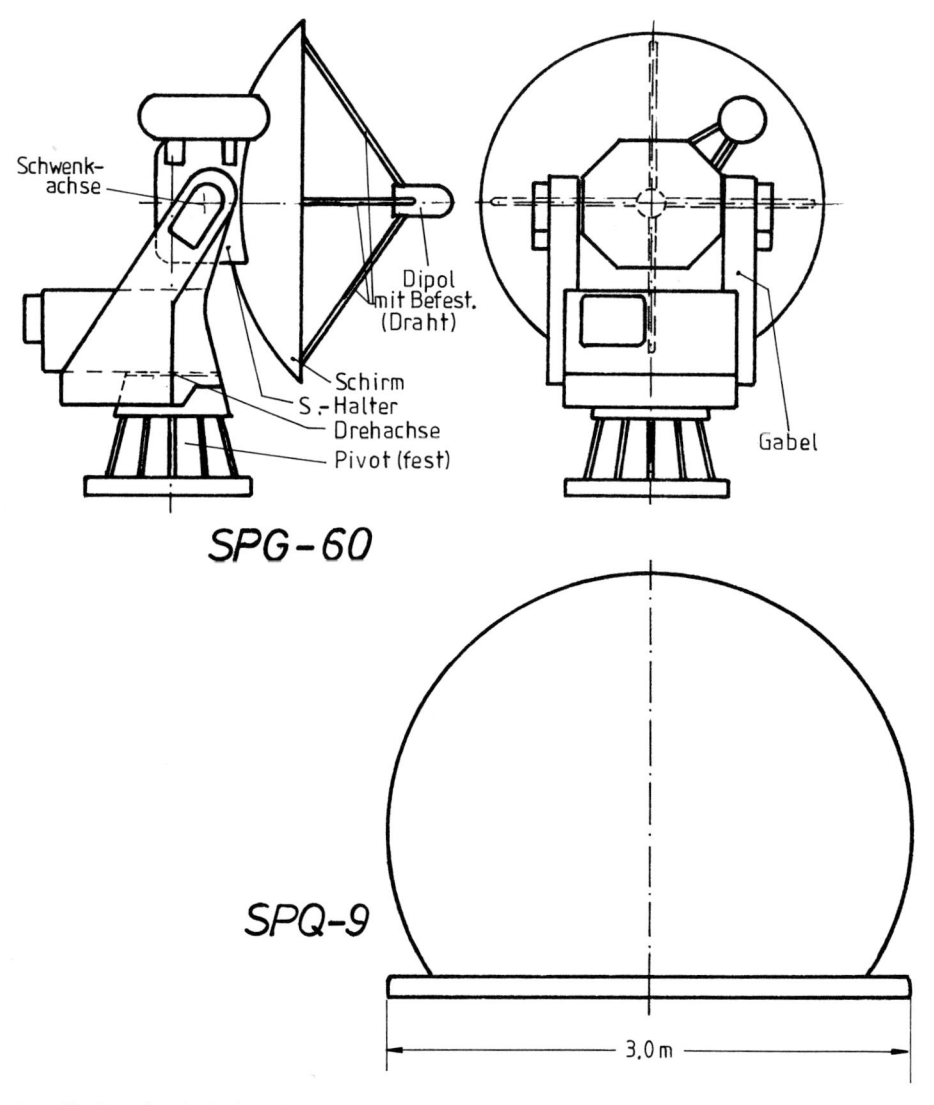

Abb. 4.7: Funkmeßtechnisches Feuerleitgerät Mk.-86 („STIR")

Der „Plastikradom" stellt modellbautechnisch keine besonderen Probleme: ein Stück Rundholz, in das Bohrfutter einer elektrischen Bohrmaschine eingespannt, ist mit Feile und Schleifpapier recht schnell in die gewünschte Form gebracht. Den Fuß der ersten Anlagekomponente erarbeitet man am einfachsten in Vertikal-Schichtbauweise aus drei Schichten und klebt abschließend den „Rucksack" an. Der Schirm entsteht wieder aus Karton („Chinesenhut") mit vier angeklebten Verstrebungen aus dünnem MS-Draht. Der Schirmhalter kann ohne viel Probleme drehbar eingebaut werden (Nagel).

Die CIWS-Gatlinggeschütze fallen selbst im Maßstab 1:100 mit einer Höhe von knapp 5 cm noch relativ klein aus; im M. 1:200 (2,5 cm) ist ihr Bau dann schon eine ausgesprochene Geduldsprobe. Abb. 4.8 zeigt die Dreiseitenansicht der PHALANX-Anlage Mk.-15.

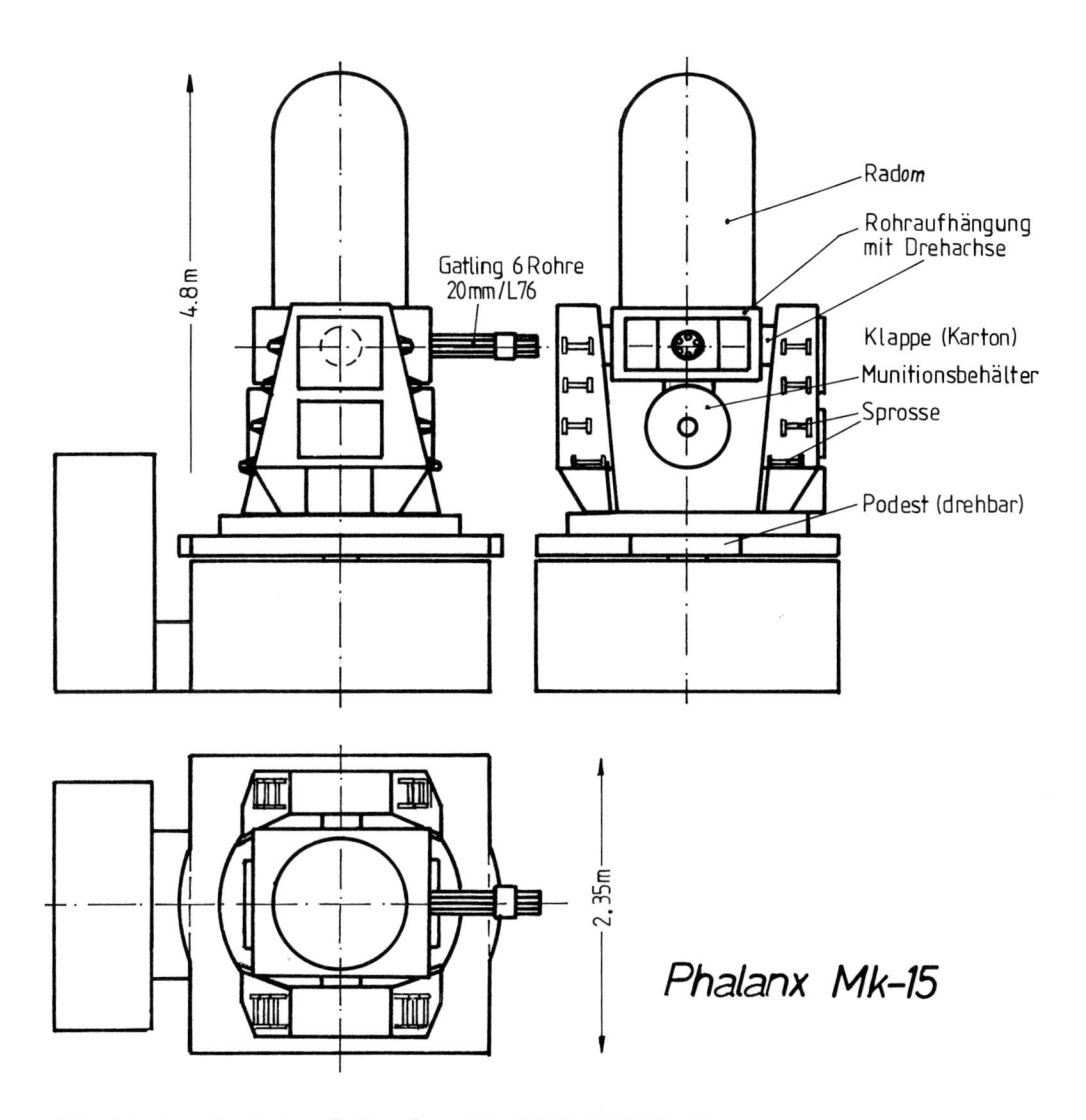

Abb. 4.8: Amerikanisches Gatling-Geschütz „PHALANX" Mk.-15

Die rechteckige „Rohrwiege" mit aufgesetztem weißen Radom (auf der Bohrmaschine oben abgerundetes Rundholz) ist innen teilweise hohl und beherbergt in ihrem Zentrum die eigentliche 6läufige Gatlinganlage, deren Rohre aus dünnen Stahldrahtstückchen bestehen. Sie ist beweglich gelagert (Nagelachse) und kann, ebenso wie der gabelförmige Hauptkörper, aus dem Vollen gearbeitet werden (z. B. Lindenholz). Unten an die Rohrwiege angehängt ist der Munitionsbehälter.

Der Hauptkörper ist drehbar auf dem Untersatz gelagert (Metallschraube in MS-Rohr), der an der entsprechenden Stelle am Modell festgeklebt wird. Klappen aus Karton und Sprossen aus dünnem Draht vervollständigen das Geschützmodell, falls dem Modellbauer wegen deren Winzigkeit nicht schon vorher der sprichwörtliche Geduldsfaden gerissen ist.

Gelegentlich befindet sich auf der Geschützhinterseite noch ein Schaltschrank.

Der U-Boot-Abwehr dient der UTR-Starterdrilling Mk.-32, wie er in einigen westlichen Marinen zu finden und wie er in Abb. 4.9 in Dreiseitenansicht dargestellt ist. Auch er wird bei kleineren Maßstäben winzig (bei M. 1:200 1,5 cm lang), weswegen man einige Mühe haben dürfte, die meisten angegebenen Details ordentlich nachzubilden.

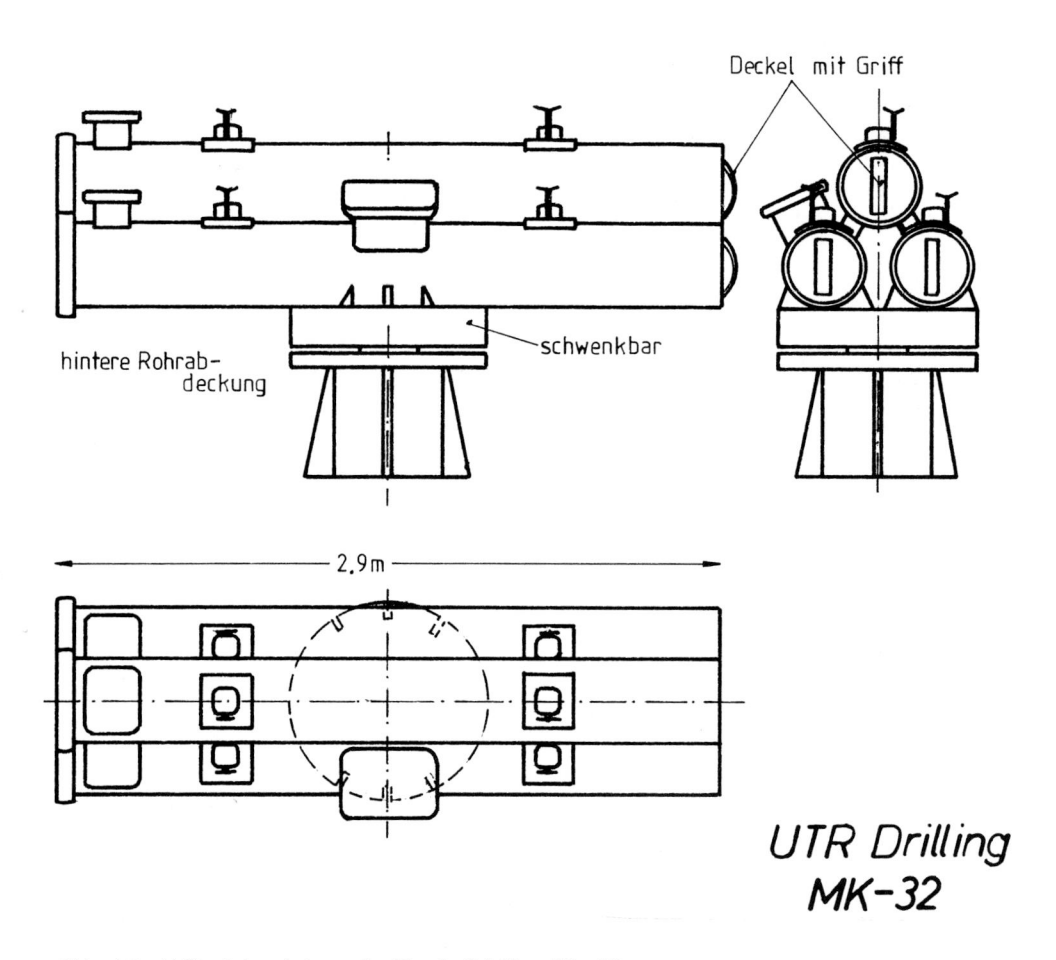

Abb. 4.9: U-Bootabwehrtorpedo-Abschußdrilling Mk.-32

Geschütze und Leitanlagen:

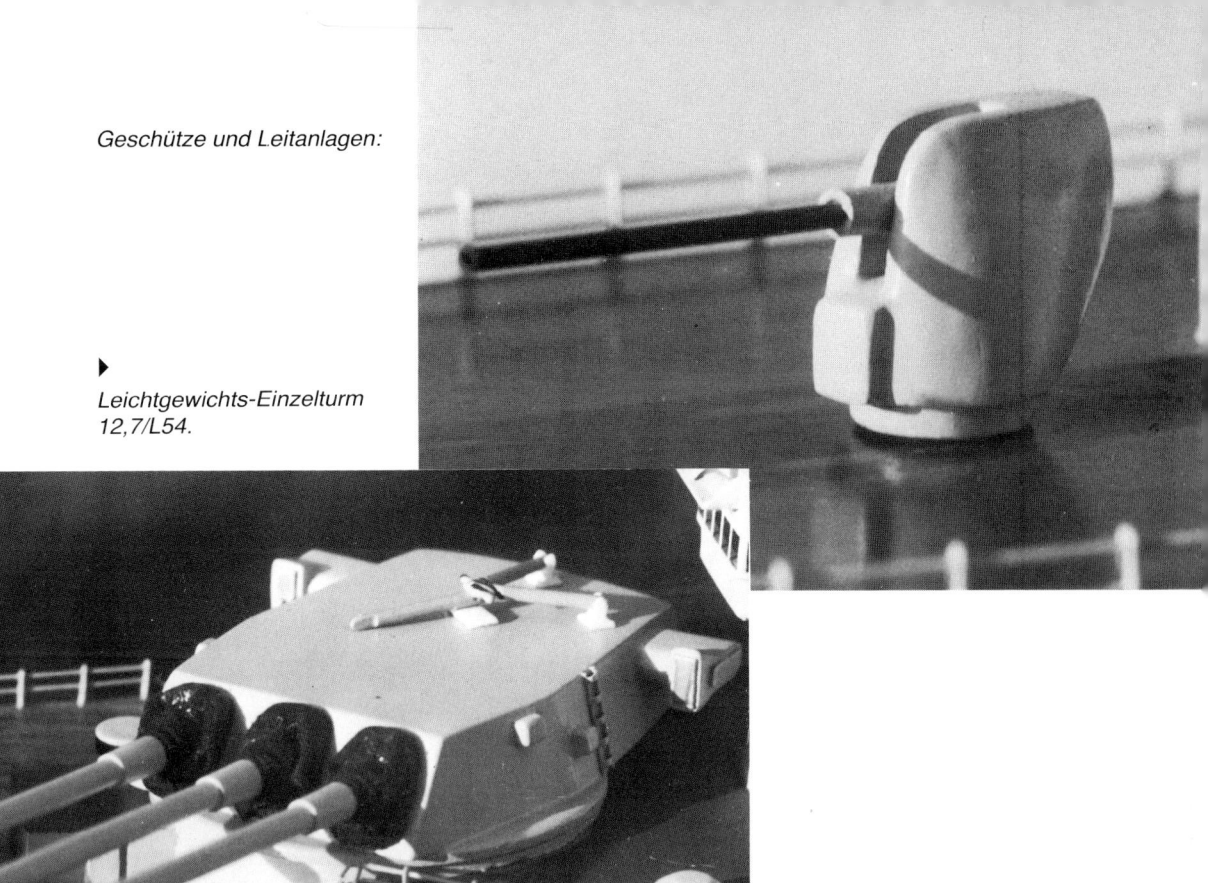

▶ Leichtgewichts-Einzelturm 12,7/L54.

▲ Schwerer Drillingsturm 40,5/L50. Gut zu erkennen die schwarzen Dichtungsmanschetten (Tuch) und der Entfernungsmesser („Ohren") an den Turmseitenflächen. Auf dem Turmdach die abgeklappte Stützen einer Verholeinrichtung montiert.

▶ CWIS-Geschütz PHALANX Mk.-15

Zwei Zwillingstürme 12,7/L38 (Mk.-38) und darüber ein zugehöriges Leitgerät (Mk.-37)

Die drei Abschußrohre selbst fertige ich normalerweise aus Rundholz (auf der Bohrmaschine etwas abschleifen, um den hinteren Absatz herausholen zu können) und klebe sie einfach zusammen auf das gemeinsame Pivot (Sperrholz- oder Rundholzstück). Die vier größeren Aufsätze nebst Verschlüssen lassen sich noch gut mit Holzresten darstellen und auch für die verschraubbaren Deckel vorne und hinten findet sich noch ein winziges Stück Karton; die Schrauben selbst schenke ich mir gewöhnlich.

Der Drilling wird drehbar am Modell befestigt, analog der Montage der Türme; auf manchen Schiffen ist das Pivot durch Winkel (Karton) verstärkt.

4.1.2 Lenkwaffenstarter, Raketen und zugehörige Zielbeleuchter

Lenkwaffen werden erst seit den 50er Jahren als Bewaffnung auf Kriegsschiffen in Ost und West eingesetzt, wobei man drei Arten zu unterscheiden hat:

a) Flugabwehr-Raketen (abgekürzt Fla – oder SAM (= surface-air missle))
b) U-Bootabwehr-Raketen
c) Schiff-Schiff-Raketen.

Während die Lenkung von Schiff-Schiff- bzw. U-Bootabwehr-Raketen durch Signalauswertung verschiedener Detektorsysteme (z. B. Passiv-Sonar) mittels Computer, vor allem aber auch durch externe Zieldatengeben (Helikopter, Flugzeuge oder gar Sateliten) erfolgt – und uns die entsprechenden Lenkanlagen als Modellbauer daher wegen Unsichtbarkeit nicht zu interessieren brauchen – werden Fla-Raketen überwiegend durch einen vom Schiff ausgesandten und vom Zielflugzeug reflektierten Radarstrahl an dieses herangeführt. Dieser Radarstrahl wird vom „Zielbeleuchter" ausgestrahlt, ein meist relativ großes Gerät, das mehrfach auf einem Schiff vorhanden ist und auch auf unseren Modellen in keinem Fall fehlen darf. Zugegebenermaßen ist die Darstellung des Lenkverfahrens für Fla-Raketen stark vereinfacht. Wer an genaueren Details interessiert ist, sei auf das sehr informative Buch von Norman Friedman [B 14] verwiesen, wo die verschiedenen Steuerungssysteme eingehend diskutiert werden.

4.1.2.1 Fla-Raketen

Fla-Raketen sind neben den U-Bootabwehr-Raketen die ältesten Lenkwaffenvertreter auf Kriegsschiffen und werden bis in die jüngste Zeit von richtbaren Startern abgefeuert, d.h. die Rakete wird in Richtung auf das Ziel gerichtet und dann gestartet. Hinter oder unter dem Starter befindet sich ein Magazin, aus dem Raketen automatisch nachgeladen werden können. In Ost und West haben sich Starter für ein oder zwei Lenkwaffen eingebürgert. Bei Raketen mit kürzerer Reichweite sind auch nicht-nachladbare, kastenförmige Achtfachstarter im Einsatz (z. B. SEA-SPARROW-Starter).

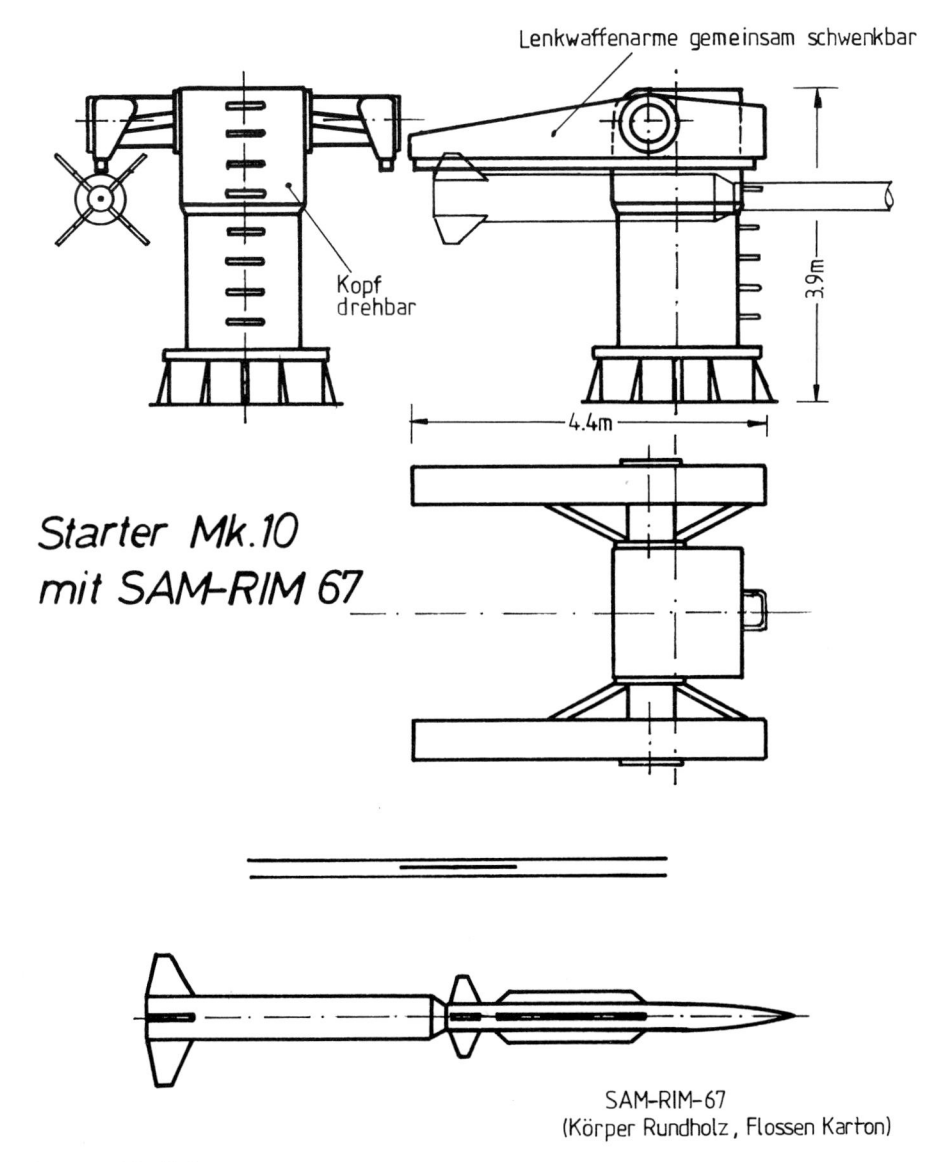

Abb. 4.10: Fla-Raketenstarter
  a) Der amerikanische Zwillingsstarter Mk.-10
  b) Die davon startbare TERRIER-Rakete

Lenkwaffen und deren Leitgeräte:

Starter Mk.-10 mit TERRIER-Raketen und Nachlademagazin. Die beidseitigen weißen Stutzen dienen übrigens dem „Wegpusten" versagender Raketen

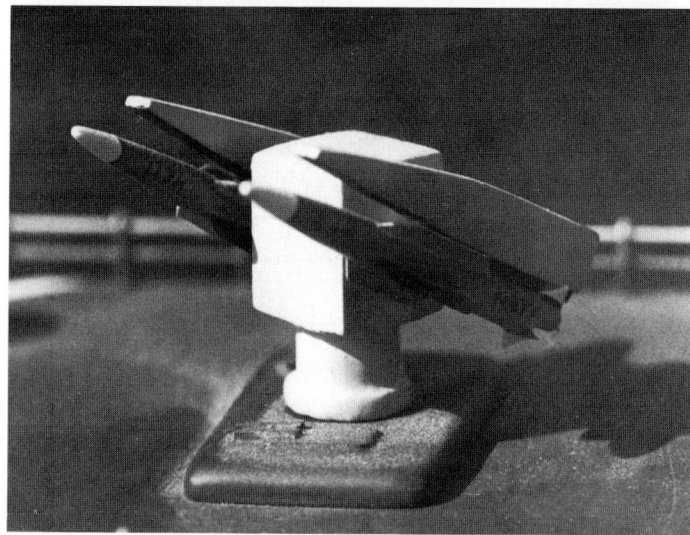

Starter Mk.-26 mit TARTAR-Raketen. Magazin unterhalb des Starters (zu sehen nur die Klappen)

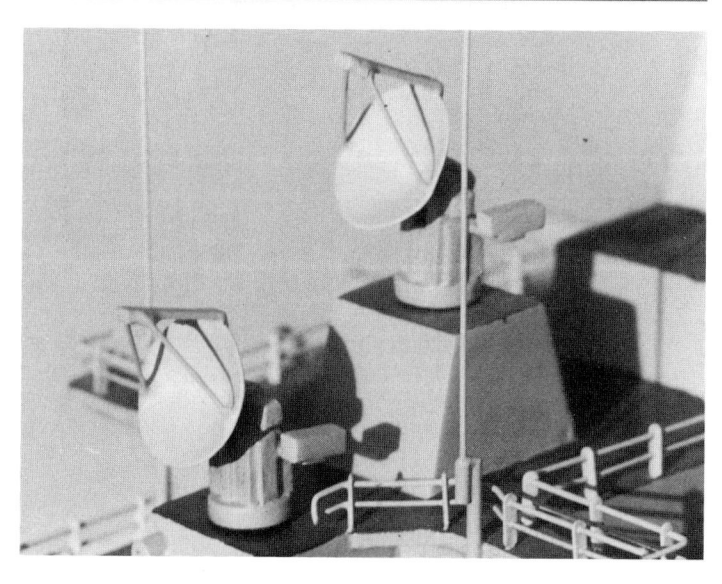

Zwei Zielbeleuchter SPG-51

Der Fla-Raketenstart von einem auf Deck montierten, beweglichen Starter ist inzwischen veraltet und wird daher schon bald der Vergangenheit angehören. Die Starter verschwinden daher nach und nach auch in der US-amerikanischen Marine, die auf diesem Gebiet einen deutlichen Rückstand zu ihrer sowjetischen Konkurrenz zu haben scheint. Eingeführt wird auch hier jetzt das Startsilo (VLS, Vertical Launch System), ein senkrecht im Deck eingelassener Container, aus dem die Rakete startet und erst nachher in die gewünschte Richtung gelenkt wird. Bis zu 64 Container werden zu einem Magazin zusammengefaßt. Von außen zu sehen sind dann nur noch die Lukendeckel.

Die Modellausführung eines richtbaren Fla-Lenkwaffenstarters ist relativ problemlos, besteht er doch in den modernen Ausführungen meist aus einem runden Körper, auf den ein kubischer, drehbarer Teil aufgesetzt ist, wie am in Abb. 4.10a in Dreiseitenansicht angegebenen Standardstarter Mk.-10 für TERRIER-Raketen mittlerer Reichweite zu erkennen ist. Rundholz, Linde (kubischer Teil) und Sperrholz (für die Arme) bieten sich daher für den Bau geradezu an.

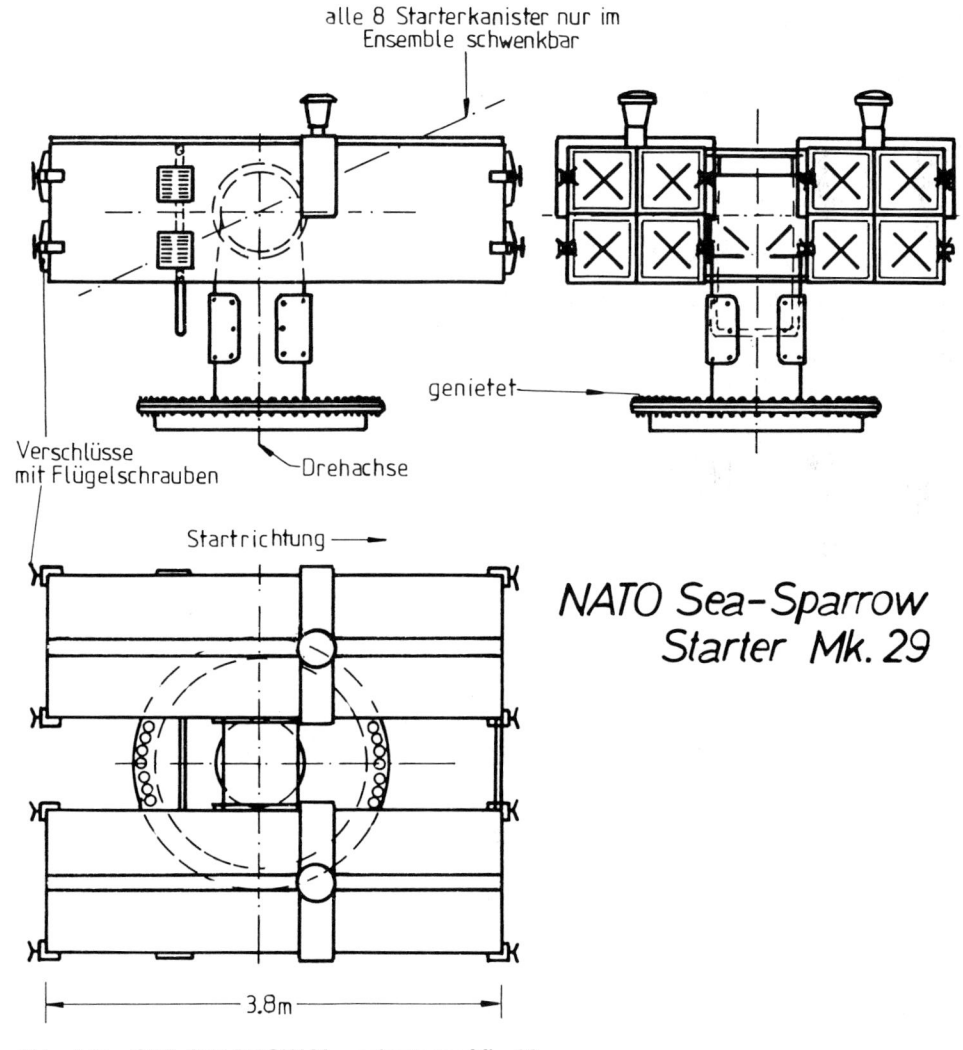

Abb. 4.11: SEA-SPARROW Magazinstarter Mk.-29

Die beiden Starterarme aus Sperrholz, die zur Armunterseite verjüngt werden müssen, baue ich meist beweglich ein, wozu eine Achse aus Ms-Rohr, die in eine etwas zu kleine Bohrung des Starterkörpers getrieben wird (um den Schwenkmechanismus schwergängig zu machen) Verwendung findet.

Die Starter sind im normalen Schiffsbetrieb gewöhnlich nicht mit Lenkwaffen armiert; es macht sich aber gut, modellgerechte Lenkwaffen an den Starterarmen anzubringen, da unsere Modelle ja meist im „Paradezustand" dargestellt werden. Ich klebe die Raketen dazu fest an die Starterarme; bei größeren Maßstäben ist aber vielleicht das originalgetreuere Einhängen angezeigt.

Das Basismaterial für die Lenkwaffen selbst ist Rundholz (Abb. 4.10b), das auf der Bohrmaschine mit Feile und Schleifpapier noch in die richtige Raketenform gebracht werden muß; im vorliegenden Beispiel muß noch der etwas größere Startraketenteil herausgearbeitet werden. Bei kleinen Maßstäben eignen sich auch Zahnstocher aus Holz, die die gewünschte Form oft schon aufweisen und nur noch ein wenig Oberflächenbehandlung benötigen. Der Rest, das Anbringen der Leitflossen aus Karton, ist dann „nur" noch ein Geduldsspiel, wobei es sich als zweckmäßig herausgestellt hat, die Flossentiefe etwas größer zu wählen und die Leitfläche erst nach dem Festkleben am Raketenkörper (wozu mit Vorteil eine Pinzette Verwendung findet) mit der Schere auf die endgültige Tiefe zu kürzen.

Als Beispiel für einen kastenförmigen, nicht automatisch nachladbaren Starter, der auch auf vielen Einheiten anderer Marinen zu finden ist, sei in Abb. 4.11 der NATO-SEA-SPARROW Werfer Mk.-29 angeführt; auch auf den deutschen Fregatten der BREMEN-Klasse ist dieses Modell eingebaut.

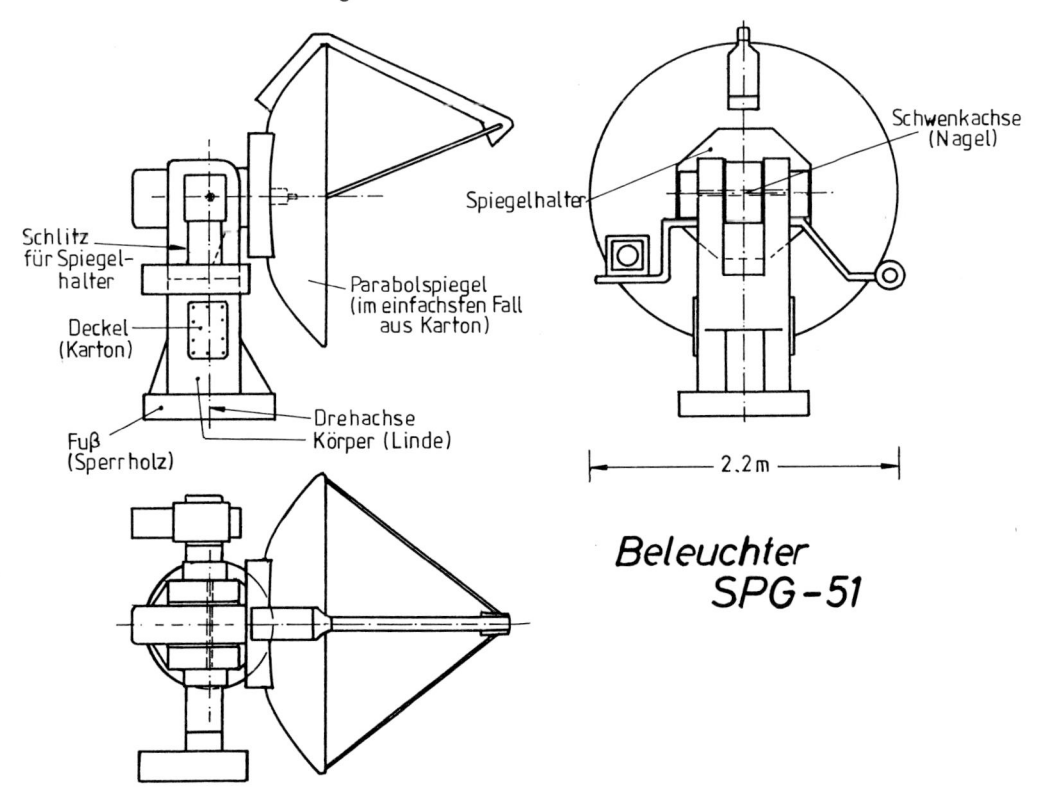

Beleuchter SPG-51

Abb. 4.12: Fla-Raketen-Leitgerät (Ausleuchter) Mk.-74

Die je vier Starterkanister können aus dem Vollen gearbeitet werden (u.U. aus Vierkantmaterial geeigneter Abmessung) und sind über einen Stahlstift drehbar am Fuß aus Rundmaterial befestigt; beide Kastenhälften sind im Ensemble schwenkbar. Verschlußklappen, Lüfterschlitze und sonstiges Kleinzubehör kann mit Karton nachgebildet werden, die beiden Lüftertöpfe mit auf der Bohrmaschine bearbeitetem Rundholz. Der Starter kann mit den schon beschriebenen Methoden auf dem Pivot drehbar angeordnet werden.

Wie schon erwähnt, können die Fla-Raketen teilweise auch mit Mehrzweck-Feuerleitanlagen, wie der oben beschriebenen Mk.-86, ins Ziel gebracht werden. So verzichtet man z.B. auf den Fla-Fregatten der amerikanischen FFG-7-Klasse auf einen eigenen Zielausleuchter. Bei größeren Raketenanlagen und auf größeren Schiffen ist aber gewöhnlich für jeden Starterarm ein eigener Ausleuchter vorhanden. Ein typisches Beispiel ist der Ausleuchter SPG-51, der zur Raketenleitanlage Mk.-74 gehört und dessen Ansicht in Abb. 4.12 dargestellt ist.

Modelltechnisch gesehen ist das Gerät vom Aufbau dem schon besprochenen FLG-Gerät Mk.-86 sehr ähnlich. Auch dieses besteht im wesentlichen aus einem Körper, der hier aus dem Vollen gearbeitet werden kann und anschließend einige angeklebte Accesoires erhält, und einem schwenkbaren Parabolspiegel, der in bewährter „Chinesenhut"-Manier hergestellt werden kann. Der zugehörige Dipol nebst zwei Verstrebungen kann aus Karton bzw. Ms-Draht gebaut werden.

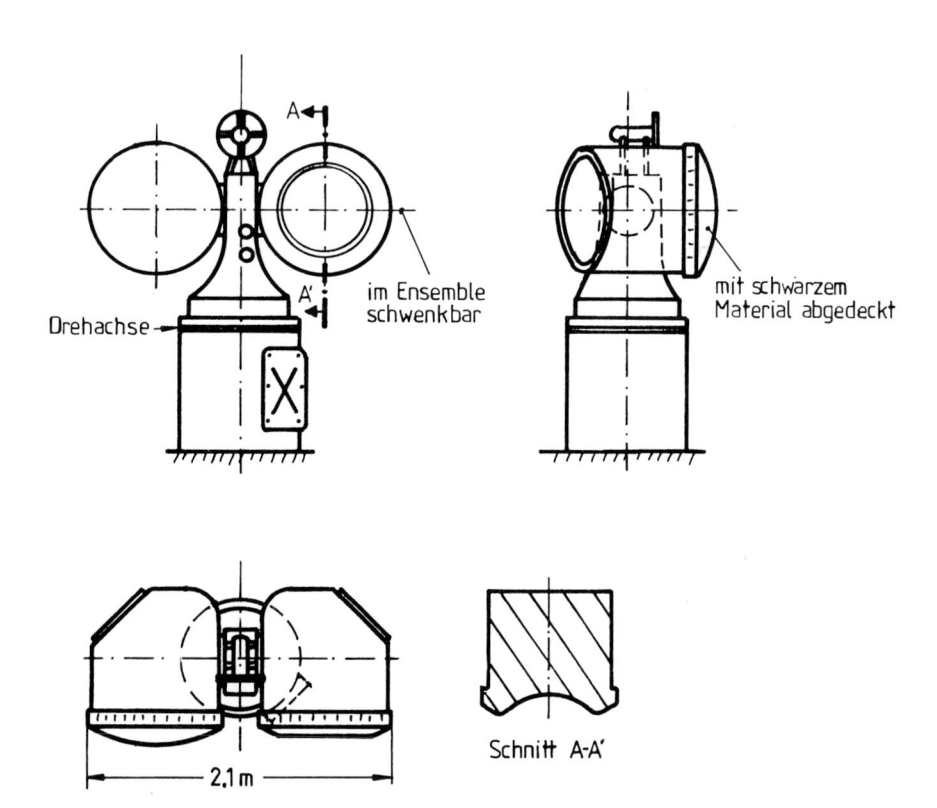

Abb. 4.13: SEA-SPARROW Leitgerät Mk.-91

Relativ klein wird das in Abb. 4.13 dargestellte SEA-SPARROW-Leitgerät Mk.-91 selbst für größere Maßstäbe, im M. 1:200 ist der Bau ein Geduldsspiel (Breite etwa 1cm). Grundmaterial ist wiederum Rundmaterial, das teilweise etwas abgearbeitet werden muß. Während die Kappe des linken Sensors konvex gestaltet ist, ist die rechte Kappe konkav; ein kleiner Fräser bringt die Form ungefähr heraus. Auch diese beiden Sensoren sind schwenkbar angeordnet, bei den herrschenden Größenverhältnissen ist aber wohl ein starrer, festgeklebter Einbau vorzuziehen. Die beiden Sensoren sind übrigens beide mit mattschwarzem Material abgedeckt (Hartgummi ?), das man bei Maßstäben kleiner 1:100 am einfachsten durch Auftrag etwas dickflüssigerer Mattfarbe imitiert.

4.1.2.2 U-Bootabwehr-Raketen

U-Bootabwehr-Lenkwaffen (US-amerikanisch: ASROC) sind Raketen relativ kurzer Reichweite, die einen zielsuchenden Leichtgewichts-Torpedo den größten Teil des Weges durch die Luft befördern, bevor er in der Nähe des Zieles ins Wasser eintaucht und dann als gewöhnlicher, sein Ziel selbständig suchender Torpedo weiterläuft.

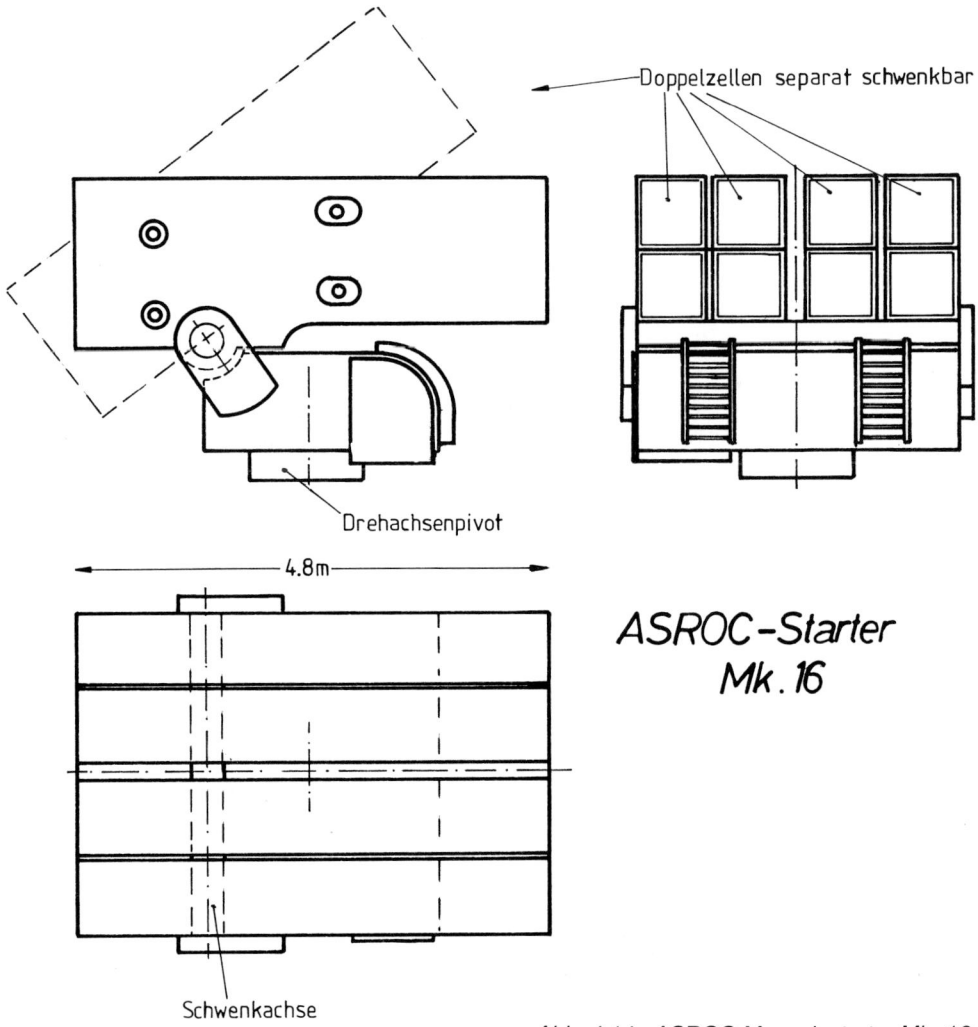

Abb. 4.14: ASROC-Magazinstarter Mk.-16

ASROCs werden gewöhnlich von speziellen richtbaren Achtfachwerfern aus gestartet, starten heute aber auch von den Fla-Raketen-Startern (z. B. dem oben beschriebenen Mk.-10) und werden künftig in das VLS integriert werden. Noch auf vielen Einheiten westlicher Marinen — auch auf den deutschen Schiffen der LÜTJENS-Klasse — vorhanden ist der schon angesprochene Achtfach-ASROC-Starter Mk.-16, wie er in Abb. 4.14 dargestellt ist. Bei diesem Starter kann jeweils eine Doppelzelle nach oben ausgeschwenkt werden. Einige Starter sind übrigens automatisch durch ein hinter ihnen angebrachtes Magazin nachladbar.

Der Fuß des Starters wird wieder aus Vollmaterial (z. B. Linde) gearbeitet, an den die beiden Schwenkachsenhalter (Sperrholz oder MS) und die Leitern nachher aufgeklebt werden können. Auch die vier Doppelzellen baut man aus dem Vollen bzw. aus Karton in Schachtelbauweise, wenn man bei kleinen Modellen Gewicht einsparen will. Im hinteren Drittel wird noch ein Untersatz angeklebt, der die Schwenkachse aufnimmt. Für die Kastenabeckungen wird vorteilhaft wieder Karton eingesetzt.

Ob man die Zellen einzeln schwenkbar macht, nur im Ensemble oder gar nicht, ist Geschmacksache. Mit Alurohr und Stahlstift ist die Verwirklichung eines Schwenkmechanismusses aber nicht sonderlich problematisch. Die Konstruktion der Drehachse auf der Pivot erfolgt wie schon beschrieben.

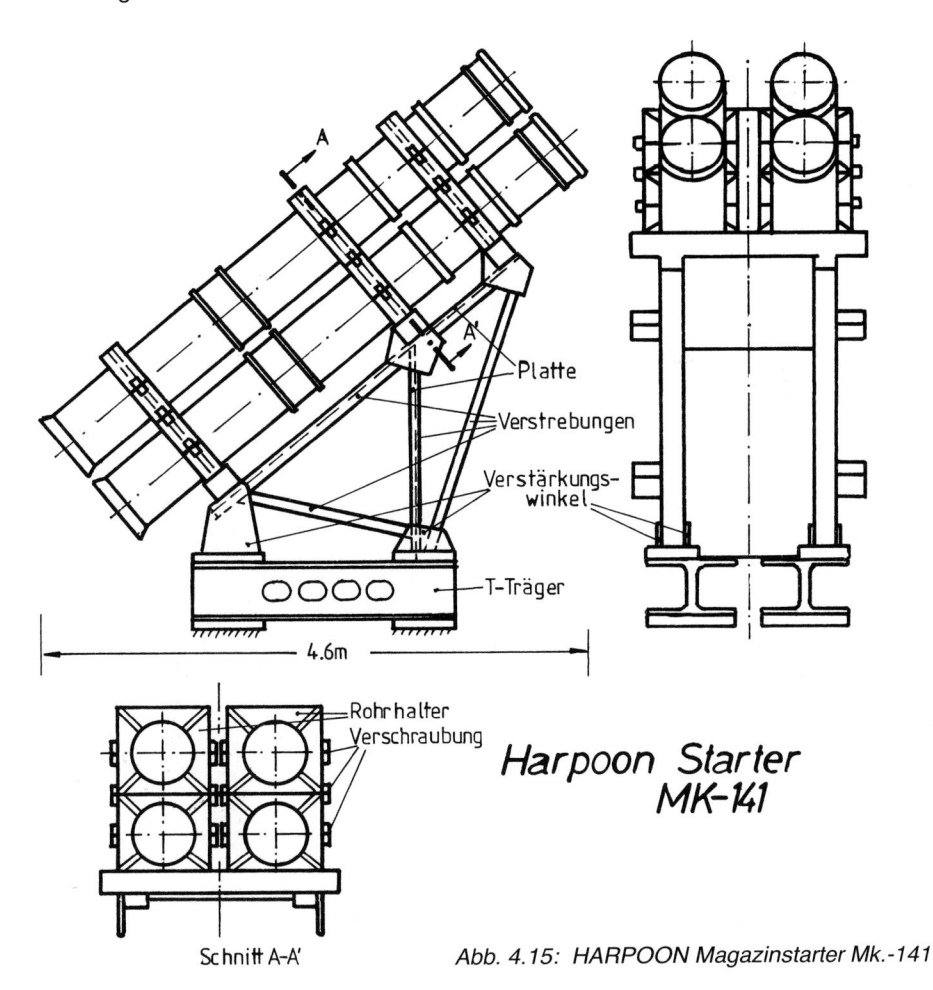

Abb. 4.15: HARPOON Magazinstarter Mk.-141

4.1.2.3 Schiff-Schiff-Lenkwaffen

Schiff-Schiff-Lenkwaffen waren bis vor etwa 10 Jahren eine reine Domäne der sowjetischen Marine und ihrer Verbündeten, die diese Raketen von ihren Einheiten aus fest in die Aufbauten integrierten Starterrohren abschießen können. Erst mit der amerikanischen HARPOON und der navalisierten französischen EXOCET ist auch in westlichen Arsenalen eine vergleichbare Rakete zu finden. In neuester Zeit ist noch die amerikanische TOMAHAWK mit deutlich gesteigerter Reichweite dazugekommen, startbar aus gepanzerten Vierercontainern. HARPOON und TOMAHAWK werden künftig in den VLS-Silos verschwinden, weshalb wir Modellbauer unser Interesse an ihnen verlieren dürfen.

Abb. 4.15 zeigt als Beispiel für einen Schiff-Schiff-Raketenstarter den Vierfach-Startkanister Mk.-141 für die HARPOON, der aus vier Rohren, die durch drei Schellen auf einem schrägen „Fachwerkgestell" festgezurrt sind, besteht. Das Startgestell wird auf Deck gewöhnlich so aufgestellt, daß das beim Raketenstart auftretende Düsenfeuer hinter dem Starter keine Beschädigungen anrichten kann, also z. B. auf einer Schiffskante, wo es dann außerhalb des Schiffes aufs Wasser trifft. Ist eine solche Aufstellung nicht möglich, so sind hinter dem Starter Flammabweiser montiert. Der Starter ist fest mit dem Deck verschraubt. Als Material für die Startkanister eignet sich Rundholz (da die Rohre verschlossen sind, braucht die Öffnung nicht berücksichtigt zu werden), das man auf der Bohrmaschine den Gegebenheiten entsprechend noch etwas nacharbeiten kann.

Als „Schellenmaterial" kommt Sperrholz oder Karton zum Einsatz, je nachdem, wie groß der Abbildungsmaßstab ist; im M 1:200 ist der Starter nur etwa 2,8 cm lang. Der gewählte Maßstab entscheidet schließlich auch darüber, wie genau man das „Fachwerk" nachbilden kann und muß; die Auflageplatte für die Rohre und die Frontplatte kann man aber, schon aus Festigkeitsgründen, in jedem Fall einbauen.

Eventuell nötige Flammabweiser baut man aus Karton zusammen.

Zwei HARPOON-Viererkanister mit dahinter positionierten Flammenabweisern

4.2 Helikopter und Flugzeuge

Zu den wichtigsten „Waffen" zeitgenössischer Kriegsschiffe gehören zweifellos Flugzeuge und Helikopter. Während die Flugzeuge auf Landebahnen angewiesen sind – selbst Senkrechtsarter kommen im praktischen Einsatz nicht ohne eine relativ großzügig dimensionierte Lande- bzw. Startfläche aus – und daher nur auf speziell dafür eingerichteten Einheiten, den Flugzeugträgern, zu finden sind, ist der Helikopter heute auf allen Schiffstypen von der Fregatte an aufwärts zu Hause.

Zwar werden auf fast allen Schiffen diese empfindlichen Flugapparate vor den Unbilden der rauhen, salzhaltigen See in Hangaren geschützt, womit sie dem interessierten Auge des Modellbauers verborgen bleiben und daher eigentlich kein Problem mehr für ihn darstellen, doch findet man sie nicht nur während des Flugbetriebes oft auch an Deck, besonders, wenn anläßlich von Hafenbesuchen die „Schokoladenseite" herausgeputzt wird; insofern sollte Flugzeug und Hubschrauber auch auf einem Modell nicht fehlen.

Wegen des beschränkten Raums an Bord eines Schiffes sind fast alle auf Schiffen eingesetzten Flugzeug- bzw. Helikopter-Typen zusammenlegbar. Bei Flugzeugen werden die Tragflächen, meist nach oben, hydraulisch abgeklappt und gelegentlich auch noch das Seitenleitwerk seitlich abgeknickt; das Entfalten erfolgt gewöhnlich erst kurz vor dem Start auf dem Katapult, weswegen die Tragflächen aller auf einem Trägerdeck versammelten Flugzeuge normalerweise abgeklappt sind. Bei Helikoptern werden die Hauptrotoren so gefaltet, daß sie eng am Rumpf anliegen; größere Typen gestatten auch das Abschwenken der Heckpartie mit dem Heckrotor, um die Baulänge zu verkürzen und den Helikopter besser im meist engen Hangar unterbringen zu können.

Längerfristig auf Deck abgestellte Flugzeuge und Helikopter werden am Fahrwerk verzurrt, wozu auf Träger- bzw. Helikopterlande-Decks in regelmäßigen Abständen Ösen eingelassen sind.

Flugzeuge und Helikopter aus Plastik findet man in kleineren Maßstäben im Spielwarenhandel, doch leider ist es meist weder der richtige Typ noch stimmt der Maßstab mit dem des Modells überein. Ein Selbstbau ist daher angebracht und, wie wir sehen werden, meist auch relativ unproblematisch.

Bei Nichtträger-Modellen kommt man in der Regel mit dem Bau eines einzigen Helikopters weg, während man für Träger am besten gleich eine „Produktionsstraße" auflegt, um die Flugzeuge in Serie herzustellen, da es besonders wichtig ist, daß die einzelnen Flugzeuge eines bestimmten Typs nicht allzusehr voneinander abweichen. Glücklicherweise sind auf einem Trägerdeck immer verschiedene Flugzeugtypen anzutreffen, weswegen die eher langweilende Massenproduktion sich auf jeweils 5 bis 10 Flugzeuge je Typ beschränken wird.

Die zum Bau benötigten Unterlagen beschafft man sich am einfachsten aus den einschlägigen Fachbüchern (z. B. [B 10], [B 11] und [B 12], letzteres speziell für US-Trägerflugzeuge mit sehr guten, farbigen Dreiseitenansichten, die die originalgetreue Farbgebung sehr erleichtern), die neben reichlichem Fotomaterial meist auch relativ genaue Dreiseitenansichten der verschiedenen Flugzeugtypen enthalten. Von diesen Rissen kann man sich dann die Baupläne im gewünschten Maßstab mit den in Abschnitt 2.3 beschriebenen Verfahren herstellen.

In Abb. 4.16 wird am Beispiel der LTV A-7 CORSAIR-II, eines in der US-Navy sehr verbreiteten Trägerflugzeugs, der Bau eines solchen Modells erläutert. Als Baumaterial für das Flugzeug kommt vorzugsweise Linde (für den Rumpf), Sperrholz (Tragflächen), Rundholz (für Fahrwerksbeine und Bereifung) sowie Karton bzw. dünnes Blech (für eventuelle Propeller) zum Einsatz.

LTV A-7 Corsair II

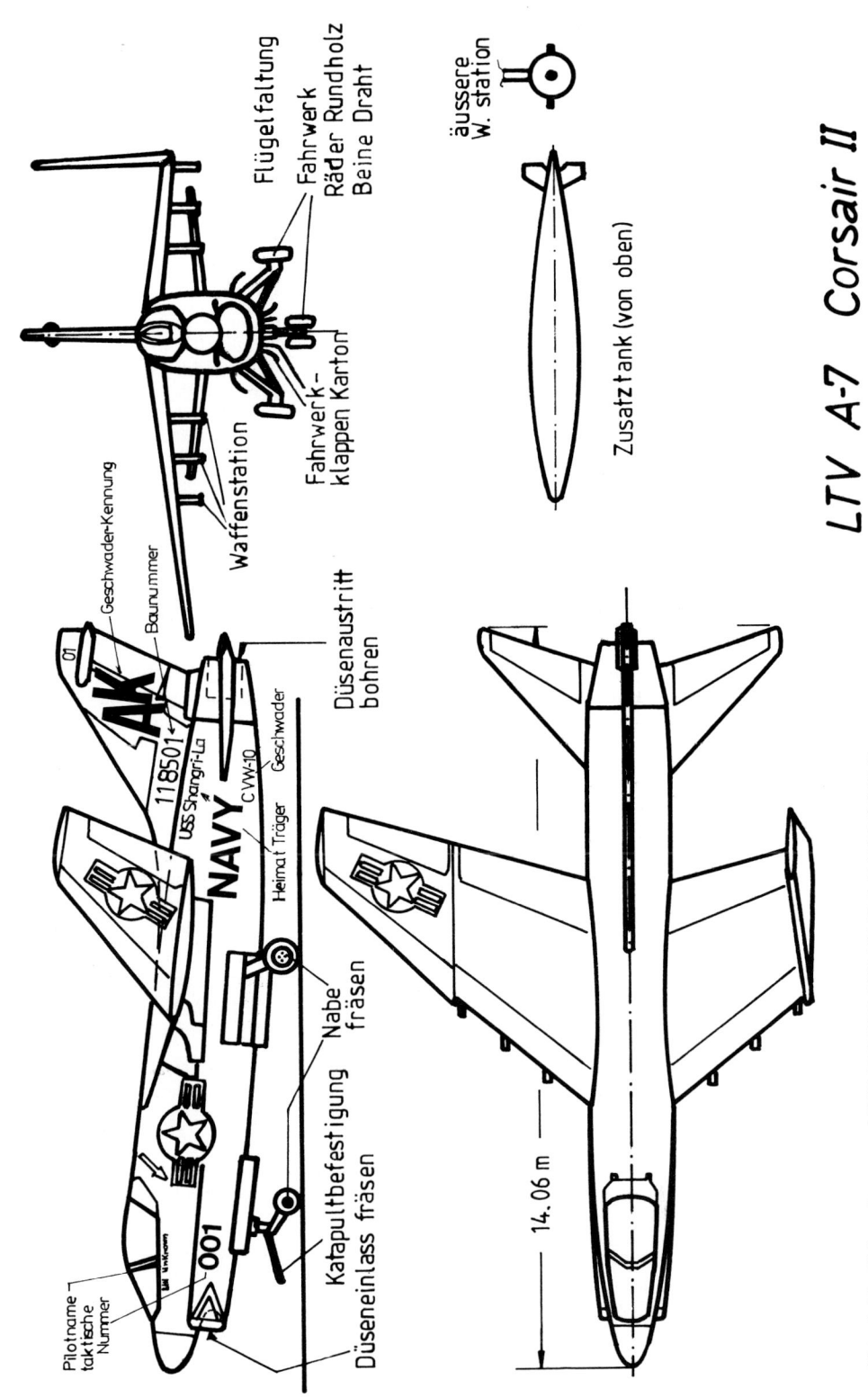

- Flügelfaltung
- Fahrwerk Räder Rundholz Beine Draht
- äussere W. station
- Waffenstation
- Fahrwerkklappen Karton
- Zusatztank (von oben)
- Geschwader-Kennung
- Baunummer
- Düsenaustritt bohren
- Geschwader
- Heimat Träger
- Nabe fräsen
- Katapultbefestigung
- Düseneinlass fräsen
- Pilotname
- taktische Nummer

14.06 m

Abb. 4.16: Trägerflugzeug LING TEMCO VOUGHT A-7 CORSAIR-II

Man beginnt mit dem Rumpf, den man an Hand des Seitenrisses aus einem Lindenholzbrett geeigneter Dicke aussägt und dann mit Schnitzmesser und Schleifpapier in die richtige Form bringt. Lufteinlässe und Düsenaustritte sollte man mit der Minibohrmaschine und einem Fingerfräser aushöhlen; das macht sich nachher in jedem Fall viel besser als das bloße Imitieren mit schwarzer Farbe.

Die Haupttragflächen sowie Höhen- und Seitenleitwerk werden je nach Maßstab aus Sperrholz (1 bis 4 mm) gefertigt, wobei die Schnittkanten mit Schleifpapier abzurunden sind. Eine genauere Ausarbeitung des Flügelprofiles erübrigt sich m. E., da man diese beträchtliche Mehrarbeit am fertigen Modell doch kaum bemerken wird; allerdings ist das auch eine Frage des gewählten Maßstabes. Eine Verjüngung der Tragflügeldicke zu den Flächenenden hin macht sich allerdings ganz gut und ist bei Einsatz eines Tellerschleifers (z. B. auf der Handbohrmaschine) auch kein besonderer Mehraufwand. Abschließend wird der Tragflügel, wenn nötig, an der Faltlinie getrennt, „gefaltet" wieder zusammengeklebt und an der entsprechenden Stelle am Rumpf fixiert (man kann natürlich auch einen Faltmechanismus vorsehen, z. B. Scharnier, doch wird das in der Regel sehr kompliziert). Bei der Klebung der Tragflächen an den Rumpf ist besondere Sorgfalt hinsichtlich der symmetrischen Befestigung der beiden Tragflächenhälften angezeigt. Gleiches gilt natürlich auch für das Höhenleitwerk und die lotrechte Befestigung des Seitenleitwerks. Sind die Tragflächen an Rumpfunter- bzw. -oberkante (wie in unserem Beispiel der CORSAIR) angebracht, so ist das Festkleben eines durchgehenden Tragflügels in einer entsprechenden Rumpfnut angezeigt, da es den symmetrischen Zusammenbau erheblich vereinfacht.

Das Fahrwerk besteht aus Karton, MS-Draht oder dünnem Rundholz, wobei man die Einziehhydraulik und Federung u. U. durch das Einstecken des Drahtes in ein Aluröhrchen nachbilden kann. Als Räder fungieren Holzscheibchen, die von Rundholz mit dem Messer abgeschnitten werden. Es fördert die Modellgüte, wenn man vor dem Abschneiden mit dem Minibohrer (Rundkopffräser) noch eine Radnabe einarbeitet und die Außenkante des Rundholzes der Bereifung gemäß noch ein bißchen abrundet. Nach dem Abschneiden ist die Reifenrückseite zwar unbearbeitet, doch sieht man sie normalerweise auch nicht, weil sie vom Fahrwerksbein verdeckt wird.

Vervollständigt wird das Modell durch die Waffenstationen aus Kartonstreifen (im Falle unserer CORSAIR-II drei an jeder Flügelunterseite), die man mit Raketen (Zahnstocher plus Kartonflossen) oder Tanks (Rundholz auf Bohrmaschine befeilt) armieren kann.

Einige wenige Trägerflugzeuge verfügen noch immer über Propellerantrieb (z. B. Kuriermaschinen wie die TRADER oder Frühwarn-Radarflugzeuge wie die ältere TRACER oder die hochmoderne HAWKEYE). Die Propeller dieser Flugzeuge habe ich früher aus Karton hergestellt, wobei die Blätter aber im „Einsatz" immer wieder abbrachen. Es ist daher sinnvoller, die Propeller aus dünnem MS-Blech auszusägen und mit der Nabe zu verlöten, die in die entsprechende Motorgondel gesteckt werden kann. Führt man die Nabe noch in einem Röhrchen (MS, Alu), so kann man die Propeller sogar drehbar ausführen. Bei Blechpropellern läßt sich durch Verbiegen auch problemlos ein naturgetreuer Anstellwinkel der Propellerblätter realisieren.

Der Bau von Modell-Bordhelikoptern ist dem der Flugzeuge weitgehend analog. In Abb. 4.17 ist als Beispiel der Allzweck-Bordheli Kaman SH-2F SEASPRITE gezeigt, der auf den meisten US-Einheiten als „Arbeitspferd" eingesetzt ist und dort von Transportaufgaben über U-Boot-Bekämpfung bis Zieldatenübertragung alle Aufgaben übernehmen kann.

Da der Heckbereich der meisten Helikopter schmal ist, bietet sich als Rumpfbaumaterial ein „Sandwich" aus hartem Kernwerkstoff (Sperrholz oder Alu) und leichter bearbeitbarem Randmaterial (Linde, Balsa) an (die Mittigkeit der Heckpartie ist damit automatisch gewährleistet). Die Triebwerksgondeln werden nach der Bearbeitung des Rumpfes an den entsprechenden Stellen angeklebt.

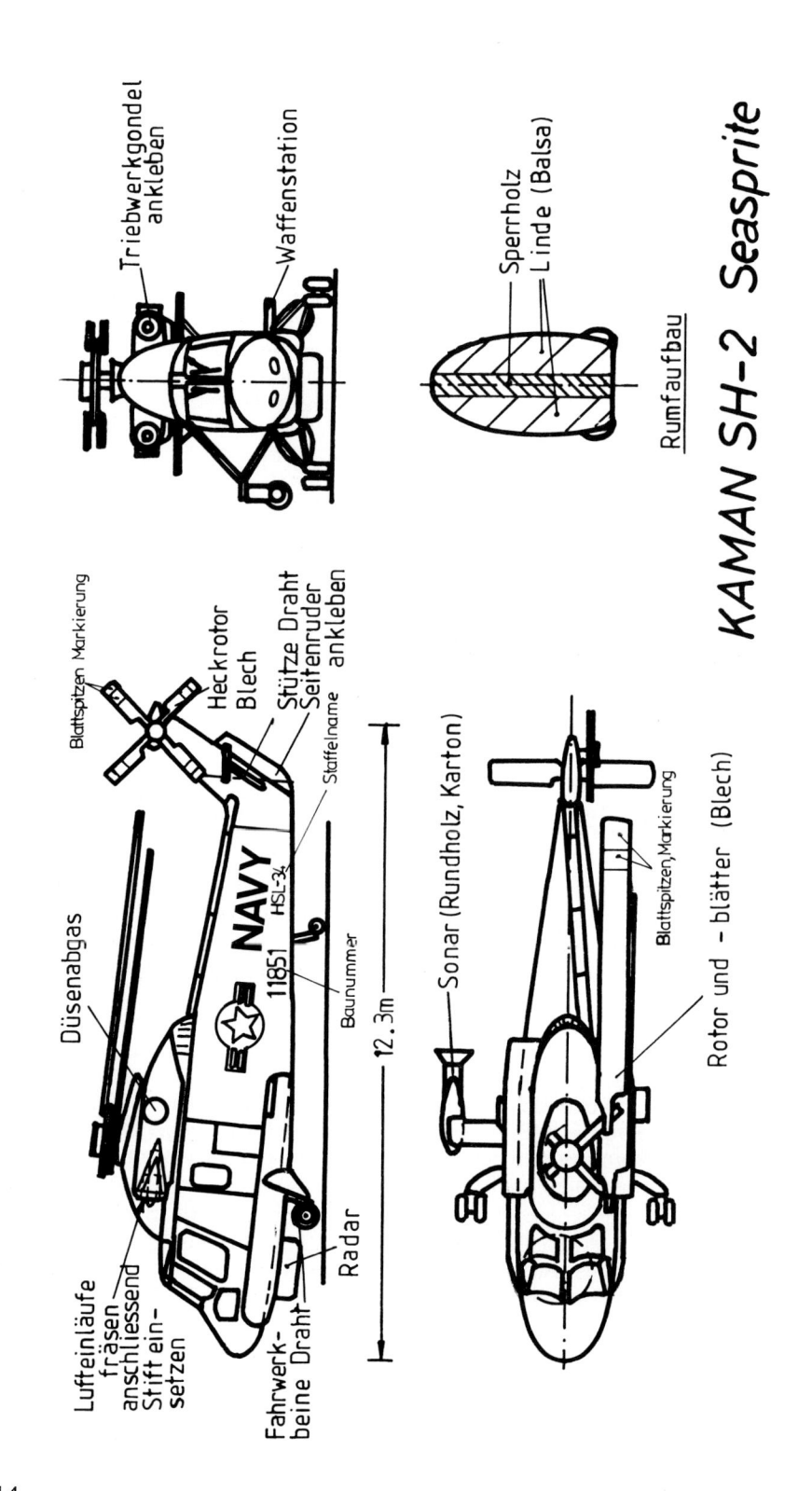

Abb. 4.17.: Allzweck Bord-Helikopter KAMAN SH-2F „SEASPRITE"

Baustufen eines Träger-Flugzeugmodells (Frühwarnflugzeug GRUMMAN E-1B „Tracer"):

Der Rohbau auf einer Streichholzschachtel vor dem Zusammenbau. Im Vordergrund die beiden Propeller, die Radarkuppel und die beiden „abgeklappten" Flügelteile

Das fertige Modell auf dem Trägerdeck hinter einer Zugmaschine

Trägerflugzeug LTV A-7 „Corsair-II"

Bordhubschrauber KAMAN SH-2F „Seasprite" auf dem Landedeck der Fregatte BOWEN

Fahrwerk, Heckleitwerk und Waffenstationen werden analog zum Vorgehen beim Flugzeugmodell erstellt. Die Propellerblätter sowie den Heckrotor baut man am besten aus dünnem Blech, um sich späteren Ärger beim Abbrechen der diffizilen Kleinteile zu ersparen.

Der Bau des Flugzeug- bzw. Helikoptermodells wird schließlich abgeschlossen durch eine originalgetreue Bemalung und Beschriftung – bei US-NAVY-Flugzeugen bis in jüngste Zeit relativ bunt – auf die wir im Kapitel 5 näher eingehen wollen.

Ein wichtiger Punkt ist vielleicht noch die Fixierung von Flugzeug bzw. Helikopter auf dem Schiffsmodell. Helikopter auf Nichtträger-Einheiten werden von mir gewöhnlich fixiert; sie werden festgeklebt, wenn sich auf dem Landedeck keine Luke befindet und andernfalls mit einem Nagel zwischen dem Fahrwerk auf Deck gehalten, um das Öffnen der Luke (z. B. Serviceöffnung für Ruderanlenkung) zu gewährleisten.

Flugzeuge dagegen stehen auf meinen Trägerdecks unfixiert, um sie beliebig arrangieren zu können. Es besteht zwar eine gewisse Verlustgefahr – ein ins Wasser hängender Ast hat einmal ein paar Flugzeuge ins Wasser gewischt, die dann aber aufschwammen (Holz) und wieder geborgen werden konnten – aber sie ist relativ gering und bei Schönwetterfahrten auch vertretbar; ich muß allerdings gestehen, daß ich die Flugzeuge meist etwas mehr im Mittelbereich des Decks aufstelle und so allzu exponierte Randpositionen vermeide.

4.3 Elektronische Ausrüstung

Bei zeitgenössischen Kriegsschiffen ist die massive Dotierung mit elektronischen Sensoren und Antennen typisch für ihr Erscheinungsbild; auf einen getreuen Nachbau der verschiedenen Radarantennen, Satellitenverbindungs-Richtstrahler, ELINT/ECM-Antennen usw. kann daher auf keinen Fall verzichtet werden.

4.3.1 *Radarschirme*

Die Typenvielfalt der Radarantennen, selbst wenn man sich nur auf ein Ursprungsland beschränkt, ist beträchtlich. Zum einen ist der Modernitätsgrad der dahinter stehenden, im Schiffsinneren untergebrachten Radaranlagen sehr unterschiedlich, zum anderen gibt es auf zeitgenössischen Kriegsschiffen immer verschiedene Radaranlagen und damit Antennen für unterschiedliche Zwecke.

Am kleinsten sind für gewöhnlich die reinen Navigationsschirme, die oft die Form eines dickprofiligen Balkens haben und sich von Radarantennen auf zivilen Schiffen kaum unterscheiden, wenn sie nicht gar vom selben Typ sind.

Am größten hingegen sind die Luftraumüberwachungs-Radarschirme, die mit Spannweiten von über 10 m schon beträchtliche Brocken darstellen und – wohl nicht zuletzt auch aus Gründen des Luftwiderstandes, insbesondere des Staudrucks bei höheren Windstärken – entweder aus winddurchlässigen Lamellenrastern oder aus Drahtgeflecht bestehen.

Darüber hinaus verfügen die meisten Einheiten heute noch über 3D-Radaranlagen, deren Antennenschirme, zumindestens in westlichen Marinen, oft einfache, schräg gestellte, sich drehende Platten oder „Roste" sind und mit ihren Antennen-Dimensionen in der Mitte zwischen Navigations- und Luftraumüberwachungsradar liegen.

Die vom Modellbauerstandpunkt einfachsten Antennen sind schließlich die Antennen der Phased-Array-Radaranlagen, die sich für den Betrachter als vier schlichte, jeweils in eine

Himmelsrichtung weisende und an die Aufbauten angehängte Platten darstellen. Hier wird der Radarstrahl nicht durch die sich drehende Antenne sondern auf elektronischem Wege geführt, was u. a. auch die Möglichkeit eines Ausgleichs, der Schiffsbewegung einschließt. Erste Typen dieser Antennen tauchten schon 1962 als AN-SPS-33 auf dem US-Träger ENTERPRISE und dem Kreuzer LONG BEACH auf, wo sich die Radaranlagen anscheinend aber nicht sonderlich bewährt haben, da sie Anfang der 80er Jahre wieder ausgebaut wurden. Erst die neue SPY-1-Anlage des US-amerikanischen AEGIS-Systems, das auf den Kreuzern der TICONDEROGA-Klasse eingebaut ist, stützt sich wieder auf vier Plattenantennen.

Radaranlagen scheinen mir auf Modellschiffen oft eher vernachlässigt zu werden; was so, auch im Fachhandel, alles unter „Radarschirm" läuft, ist nicht selten geradezu schaurig. Dabei fordert eine realistischere Darstellung im Grunde keine besonderen Fertigungsprobleme.

Am problemlosesten gestaltet sich zweifellos der Bau der kleinen Navigationsradars, hier als Beispiel AN-SPS-55 (Abb. 4.18). Ein Stück Sperrholz dient, auf die richtigen Maße gebracht, als Rohschirm, der auf dem Schleifteller noch ein wenig nachgearbeitet werden kann. Mit vier Stück Rundholz und einer Sperrholzscheibe bzw. ein paar Kartonstreifen als Fuß und einem angedeuteten Antriebsmotor aus Rundholz (Zahnstocher), sieht das Radargerät schon ganz proper aus.

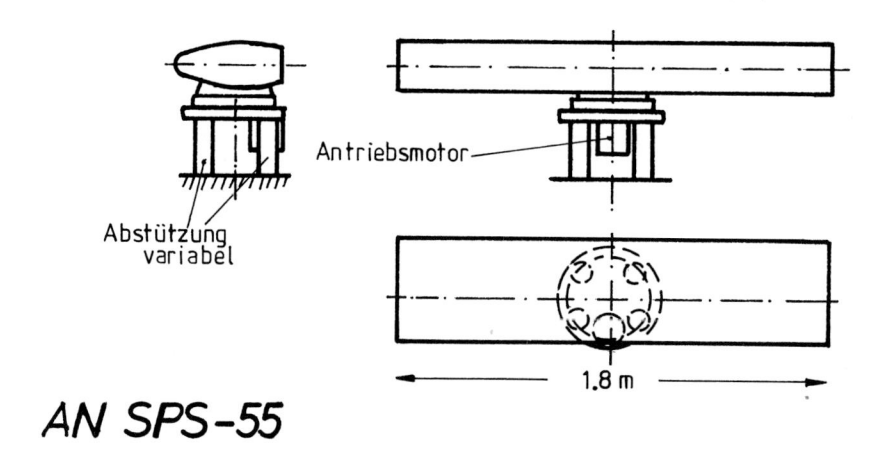

Abb. 4.18: Navigationsradar SPS-55

Die modernen 3D-Schirme, in Abb. 4.19 der US-amerikanische Schirm AN-SPS-48, stellen sich als schräggestellte Lamellenplatten dar. Bei kleinen Maßstäben kann man ohne weiteres auf die Nachbildung der Lamellenstruktur des Schirms verzichten (selbst bei Aufnahmen des Originals erkennt man sie nur unter ganz bestimmten Blickwinkeln, da die Lamellen sehr dicht zusammenstehen) und kann zum Nachbau stattdessen einfaches Sperrholz (bzw. Karton) verwenden. Der einseitig vorhandene Querschirm ist massiv und besteht in jedem Fall nur aus dünnem Holz oder Karton.

Als Halter dient Rundmaterial, das auf einer Seite geringfügig abgefeilt werden muß und ein wenig Messingdraht, um das zugehörige Tragegerüst nachbilden zu können. Ein IFF-Balken (Freund-Feind-Identifizierung) ist bei den meisten, aber nicht bei allen Antennen vorhanden und dann an der Schirmoberkante angebracht; er wird aus einem Holzrest hergestellt.

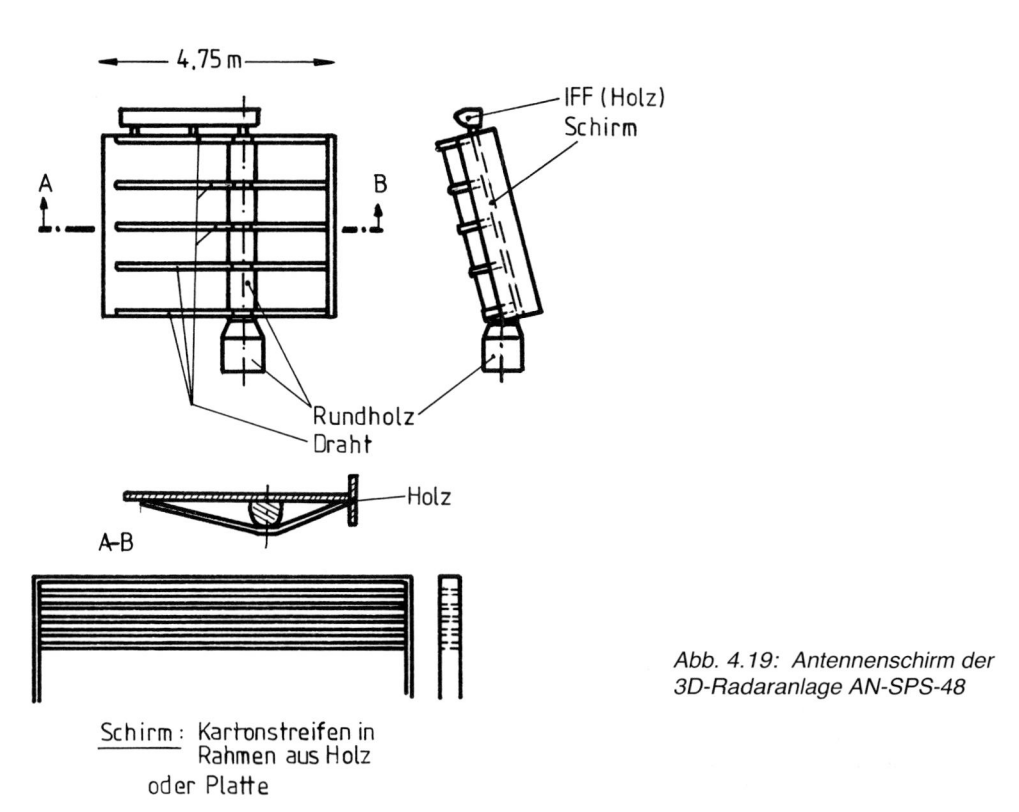

Abb. 4.19: Antennenschirm der 3D-Radaranlage AN-SPS-48

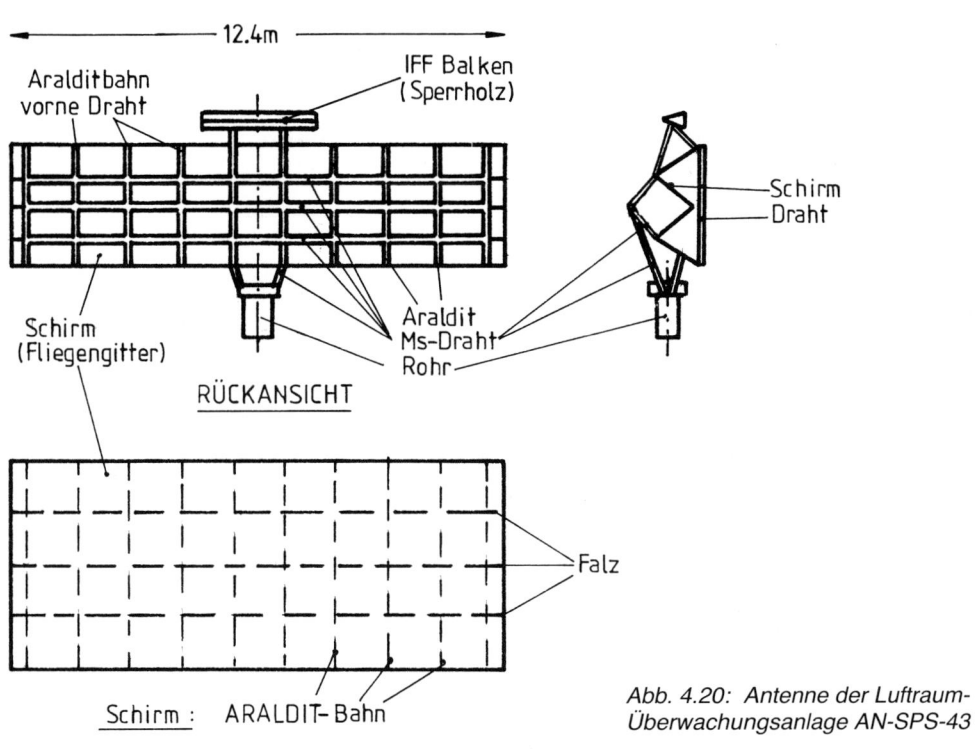

Abb. 4.20: Antenne der Luftraum-Überwachungsanlage AN-SPS-43

119

Ausgangsmaterial für den modellmäßigen Bau der großen Luftraum-Überwachungsschirme, hier als Beispiel in Abb. 4.20 der amerikanische AN-SPS-43, ist Fliegengitter aus Metall, das mit der Schere zunächst in die richtige Rohform geschnitten wird. Gegen Ausfasern muß es dann mit Sekundenkleber an den Rändern sofort „gesperrt" werden, sonst kommt man aus dem Ärger nicht mehr heraus. Es folgt das Biegen des Schirms in die richtige Form, wobei sich die Überlegenheit des Metallmaterials am eindrücklichsten zeigt, behält doch das auch erhältliche Kunststoffgitter in der Regel die gegebene Form nicht. An der Rückseite des Schirms werden an Hand der Vorlage nun aus dünnem MS-Draht die Verstärkungen angeklebt (Sekundenkleber). Der Radarantennenfuß kann je nach Vorlage aus Sperrholz oder Draht hergestellt und im Drehpunkt mit einer Hülse versehen werden, in der ein eventueller Antriebsdraht verschraubt werden kann.

Auch bei dieser Antenne ist oft ein IFF-Balken vorhanden.

Eher „typisch Radarschirm" sieht die Antenne der – verglichen mit SPS-43 – moderneren SPS-49-Radaranlage aus, die erstere auch mehr und mehr von den größeren Überwassereinheiten verdrängt hat (Abb. 4.21). Auch hier wird der Schirm wieder aus Fliegengitter zurechtgebogen und mit Draht „verstärkt". Der Antennenfuß wird ebenfalls aus Draht zusammengesetzt, kann aber, insbesondere bei kleineren Maßstäben, ohne allzugroßen Verlust an Originaltreue auch aus Sperrholz und Balsa gefertigt werden; auch die

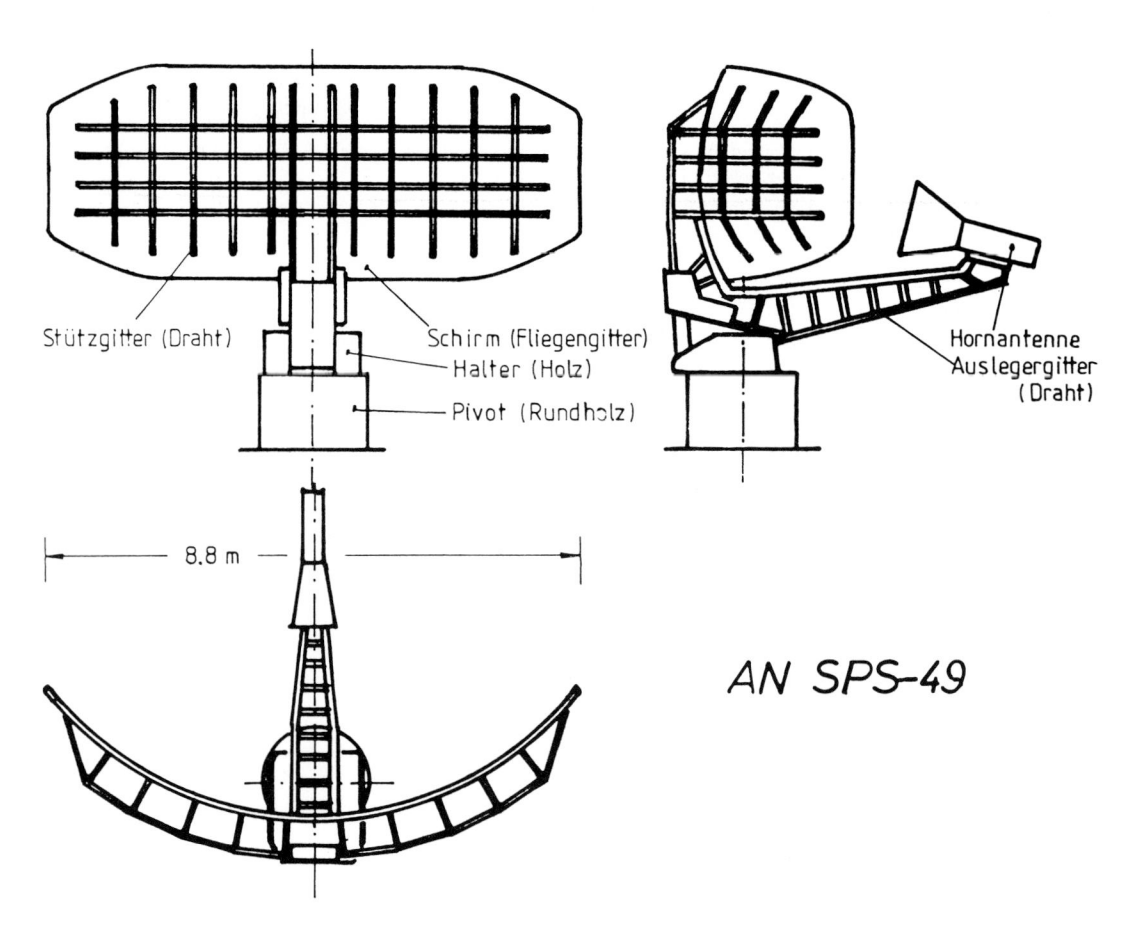

Abb. 4.21: Antenne der Luftraumüberwachungsanlage AN-SPS-49

„Traggerüst-Gitterdichte" kann in diesem Fall reduziert werden. Der Hornstrahler im Brennpunkt des Schirms macht sich, aus Balsa etwas zurechtgefeilt, recht originalgetreu.

Glück hat man als Modellbauer, wenn die Radaranlagen unter Plastikabdeckhauben geschützt werden, wie das z. B. bei bundesdeutschen Schnellbooten oder bei französischen Einheiten der Fall ist. Auch die Anflug-Radaranlagen am Heck von Trägerinseln werden gewöhnlich durch Plastikhauben geschützt.

Der Bau dieser Plastikhauben ist problemlos. Bei kleineren Maßstäben dient die Bohrmaschine zum Abdrechseln der halbkugelförmigen Abdeckung aus Rundmaterial. Bei größeren Maßstäben ist aus Gewichtsgründen der Bau aus GfK wohl vorzuziehen.

4.3.2 *Elektronische Waffensysteme*

Zu den allerwichtigsten „Waffen" der zeitgenössischen Marinen gehören seit einigen Jahren die Anlagen für die elektronische Kriegsführung. Man unterscheidet hierbei aktive Systeme, die der Störung bzw. Irreführung der gegnerischen Detektionsmöglichkeiten oder deren Funkverbindungen dienen (z. B. durch Vortäuschung unechter Radarsignale) und die ECM (Electronic Countermeasures = elektronische Gegenmaßnahmen) bzw. – bei Geräten zur Abwehr gegnerischer Störversuche – ECCM (Electronic Counter/Countermeasures, = elektronische Gegen-Gegenmaßnahmen) genannt werden. Als ELINT (ELectronic INTelligence = elektronische Aufklärung) bezeichnet man passive Systeme, die zum Aufspüren feindlicher Radarsignale, Funkfrequenzen u. a. dienen.

Der größte Teil dieser Geräte wie Sender, Empfänger und Signalidentifikations-Computer, die übrigens zusammen mit den Radargeräten 10 % und mehr der Maschinenleistung eines Schiffes als Strom „verbraten", sind natürlich im Schiffsinneren untergebracht und interessieren uns daher als Modellbauer nicht. Zu sehen und daher zu berücksichtigen sind nur die Antennen.

Auf westlichen Schiffen sind die ELINT- und ECM-Antennen überwiegend auf den Mastrahen montiert und – zum Glück für den Modellbauer – unter Plastikhauben geschützt (Abb. 4.22), so daß sie nur als konische oder kurze, mit einer halbrunden Kappe versehene, kleine Zylinder ins Auge fallen, deren modelltechnische Nachbildung sich mit Rundholz entsprechenden Durchmessers problemlos bewerkstelligen läßt, wobei man gegebenenfalls die halbkugelförmige Abrundung nach Einspannen des Rundmaterials ins Bohrfutter einer Bohrmaschine abschleift.

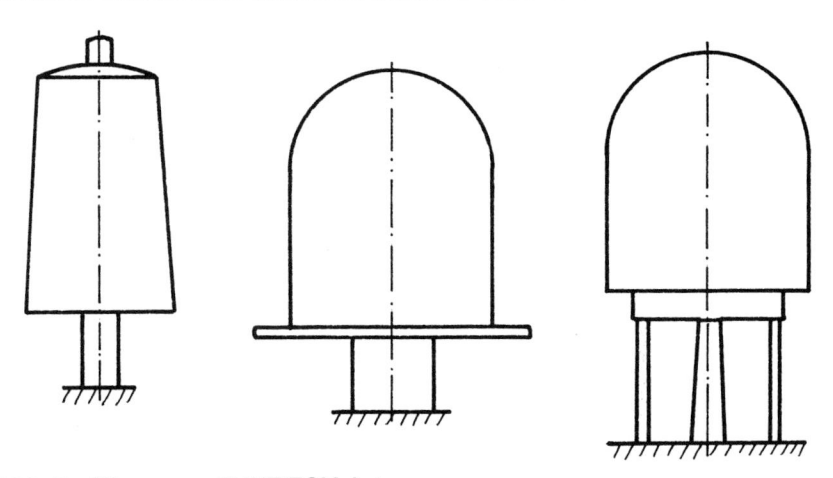

Abb. 4.22: Drei Typen von ELINT/ECM-Antennen

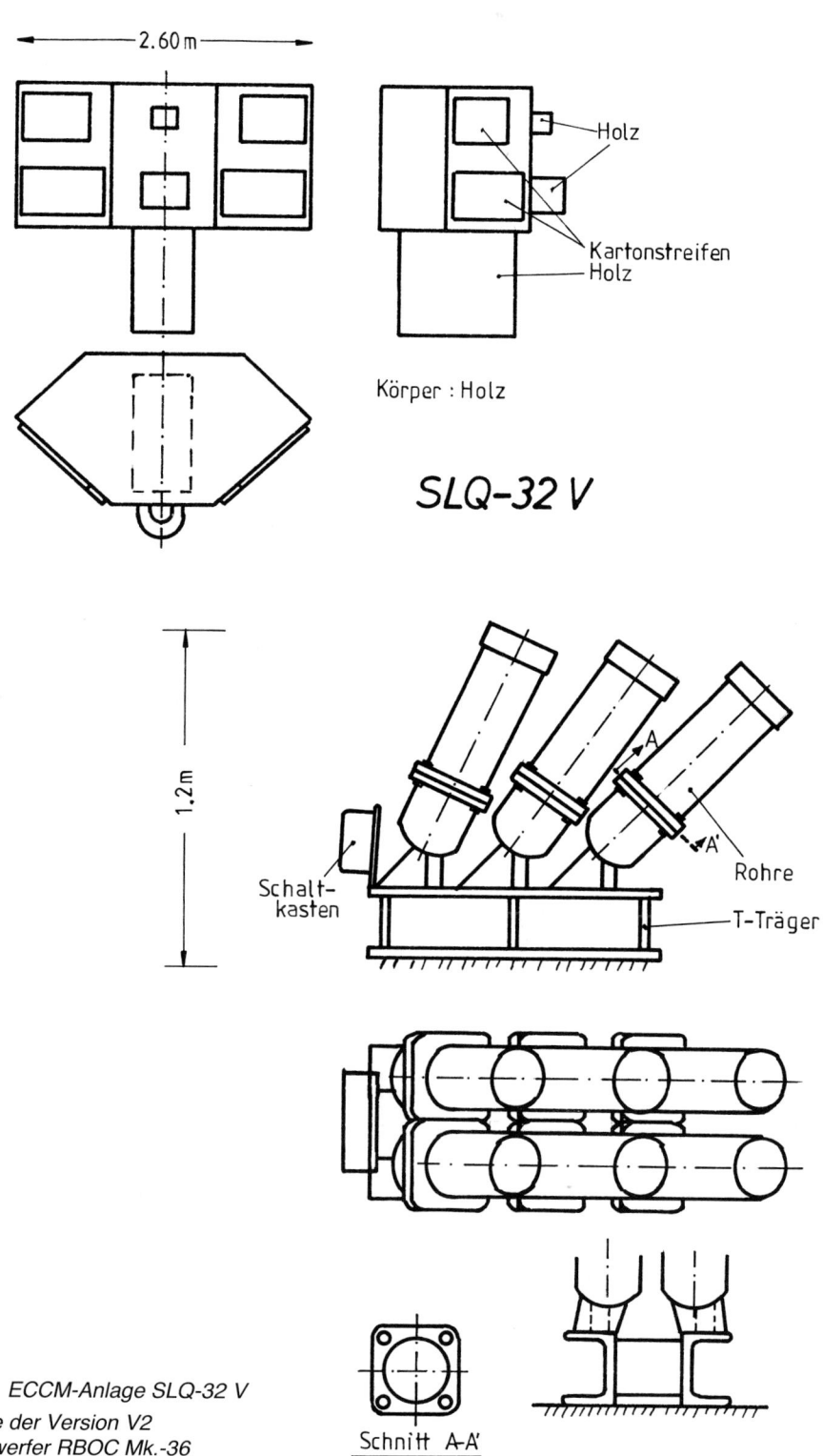

Abb. 4.23: ECCM-Anlage SLQ-32 V
a) Antenne der Version V2
b) Düppelwerfer RBOC Mk.-36

Etwas größerer Aufwand muß beim Nachbau moderner ECCM-Anlagen getrieben werden, bestehen sie doch oft aus einer ganzen Anzahl verschiedener, über das ganze Schiff verteilter Komponenten.

Da verständlicherweise die Geheimniskrämerei um diese Anlagen groß ist, wußte man bei US-amerikanischen Einheiten lange nicht so recht, daß die in der Nähe der Brücke an gittermastartigen Auslegern angebrachten Antennengruppen zum ECCM-System WLR-6 gehören, über das ältere Einheiten noch heute verfügen.

Ich hatte die Anlage seinerzeit auf meinen Trägermodellen FDR und SHANGRI-LA sowie dem Kreuzer ALBANY eingebaut (Material MS-Draht und Holz), ohne damals eigentlich so recht zu wissen wozu diese „gekippten Gittermasten" eigentlich benötigt werden. WLR-6 ist auf zeitgeössischen Schiffen heute kaum noch anzutreffen.

Zum fortschrittlichsten auf dem ECCM-Gebiet gehört inzwischen wohl die amerikanische SLQ-32-Anlage in ihren Ausbaustandards V1 bis V3. Die Antennengruppe bilden zwei recht kleine Hexaeder, die beidseitig relativ hoch am Schiff angebracht sind und wovon eine der Version V2 in Abb. 4.23 a dargestellt ist.

Ihr modellmäßiger Bau wird durch Aussägen aus einer Holzplatte ausreichender Stärke bewerkstelligt, die abschließend noch mit Kartonstreifen beklebt wird.

Zur SLQ-32-Anlage gehören auch die kleinen, in Abb. 4.23 b dargestellten, sechsläufigen Düppelraketenwerfer (RBOC Mk.-36), die nahezu unsichtbar meistens in der Nähe der Brücke hinter dem Schanzkleid versteckt sind. Sie dienen dem Verschießen von Wolken aus kurzen Stanniolstreifchen, die ein sehr interessantes Ziel für Radarstrahlen darstellen und die daher ein viel stärkeres „Bild" als das Schiff zurückwerfen, von dem sie abgeschossen wurden. Dadurch wird dem Gegner ein Feindbild vorgegaukelt, das seitlich versetzt zum eigenen Schiff eine eventuelle Waffenwirkung, z. B. den Sprengkopf einer Lenkrakete, im Wasser verpuffen läßt.

Man kann die RBOC-Werfer aus Rundholz und Karton zusammensetzen; bei kleinen Maßstäben kann man ihren Nachbau wohl ganz vernachlässigen.

Schließlich gehört zu SLQ-32 auch noch die Torpedo-Ablenkanlage NIXIE, eine an einem Kabel hinter dem Schiff geschleppte „Geräuschquelle" starker Schraubengeräusche, die es erlaubt, Zielsuch-Torpedos in die Irre zu leiten. Modellbau-relevant sind davon u. U. die Austrittsöffnungen der Kabel am Heckspiegel.

4.3.3 *Nachrichtenverbindungs-Antennen*

Die stör- und abhörunempfindliche Funkverbindung von auf See stationierten Einheiten mit ihren Kommandostellen an Land war bis in die jüngste Zeit ein fast unlösbares Problem. Erst der Satellit in stationärer Umlaufbahn machte nicht nur das möglich, sondern stellt auch noch ein recht genaues Navigationssystem bereit. Für die Funkverbindung zu Satelliten sind auf den Schiffen spezielle Antennen nötig, die auf den Satelliten gerichtet werden müssen, wie man das ja auch vom zivilen Funk und Fernsehen her kennt. Als Beispiel zeigt Abb. 4.24 die US-amerikanische Antenne OE-82 B, die auf den meisten Schiffen zweimal vorhanden ist. Der Kreisring wird am einfachsten von Alu-Rohrmaterial abgeschnitten, die „Innereien" aus Rundmaterial und Karton zusammengeklebt und der Antennenfuß aus Rundmaterial gedrechselt (Bohrmaschine und Feile).

Zeitgenössische Kriegsschiffe sind in der Lage, die Daten ihrer taktischen Computer (Zieldatencomputer) untereinander auszutauschen. Dazu dient auf US-amerikanischen Einheiten die NTDS-Anlage (Naval Tactival Data System), deren Antenne gewöhnlich ein mit vielen kleinen Dipolen gespickter dünner Röhrenmast auf der obersten Plattform des Mastgestänges ist (Abb. 4.25).

Bei den von mir bevorzugten kleinen Maßstäben imitiere ich diese Dipole durch Aufkleben schmaler Kartonstreifen auf das 2-mm-MS-Rohr des Mastes; bei größeren Maßstäben muß man u.U. aber etwas größeren Aufwand treiben.

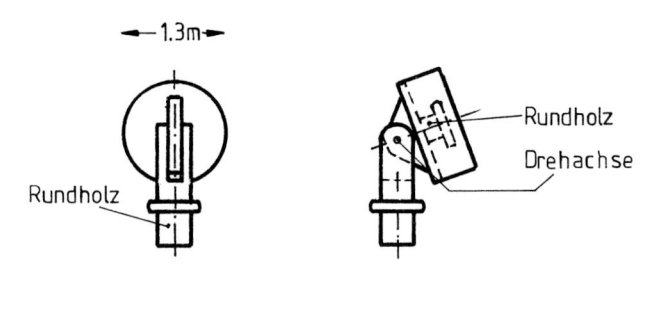

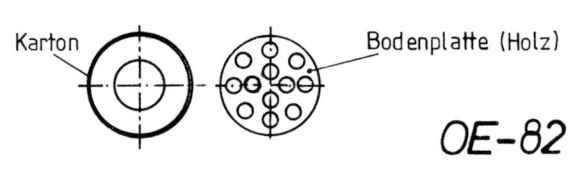

Abb. 4.24: Satelliten-Verbindungsantenne OE-82 B

Als Beispiel, wie man es besser nicht macht, ein Antennenaufbau, wie er auf vielen amerikanischen Einheiten im Bugbereich zu finden ist. Die Drahtverspannungen aus dünnem Cu-Draht haben mit der Zeit nachgegeben und sehen jetzt unschön aus. Durch Ersatz des Cu-Drahtes durch 0,1 Federstahldraht, in die rechte Form gebogen und an die Antennenstützen angeklebt, kann man eine einwandfreie Antennenverspannung sicherstellen, die darüber hinaus noch robuster ist.

Man beachte auch die Schiffsglocke (Handelsprodukt) unter dem Antennenfuß sowie die beiden Ablaufsicherungen für die Ankerketten. Auf dem Bild ist gerade ein Insekt beim „Fitneß-Training".

Der absolut höchste Punkt der meisten größeren US-amerikanischen Kriegsschiffe wird durch die TACAN-Antenne für die Kommunikation mit Flugzeugen eingenommen. Ältere Modelle dieser Antenne sind von den weiter oben angesprochenenen ECM-Kuppeln kaum zu unterscheiden. Die modernen Typen sind flache kreisrunde Scheiben, oft an der Spitze des NTDS-Mastes montiert, die man modellmäßig einfach von Rundmaterial abschneiden kann; in Abb. 4.25 ist als Beispiel die TACAN-Antenne URN-25 eingezeichnet.

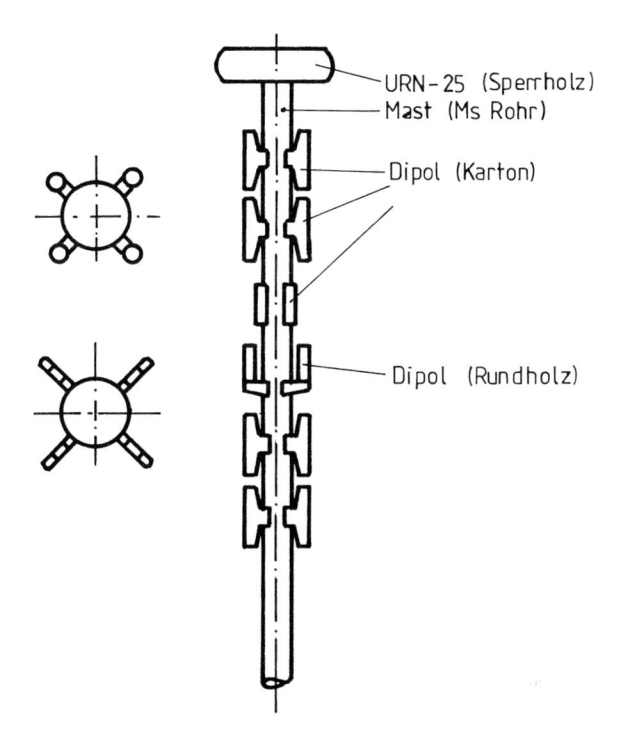

Abb. 4.25: Antenne des Datenübertragungssystems NTDS mit aufgesetzter TACAN-Antenne URN-25

Daneben gibt es immer noch eine größere Zahl von Peitschenantennen, die den verschiedenen Nachrichtenverbindungs- und Detektionsanlagen dienen. An der Seite von Trägerdecks bzw. Helikopterlandedecks sind sie meist abklappbar angebracht.

Abb. 4.26 a zeigt zunächst den Aufbau einer starren Peitschenantenne. Bevorzugtes Material ist dünner Federstahldraht (0,2 bis maximal 0,8 mm), der am unteren Ende in ein Stückchen Rundholz gesteckt wird (durchstoßen!) und zusammen mit dem Rundholz am Antennenhalter festgeklebt wird; diese doppelte Festlegung ist nötig, da erfahrungsgemäß die Antennen sonst zu leicht vom Halter abbrechen, wenn sie einmal versehentlich berührt werden.

Bei schwenkbaren Antennen (Abb. 4.26 b) besteht der Antennenfuß aus MS-Rohr, dessen unteres Ende zunächst flach gehämmert, dann in den Schlitz des Antennenhaltes gesteckt und schließlich mit einem Nagel schwenkbar befestigt werden kann; dieser Schwenkmechanismus sollte schwergängig sein. Der Antennenhalter selbst ist ein Stück 3-mm- bis 5-mm-Alustab, in den der Schlitz eingesägt bzw. -gefräst wird und der später in einer entsprechenden Bohrung am Modell festgeklebt werden kann.

Manche Peitschenantennen haben am Antennenfuß noch einen Teller, den man mit Karton, kreisrund gestanzt (mit einem Locher) und mittig gebohrt, nachbilden kann.

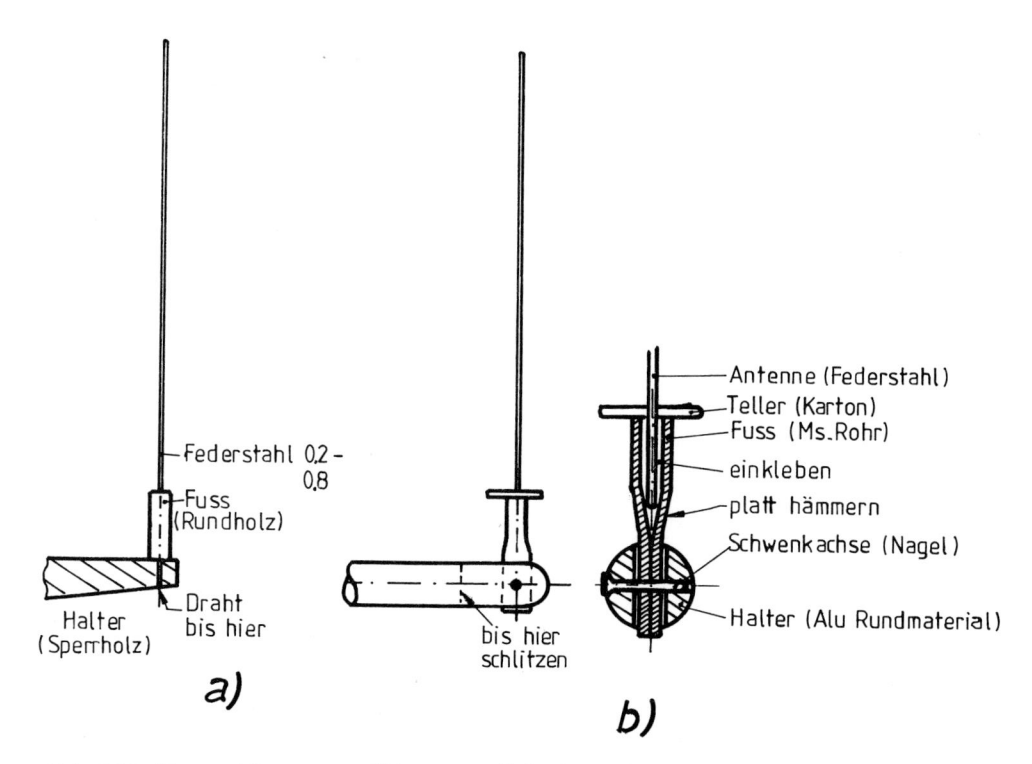

Abb. 4.26: Konstruktion von zwei Typen von Peitschenantennen
    a) starre Antenne
    b) abklappbare Antenne

4.4 Transport- und Rettungsmittel

Zum Transport von Personal und Material vom auf Reede liegenden Schiff an Land verfügen Kriegsschiffe über mehrere Kutter, die früher an Deck gestapelt und mit einem Bordkran zu Wasser gelassen wurden, heute aber — von Flugzeugträgern einmal abgesehen — für gewöhnlich an Schwenkdavits hängen und so schnell und problemlos gewassert werden können. Die Kutter selbst haben meist einen offenen Fahrstand und eine geschlossene Fahrkabine — zumindest für die höhergestellten Dienstgrade.

Kutter und Beiboote gibt es in den gängigsten Maßstäben, in reicher Auswahl und relativ guter Qualität im einschlägigen Fachhandel, so daß sich ein Selbstbau in der Regel nicht lohnt; eine geringfügige Nachbearbeitung, z.B. das Entfernen von Spritzgraten, ist allerdings empfehlenswert.

Die zugehörigen Davits sind in der Form recht einfach gehalten und können aus wenig Sperrholzmaterial zusammengeklebt werden (Abb. 4.27). Eine schwenkbare Befestigung am Modell ist mit zwei Nägeln einfach zu bewerkstelligen und kann u.U. als Verkleidung für die leicht zugänglichen Schalter der Empfangsanlage verwendet werden (nur im ausgeschwenkten Zustand sind die Schalter dann zu sehen).

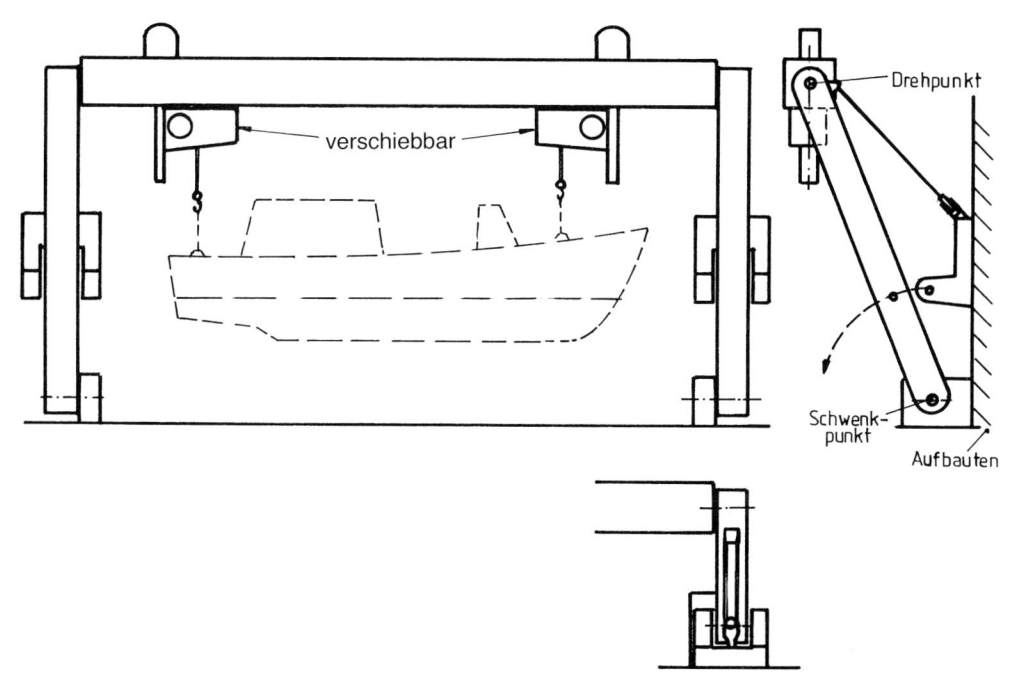

Abb. 4.27: Konstruktion eines Schwenkdavits

Kriegsschiffe haben in der Regel keine eigentlichen Rettungsboote, doch gibt es natürlich Rettungsmittel. Diese bestanden bis in jüngste Zeit meist aus aufblasbaren Gummiflossen, die luftleer und zusammengelegt in speziellen korbartigen Vorrichtungen an den Seiten der Aufbauten aufgehängt waren. Neuerdings ist aber auch bei Kriegsschiffen die Moderne eingezogen, haben sich doch auch hier zwischenzeitlich die in der zivilen Seefahrt schon länger bewährten, automatisch aufblasbaren Rettungsinseln durchgesetzt, die heute, verpackt in tonnenförmige Container, auf speziellen Rutschen an den Aufbautenseiten festgezurrt sind, von wo sie im Ernstfall einfach ins Wasser fallen können; bei Trägern hängen sie paarweise an den Flugdeckumläufen.

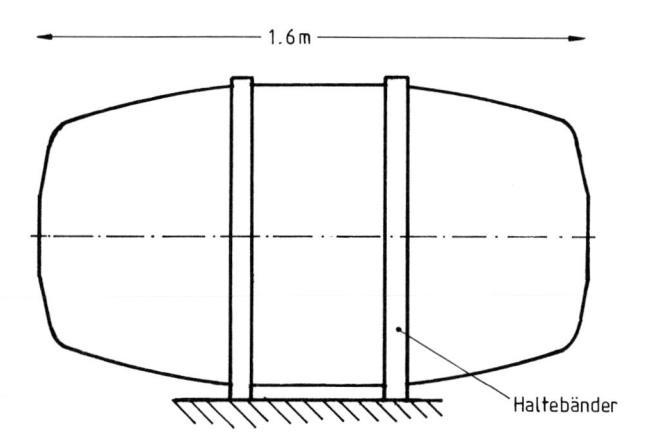

Abb. 4.28: Aufblasbare Rettungsinsel

Der modellmäßige Nachbau der Rettungsinseln (Abb. 4.28) ist im Prinzip problemlos, müßten es nicht so viele, gleich aussehende sein, weshalb die Herstellung in Serie zum kleinen Geduldsspiel ausarten könnte.

Im einfachsten Fall arbeitet man auch hier wieder mit Rundholz als Ausgangsmaterial, das auf der uns schon oft als Drechselbank dienenden Bohrmaschine etwas überarbeitet werden muß; konkret müssen die Seiten abgerundet werden. Bei kleinen Maßstäben hat es sich damit eigentlich.

Bei größeren Maßstäben muß man wohl aber noch Details nachbilden, wie gegebenenfalls Trennwülste in der Mitte der „Tonne" oder auch eventuelle Versteifungsrillen am Containerumfang. Da es sich um eine ganze Reihe gleicher Teile handelt, ist das schon Abschnitt 3.6 erwähnte Kunstsoffverfahren für Kleinteile, hier angewandt auf zwei Tonnenhälften, durchaus ins Auge zu fassen.

4.5 Ankerspills, Relings, Flaggen und Besatzung

Auch Kriegsschiffe besitzen Anker, die mit Hilfe von Ankerspills bewegt werden. Auf die Produktion der Anker selbst kann man wohl im allgemeinen verzichten, ist doch das Sortiment des Fachhandels sehr vielseitig; es gibt Anker in allen Größen und Formen sowohl in Kunststoff als auch in Metallausführung. Zum Einsatz kommen bei zeitgenössischen Schiffen nur Hallanker; da sie in der Regel im „Einheitsgrau" gepönt werden, genügen die billigeren Kunststoffversionen.

Im Gegensatz zu den meisten Handelsschiffen, auf denen die ganze Antriebs- und Bremseinrichtung zum Hieven der Anker mehr oder weniger offen an Deck steht, sind diese Einrichtungen bei Kriegsschiffen unter Deck montiert. Außen zu sehen, und daher für uns Modellbauer relevant, sind nur die runden Kettenantriebe sowie die Kettenablauf-Sicherungen; bei zeitgenössischen Trägern mit ihrem geschlossenen Orkanbug sind auch diese nicht zu sehen, weswegen man hier die ganze Ankeranlage, abgesehen von den Ankern selbst, getrost vergessen kann.

Die Herstellung der Ankerspills (Abb. 4.29) erfolgt am einfachsten aus Rundmaterial, wobei die Kettenführung auf der Bohrmaschine mit einer Feile mit wenig Aufwand eingefeilt werden kann. Die Befestigung an Deck erfolgt mit einem Nagel.

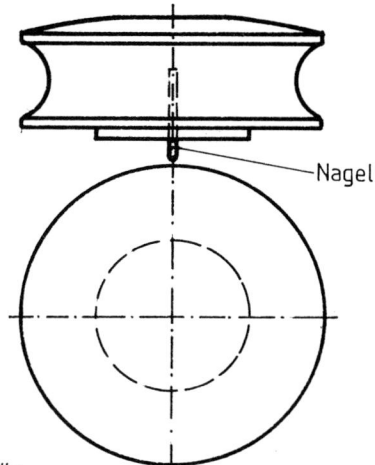

Abb. 4.29: Bau eines Ankerspills

Ich baue meine Spills seit einigen Jahren auf diese Weise, wobei sich ein gravierender Nachteil des Rundholzes (meist Buche) gezeigt hat, nämlich seine starke Quellneigung nach selten vermeidbarem Wasserkontakt. Dieser Neigung kann man nur begegnen, wenn man das Spill vor dem Einbau noch genügend lang in verdünntem Bootslack „einlegt"; noch besser aber ist die Verwendung eines nicht quellenden Rundmaterials (eventuell Kunststoff) für die Herstellung.

Die Reling zeitgenössischer Einheiten besteht für gewöhnlich aus Stahlseilen, die zwischen fest installierten oder auch demontierten Relingspfosten relativ locker verspannt sind; sie ist meist dreizügig.

Bei größeren Maßstäben wird man um ihren Aufbau aus einzelnen Pfosten kaum herumkommen. Für meine M 1:200-Modelle verwende ich allerdings aus Bequemlichkeit meist sogenannte Streifenrelings; das sind Streifen von 25 cm fertig aufgebauter Reling, die es zwei- und dreizügig in verschieden Höhen zu kaufen gibt (Vertrieb AERONAUT). Die einzelnen Relingspfosten sind unten angespitzt und können in 1-mm-Bohrungen problemlos festgeklebt werden. Die entsprechenden Bohrungen sollte man übrigens schon vor dem Zusammenbau des Modells ausführen. Zugegeben, die Streifenreling ist nicht ganz orginalgetreu – die Pfosten sind z.B. flach – doch ist die Ersparnis an nervenaufreibendem Puzzle mit den vielen Einzelpfosten nicht zu verachten.

Viele weitere Kleinteile vervollständigen ein gut gebautes Schiffsmodell. Da sind z.B. die vielen Niedergänge zwischen den einzelnen Decks. Man kann sich, wie schon früher erwähnt, die Mühe für deren Nachbau im allgemeinen sparen, sind sie doch in guter Qualität in den gängigen Maßstäben im Fachhandel zu haben.

Auch Kriegsschiffe zeigen ihre Herkunft in der Regel durch ihre Nationalflagge an, und man sollte sie daher auch auf den Modellen nicht vergessen. Die Nationalflagge wird gewöhnlich am Heck, bei Trägern am Hauptmast der Insel gefahren. Weitere Wimpel befinden sich oft an den Hauptmasten.

Bei kleinen Maßstäben ist die Eigenproduktion notwendig, da käufliche Flaggen erst ab M 1:50 zu haben sind. Die Flaggen stellt man am einfachsten aus Papier her; gewiß, diese Papierfahnen sind etwas steif, doch ist bei den geringen Abmessungen auch jedes andere Material mehr oder weniger ungeeignet.

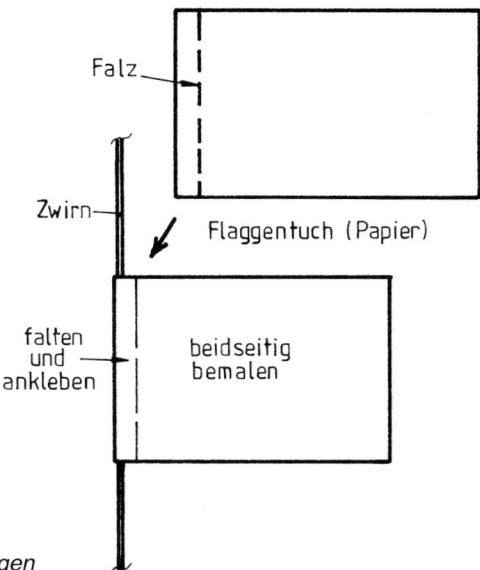

Abb. 4.30: Zur Fertigung von Flaggen

Das Papierfähnchen wird auf einer Seite gefalzt und an einem Stück festen Garns angeklebt (Abb. 4.30). Dann erfolgt das beidseitige Aufzeichnen der Nationalfarben mit Wasserfarben. Weil die so hergestellten Fahnen aus Konservierungsgründen abschließend mit seidenmattem Klarlack überzogen werden, müssen auch die weißen Flächen mit weißer Wasserfarbe bemalt werden, da sie andernfalls transparent würden.

Es ist unter Modellbauern umstritten, ob Schiffsmodelle mit Puppenbesatzungen bemannt werden oder als „Geisterschiffe" herumfahren sollen. Ich gestehe, daß ich mehr ein Gegner der Puppenbesatzungen bin, was aber vielleicht daher rührt, daß ich erstens überwiegend Kriegsschiffe baue und zweitens nur solche in recht kleinen Maßstäben, wo sich das Problem eigentlich erübrigt, ist doch ein „Besatzungsmitglied" M 1:200 kleiner als 1 cm.

Die Frage „Besatzung oder Geisterschiff" scheint mir daher sowohl eine Frage des Schiffstyps, als auch eine Frage des Maßstabs zu sein. Während ich mir z.B. auf dem Achterdeck einer schmucken Yacht eine sich in der Sonne rekelnde Bikinischöne sehr wohl vorstellen kann, tut sich an Deck zeitgenössischer Kriegsschiffe gewöhnlich gar nicht so viel, sind doch alle wichtigen Systeme unter Deck und in den Aufbauten zu finden; von Trägern vielleicht einmal abgesehen.

Das Herstellen von Figuren erfordert schon außergewöhnliche Fertigkeiten im Schnitzen; der Durchschnittsmodellbauer ist daher bestimmt besser bedient, wenn er Figuren aus dem Modellbahn-Fachhandel bezieht und sie mit Farbe nur ein bißchen „marinisiert".

5. Oberflächenbehandlung und Anstrich

Bis jetzt haben wir uns ausschließlich mit dem Bau des Modells beschäftigt, das in seiner Rohform eigentlich noch nicht sehr ansehnlich aussieht. Erst der Anstrich macht es zum originalgetreuen Schiffsmodell, seiner sorgfältigen Ausführung kommt daher größte Bedeutung zu, kann man doch hier bei schludriger Arbeit zu guter Letzt noch alles total verderben.

5.1 Problemkreis Farbgebung

5.1.1 *Aufbau der Lackschicht und Lackarten*

Wie auch bei unseren großen Originalen hat der Anstrich nicht nur eine rein optische Aufgabe – sie ist übrigens beim Modell weit größer als beim Original – sondern dient vor allem dem Schutz des Schiffes vor Korrosion bzw. in unserem Fall dem Schutz von Holz vor Feuchtigkeit – die beim Einsatz ja wohl nicht weit ist – und seinen Folgen, dem Quellen des Holzes mit u. U. schweren Schäden am Modell. Modelle aus Kunststoff haben es da übrigens besser, brauchen sie doch aus Konservierungsgründen eigentlich keinen Anstrich.

Um ihre Aufgabe als „Korrosionsschutz" erfüllen zu können, muß die Farbschicht genügend dick sein, damit eine wirklich feuchtigkeitsundurchlässige Haut gebildet werden kann. Darüber hinaus zielen die Forderungen des „optischen Eindrucks" in der Regel auf eine glatte Oberfläche. In der Praxis erreicht man beides durch den Auftrag mehrerer Farbschichten. Am wichtigsten ist der gute Aufbau der Farbschicht natürlich bei Holzrümpfen, aber auch die Aufbauten aus Holz müssen vor Feuchtigkeit geschützt werden, wozu die geeigneten Imprägnierungsmöglichkeiten schon kurz in Kapitel 3 angesprochen wurden. Auch die Aufbauten streicht man am besten zunächst mit Porenfüller und spachtelt daraufhin die Unebenheiten mit Spachtelfarbe aus. Es folgt ein erster Pinselanstrich mit Vorstreichfarbe, gegebenenfalls weitere Spachtelarbeiten und schließlich einige Schichten mit geringfügig verdünntem Decklack, wobei jede Farbschicht vor dem Auftragen der nächsten Schicht mit Sandpapier feiner Körnung (400 bis 600) überschliffen werden sollte. Nur die je nach Deckkraft zwei bis drei letzten Farbschichten müssen im gewünschten Farbton eingefärbt werden. Für Rümpfe bedeutet dies, daß erst dann die Trennung zwischen Unter- und Überwasserrumpf mit ihren unterschiedlichen Farben erfolgen muß. Verschiedenfarbige Aufbauteile werden nach Möglichkeit vor dem Zusammenbau angestrichen.

Für die Zwecke des Modellbaus am besten geeignet sind Kunstharzlacke (Emaillelacke), deren Trocknungszeit etwa einen Tag beträgt und die sich problemlos mit fast allen Untergrundmaterialien vertragen. Im Rahmen unseres speziellen Anwendungsbereichs kommen für die oberste Lackschicht nur seidenmatte Lackoberflächen in Frage.

Eine spezielle Form des Kunstharzlackes ist der farblose Bootslack, der, wie schon sein Name andeutet, vor allem auch bei Holzboot-Rümpfen (Segelyachten) zum Imprägnieren verwendet wird. Er ergibt eine zähe Schutzhaut, auf der die „optischen" Farben nach Schleifaufrauhung gut haften, er kommt daher bei mir vor allem als mehrschichtige Grundierung zum Einsatz.

Die bei Modellbauern auch sehr verbreiteten Acryllacke trocknen schneller, doch ist bei ihrer Verwendung auf Untergrundverträglichkeit schon mehr zu achten.

Noch extremer liegen die Verhältnisse bei den Nitrolacken mit ihrer rasanten Trocknungszeit, die man sich bei einigen speziellen Anwendungen zunutze machen kann (auf die wir noch kommen werden), die auf der anderen Seite aber mit vielen Untergründen

— auch anderen Farbschichten — unverträglich sind; Kunstharz-Farbschicht-Untergründe werfen z. B. Blasen.

Lackschichten halten leider nicht ewig. Ihre Feinde sind Alter und Sonneneinstrahlung, insbesondere deren UV-Anteil. Während letztere die Farbpigmente auf Dauer verblassen läßt, führt ersteres zu einer Oberflächenversprödung, die nach und nach Haarrisse in der Schicht erzeugt, durch die per Kapillarwirkung Feuchtigkeit eindringen und das darunterliegende Holz zum Quellen bringen kann, womit die Schutzschicht unwirksam wird. Gelegentliches Auffrischen ist daher bei Holzrümpfen unumgänglich.

5.1.2 *Lackierungsmethoden*

„Spritzen oder Streichen" heißt bezüglich Lackierungsmethoden die „Gretchenfrage", deren richtige Beantwortung nicht leicht ist, hängt sie doch weitgehend auch von den räumlichen Möglichkeiten und vom Modellbaubudget ab. Zunächst muß man wohl festhalten, daß, von einigen Spezialfällen einmal abgesehen, auf die wir noch kommen werden, das Ergebnis, saubere Ausführung natürlich vorausgesetzt, bei beiden Methoden qualitativ etwa gleich ist. So genommen brauchen die "Pinseler" also keinesfalls in tiefe Depressionen zu fallen, weil sie sich bisher noch nicht zur Anschaffung einer Spritzpistole entschließen konnten.

Für die Grundierungsarbeiten, d. h. für den Aufbau der Farbschicht, scheint mir persönlich das Pinselverfahren ohnehin das geeignetere zu sein; erst für die letzte Einfärbung mit dem richtigen Farbton greife ich daher zur Spritzpistole.

Der Vorteil der Pinsellackierung liegt vor allem im geringeren Materialaufwand, braucht man doch neben sehr viel Geduld — die nichts kostet — eigentlich nur Pinsel, Farbe und alte Zeitungen zum Abdecken des Arbeitstisches. Selbst kleinste Details lassen sich mit dem Pinsel problemlos ausführen. Allerdings ist der Zeitaufwand u. U. erheblich.

Um eine wirklich einwandfreie, glatte Oberfläche ohne „Pinselstriche" zu erhalten, ist neben der Verwendung von nur erstklassigen, weichen Pinseln — zumindest bei den letzten Schichten — das Arbeiten mit verdünnter Farbe unverzichtbar. Die Folge ist allerdings ein relativ hoher Zeitaufwand, müssen doch wegen der herabgesetzten Deckkraft der Farbe insgesamt mehrere Schichten aufgetragen werden und muß darüber hinaus jeweils ein Tag bis zum nächsten Farbauftrag gewartet werden, vor dem die vorherige Schicht mit feinstem Schleifpapier etwas aufgerauht und mit etwas Farbverdünnung abgewischt werden sollte.

Da ist die Spritzlackierung schon schneller. Allerdings geht ein Teil dieser Zeitersparnis durch das Abdecken der für den jeweiligen Farbton nicht vogesehenen Flächen verloren, wozu man größere Mengen Tesakrepp benötigt.

Spritzlackierungen sind auf mehrere Arten möglich. Die simpelste Methode ist die mit der Sprühdose. Sie ist allerdings auch die unbefriedigendste, da man weder den Sprühstrahl beeinflussen kann noch in der Farbtonwahl uneingeschränkt ist, weil die in Sprühdosen erhältliche Farbpalette stark limitiert ist. Etwas besser sind die einfachen Sprühpistolen, die zwar bezüglich Strahleinstellung kaum besser sind als Sprühdosen, zumindest aber der Farbtonwahl keinerlei Hemmnisse mehr auferlegen. Das Optimum ist in jedem Fall die Mini-Spritzpistole, vielfach auch Spritzgriffel genannt, die von einer ganzen Reihe von Herstellern vertrieben wird (z. B. BADGER, HUMBROL, KAGER) und an der die Farbmenge, bei Topmodellen getrennt davon auch noch die Luftmenge, mittels Reguliernadeln sehr feinfühlig eingestellt werden kann. Allerdings muß man für einen solchen Spritzgriffel schon einen schönen Batzen Geld hinblättern.

Als Farbe kann so ziemlich alles eingesetzt werden, was auf dem Markt zu haben ist, mit der Einschränkung, daß die Farbe dünnflüssig genug sein muß. Die im Handel in Dosen erhältlichen Farben sind meist für einmaligen Pinselanstrich vorgesehen (hohe Deckkraft) und daher in der Regel zu dickflüssig. Mit 20 bis 40 % Verdünner vermischt erhält man so ungefähr die richtige Konsistenz für die Spritzpistole.

Spritzgeräte benötigen Druckluft, die aus einer Treibgasflasche, dem Reservereifen des Autos oder einem Kleinkompressor stammen kann. Die ersten beiden „Preßluftquellen" haben den Nachteil einer relativ raschen Erschöpfung; Treibgasflaschen kühlen sich beim Entleeren darüber hinaus stark ab und sollten daher im Wasserbad warm gehalten werden. Auch hier ist das Beste – nämlich der Kleinkompressor – wie leider so oft auch wieder das teuerste. Allerdings kann man sich den Kompressor mit ein bißchen Geschick aus dem Kühlaggregat eines Sperrmüll-Kühlschranks auch selbst herstellen, was z. B. in SM 4/80 (H. W. Schockenbaum) näher beschrieben wird.

Die Spritzlackierung bedingt wegen der schon nach kurzer Zeit gleichmäßig im Raum verteilten feinsten Farbtröpfchen, die sich früher oder später überall niederlassen, wohl auch noch einen speziellen Sprühraum. Lassen Sie sich nicht durch den Prospekt täuschen, wo der Spritzgiffel in Händen einer wohlmanikürten Schönen in der guten Stube im Einsatz ist. Wenn sie auf lange Sicht ein Treffen beim Scheidungsrichter vermeiden wollen, verschwinden sie am besten in einem „erlaubten" Raum (z. B. Kellerecke) bzw. nehmen bei Nichtvorhandensein am besten Abstand vom Sprühgeschäft. Das alternative Sprühen im Freien geht übrigens nur, wenn man einen absolut windstillen Tag erwischt und die Staubbelastung gerade gering ist, also am besten nach einem Regenguß.

5.1.3 *Zur Originaltreue des Anstrichs (künstliches Altern)*

Bis hierher haben wir erörtert, wie und mit welchen Mitteln wir den Anstrich unserer Modelle hinsichtlich Oberflächengüte und Farbtreue optimieren können. Auch das Modell selbst haben wir so konstruiert und gebaut, daß es dem Original in verkleinerten Abmessungen möglichst ähnlich sieht. Unser so mit den ausgetüfteltsten Methoden behandeltes Modell steht also schließlich in vollem Glanz vor uns, makellos, prachtvoll und sauber gepönt mit einer Oberfläche wie ein „Kinderpopo". Wir haben uns ja auch wirklich Mühe gegeben mit dem Anstrich und selbst die letzten Unebenheiten sorgfältigst ausgespachtelt und verschliffen.

Doch sieht so ein wirkliches seegängiges Schiff aus? Mitnichten, selbst wenn es gerade aus der Werft kommt! Weder ist die Oberfläche der Rumpfaußenhaut und die der Aufbauten makellos – man kann in der Regel gut die einzelnen Stahlplatten erkennen, aus denen der Rumpf zusammengeschweißt wurde – noch ist die Pönung über jede Kritik erhaben, da sie gewöhnlich mehr oder weniger kräftig mit dem Rotbraun des gewöhnlichen Rostes gesprenkelt ist. Dazu kommen Schmutz, Schrammen, Beulen und weitere Verunzierungen.

Es ist unter Modellbauern umstritten, ob man Modelle nicht vorbildgetreu mit Rostflecken darstellen und auch die übrigen Abnutzungserscheinungen auf dem Modell einziehen lassen sollte, eine Anstrichmethode, die man als Alterung bezeichnen kann. Die Lösung dieses Streitpunktes ist schwierig. Originalgetreuer ist bestimmt die etwas schludriger aussehende Pönung, obwohl sie, und das soll hier betont werden, in Wirklichkeit sehr viel zeitaufwendiger ist.

Besonders das „Berosten" der anfälligen Stellen, wo der eigentliche Anstrich durch Abrieb beschädigt wurde und dann der Schiffbaustahl frei dem Seewasser ausgesetzt ist (z. B. an den Ankerklüsen), erfordert viel Geschick. Die Rostfarbe stellt man am besten wohl selber durch Verrühren von Originalroststaub in mattem Klarlack her. Sie wird dann mit dem Pinsel an den vorgesehenen Stellen aufgetupft. Eine partielle Verschmutzung der Pönung läßt sich am einfachsten durch Besprühen mit verdünnter schwarzer Farbe realisieren, worauf wir noch im Zusammenhang mit dem Deckabrieb auf Landedecks kommen werden.

Leider steht das Ergebnis der Alterungsbemühungen m. E. in keinem Verhältnis zum positiven Gesamteindruck des Modells. So wird der durchschnittliche Zuschauer – an dessen Anerkennung uns Modellbauern, wenn wir ehrlich sind, ja auch ein wenig liegt –, der nicht allzuviel Erfahrung mit dem Problemkreis „Alterung" hat, vermutlich an Pfusch glauben und sehr erstaunt sein, wenn man ihm erklärt, daß die durch die Alterung erzielte originalgetreue „Verunstaltung" des Modells auch noch einigen Schweiß gekostet hat. Ich habe daher bei allen meinen Modellen auf eine Alterung verzichtet, lasse aber den Schmutz vom „Teich" am Modell, so daß mit der Zeit eine gewisse natürliche „Patina" entsteht.

5.2 Anstrich von Rumpf und Aufbauten

5.2.1 *Rumpfbehandlung, insbesondere von Holzrümpfen*

Daß man bei Holzrümpfen einiges für die Feuchtigkeitsabwehr tun muß, wurde schon erwähnt. Für die erste Imprägnierung des Rohholzes hat sich bei mir ungefähr 30 % verdünnter, farbloser Bootslack bewährt. Diese Imprägnierung wird vor allem auch auf das Rumpfinnere angewendet, indem die Farbe einfach hineingegossen wird, um dort vor dem Abgießen der Überschüsse einige Stunden ins Holz eindringen zu können. Ein Drehen und Wenden des Rumpfes sorgt dafür, daß die Farbe wirklich in jede Ecke, wie z. B. auch auf die Unterseite des Hauptdecks kommt und dort ihre heilsame Wirkung tut.

Ein Farbanstrich – der Farbton ist völlig gleichgültig – bringt dann eventuell noch vorhandene Unebenheiten zu Tage, die man mit Spachtelfarbe ausbessern kann, worauf man mit einem erneuten Pinselanstrich die Güte dieser Arbeit überprüft.

Bei mir folgen dann einige Anstrichlagen mit unverdünntem Bootslack, die für eine ausreichend gute Schutzhaut gegen die Unbilden der Elemente sorgen werden. Auch der Innenschutz wird mit einigen Lagen Bootslack auf einem vorher erfolgten Farbanstrich – der Optik wegen – noch verbessert.

Auf diese Grundierung, die man sich bei Kunststoffrümpfen natürlich schenken kann, wird nun der eigentliche „optische", d. h. farblich richtig abgestimmte Anstrich aufgebracht. Der ganze Rumpf wird zunächst mit dem Farbton der Überwasserpartien in mehreren Lagen gepinselt oder besser noch gespritzt; Farbton: mittleres Grau (dunstgrau), etwas heller als Maschinengrau, seidenmatte Oberfläche. In Zusammenhang mit der genauen Farbtönung US-amerikanischer Einheiten sei nochmals an den Farbbildband [B 15] erinnert, wo auf verschiedenen DIN-A 3-Fotos die Pönungsfarben klar identifiziert werden können.

Nach völliger Trocknung der Farbe wird die KWL auf den Rumpf aufgezeichnet. Dazu benötigen wir eine ebene Fläche, einen dünnen Filzstift sowie einige Klötze zum Unterlegen. An einer Stelle des Rumpfes wird zunächst die Lage der KWL bestimmt und dann der Filzstift mit Hilfe der Unterlegklötze so ausgerichtet, daß er mit der Spitze auf die KWL zeigt sowie vertikal unverrutschbar auf der Unterlage aufliegt. Nach Beschwerung des Rumpfes (um ein Verrutschen zu verhindern) wird dann der Filzstift samt Unterlage am Rumpf vorbeigezogen, wobei eine gerade, zum Schiffsboden parallele KWL entsteht (Abb. 5.1).

An die KWL wird nun von der Rumpfoberseite Tesakrepp angeklebt; soll der Rumpf gespritzt werden, so ist auch die übrige, schon fertige Rumpfoberseite mit Papier sorgfältigst abzudecken. Zeitungspapier eignet sich hier nicht so gut, da man, besonders wenn man das einschlägige Blatt mit den fetten Lettern verwendet, die Schlagzeige u. U. später auf dem Rumpf noch seitenverkehrt nachlesen kann. Der Anstrich des Unterwasserrumpfes erfolgt dann mit Braunrot (Mennige), ebenfalls mit seidenmatter Oberfläche.

Bei U-Schiffen wird der gesamte Rumpf einheitlich mit einer fast schwarzen Farbe gepönt. Ich verwende dafür eine Farbmischung aus 90 % schwarz und 10 % maschinengrau.

Die meisten Schiffe haben einen markierten Wasserpaß in sehr dunklem Ton; bei sowjetischen Einheiten ist über diesem dunklen Strich noch ein sehr viel dünnerer in weißer Farbe gepönt. Zum Aufmalen dieses Wasserpasses lassen wir die obere Abdeckung noch dran, bringen zusätzlich im Abstand der Wasserpaßdicke auch unten noch ein Tesakrepp-Band an und pinseln oder spritzen den Zwischenraum schwarz (ebenfalls seidenmatt). Besonders bei Pinselanstrich muß das Abdeckband gut festgestrichen werden, da andernfalls Farbe nachsickert, die sich dann später als „ausgefaserte" Linie darstellt, was nicht sehr gut aussieht. Eine besonders gleichmäßige Wasserpaßdicke erhält man übrigens, wenn man mit einem Klebeband die Wasserpaßbreite vormarkiert, an dieses das untere Abdeckband anlegt und feststreicht und schließlich das Markierungsband wieder abzieht.

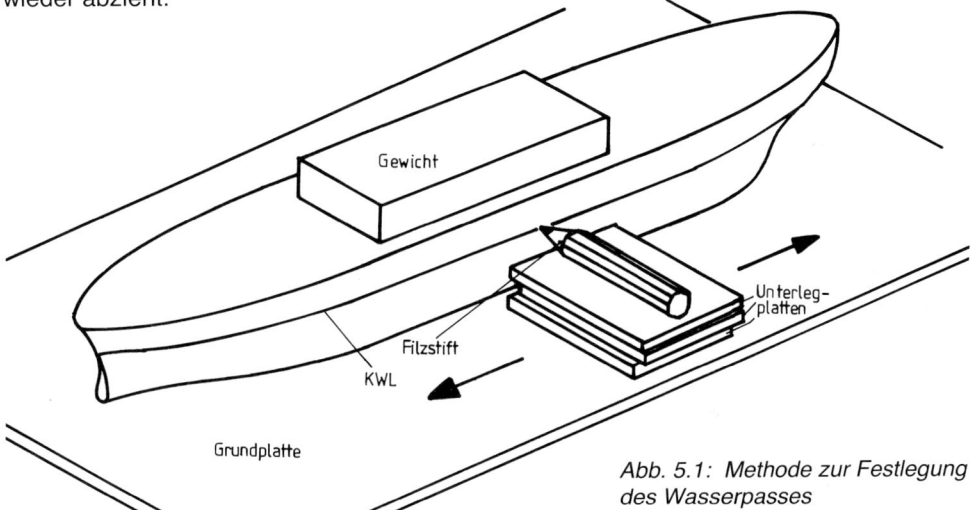

Abb. 5.1: Methode zur Festlegung des Wasserpasses

Brenzlig wird es im allgemeinen beim Abziehen der Abdeckbänder, da es leider gelegentlich vorkommt, daß auch Teile der obersten Farbschichten mit abgerissen werden; dann ist das Werk weitgehend verpfuscht und man muß einen neuen Anlauf unternehmen. Neben einer guten Verträglichkeit der einzelnen Farbschichten, die man nur durch Erfahrung herausknobelt, hilft oft auch der Haarfön der „besseren Hälfte", mit dem man die Klebestreifen ein wenig anwärmt, womit ihre Haftfähigkeit herabgesetzt wird und sie sich etwas leichter lösen lassen; ein Universalrezept ist das aber leider nicht.

Ihren weithin sichtbaren „Namen" tragen Kriegsschiffe in Form einer meist in weiß gehaltenen Kenn-Nummer an den Rumpfseiten bzw. bei US-amerikanischen Schiffen am Bug; letztere ist zur besseren Sichtbarkeit, zumindest in Friedenszeiten, mit rechtsseitiger schwarzer Schattenwirkung unterlegt. Bei Trägern befindet sich die Nummer auf den Seitenflächen der Insel. U-Schiffe bleiben meist anonym, führen also beim Einsatz oft keinerlei Kennummer.

Am Heckspiegel steht darüber hinaus meist der ausgeschriebene Name des Schiffes in kleinen schwarzen, z. T. auch erhabenen Buchstaben. Hier bietet sich die Verwendung von Reibebuchstaben an, die anschließend durch Übermalung mit seidenmattem Klarlack fixiert werden sollten.

5.2.2 Behandlung von Decks

In diesem Abschnitt wollen wir die Darstellung von Decks erörtern. Da sich die Flugdecks von Trägern in ihrer Beschaffenheit etwas von den Hauptdecks der anderen Einheiten unterscheiden, sollen sie hier getrennt und zuerst behandelt werden.

Der Flugdeckbelag war bei den meisten Trägern des 2. Weltkrieges noch aus Holz, ist aber heute ausschließlich aus Stahl und hat Farbe und Oberfläche von frisch gesplitteten Teerstraßen. In regelmäßigen Abständen (etwa 1 m) sind im gesamten Deckbereich Ösen eingelassen, mit deren Hilfe geparkte Flugzeuge vor allem an ihren Fahrwerken festgezurrt werden können. Diese Ösen sind im Belag nur schwer erkennbar und können daher im allgemeinen vergessen werden.

Bei kleinen Maßstäben genügt zur Darstellung des Flugdeckbelages das Spritzen mit matter Farbe (Tönung Anthrazit) — dies ist ein Fall, in dem das Spritzen dem Pinselanstrich eindeutig überlegen ist, kann man doch nur durch Spritzen eine ungefähre Rollsplittstruktur simulieren. Als Farbe ist am besten Nitrolack geeignet, da dieser beim Spritzen zum Teil schon in der Luft antrocknet und mithin eine besonders rauhe, körnige Oberfläche ergibt; das Nitrolackspritzen erfordert allerdings einige Übung.

Auch die Flugdeck-Markierungen (z. B. Landebahn und Katapultbahnen) können nach Abdeckung mit Klebeband aufgespritzt werden. Die Kennung (bei amerikanischen Trägern die Nummer, sonst z. T. aber auch Buchstaben) ist in der Regel weiß gehalten und befindet sich auf dem vordersten Teil des Flugdecks. Sie ist von hinten lesbar und hat bei amerikanischen Trägern rechtsseitige „Schattenwirkung" in schwarzer Farbe. Für das Aufzeichnen von dünnen Linien oder recht verwickelten Zeichen, wie z. B. auch die Kennnummer, ist übrigens das Abdecken mit Klebeband weniger zu empfehlen. Hier kann man meist ein Lineal und die Reißfeder aus dem Zirkelkasten einsetzen, wenn die Farbe ein wenig verdünnt wird. Auch die Ränder der Kennnummer werden so mit Vorteil geschrieben, während man das Zentrum mit dem Pinsel ausfüllt.

In der Nähe der Fangseile sowie auf den Katapultstrecken ist der Belag durch Öl und Reifenabrieb stärker verschmutzt, was sich insbesondere auf helleren Markierungsstreifen äußert. Durch vorsichtiges, partielles Besprühen mit verdünnter schwarzer Farbe kann dieser Verschmutzungseffekt gut dargestellt werden; einige „ungefährliche" Versuche auf einem Probestreifen sollte man vor der endgültigen Ausführung machen.

Die Decks der anderen zeitgenössischen Kriegsschiffe haben heute kaum noch Holzbeplankung. Sie sind meist mit einem rutschfesten Belag — ähnlich dem auf Flugdecks — überzogen und können daher auch auf die gleiche Weise behandelt werden. Bei größeren Maßstäben ist u. U. die Belegung mit Schmirgelpapier mittlerer Körnung angebracht. Die Farbtönung des Belags reicht von dunkelgrau bis anthrazit.

Besonders kleinere Einheiten haben manchmal auch einen Belag aus Riffelblech, das man z. B. durch Aufkleben eines in seiner Gewebestruktur ähnlichen Materials nachbilden kann. Gut geeignet für unsere Zwecke sind Metallgewebe, da sie geflochten sind und die für das Riffelblech typische, erhabene Struktur zeigen. Das Gewebe wird mit Zweikomponentenkleber auf dem Deck festgeklebt, indem man das Deck dünn mit dem Kleber bestreicht, diesen etwas anziehen läßt und schließlich das Gewebe mit einem Rollenquetscher in den Klebstoff eindrückt. Anschließend wird reichlich Lack aufgetragen, womit die relativ scharfen Ränder der einzelnen Gewebefäden abgerundet werden.

Nur sehr selten findet man heute noch Einheiten mit Holzbeplankung, doch gibt es sie; so z. B. die US-Schlachtschiffe der IOWA-Klasse. Holzdecks sind vom vielen Scheuern sowie vom Bleichen in der Sonne ziemlich hell geworden, weswegen man für ihre natürliche Darstellung nur helle Hölzer verwenden sollte, z. B. Buchsbaum oder Ahorn. Sie bestehen aus einzelnen Planken von 10 bis 20 cm Breite bei Längen von bis zu 6 m. Die

Stöße sind analog dem uns von Häusern bekannten Klinkerbau versetzt. Die Fugen zwischen den Planken sind „kalfatert", d. h. mit teergetränktem Werg ausgefüllt; für uns bedeutet dies eine mehr oder weniger schwarze Färbung der Fugen.

Wählt man den einfachsten Darstellungsweg, so zeichnet man die Plankenfugen einfach mit einem harten Bleistift auf das rohe Holz des Hauptdecks auf und imprägniert abschließend mit klarem Mattlack. Voraussetzung für diese Methode ist zum einen, daß man als Hauptdeckmaterial Sperrholz mit hellem Deckholz verwendet hat, das astrein ist und eine nur wenig ausgeprägte Maserung besitzt, zum anderen, daß beim Verkleben des Hauptdecks mit dem Rumpf sauber gearbeitet wurde und nicht irgendwelche Klebstoff-, Farb- oder Kunststoffreste den Eindruck der Holzbeplankung beeinträchtigen.

Die Bleistiftmethode reicht wohl meist bei Kleinmaßstab-Modellen. Ab M.1:100 ist es besser, die Beplankung aus einzelnen Planken aufzubauen, indem man diese aus hellem Furnier (Buchsbaum, Ahorn) einzeln ausschneidet und sie Planke an Planke auf das Holzdeck aufklebt. Man erreicht die schwarze Färbung der Fugen am besten, indem man ein Dutzend „Planken" vor dem Aufkleben mit einer Leimzwinge zusammenpreßt und dann die Seitenflächen mit schwarzer Farbe bestreicht.

Für Faulpelze sei angemerkt, daß beplanktes Deck auch fertig zusammengesetzt im Fachhandel erhältlich ist. Dieses „fertig kalfaterte" Holzdeck erspart eine Menge Arbeit, ist allerdings nicht ganz billig und wegen seiner Bohlenbreite auch nur für Maßstäbe kleiner als 1:50 verwendbar.

5.2.3 *Aufbauten*

Die Farbgebung und Oberflächenbehandlung der Aufbauten, insbesondere der Seitenflächen, unterscheidet sich naturgemäß nicht wesentlich von der Rumpfbehandlung, nur daß man die Imprägnierung des Holzes nicht ganz so weit treiben muß, da die Aufbauten ja eigentlich mit Wasser nicht so intensiv in Berührung kommen sollten. Trotzdem wird man aber auch bei den Aufbauten, sofern sie aus Holz sind, eine Innenimprägnierung nicht vergessen, z. B. durch Einschütten von etwas verdünntem Bootslack und gleichmäßiger Verteilung der Farbe durch Schwenken.

Die Seitenflächen der Aufbauten werden im gleichen hellen Grauton gespritzt bzw. gestrichen wie der Überwasserteil des Rumpfes. Danach müssen die einzelnen Decks, sofern sie keinen Holzbelag aufweisen, was, wie schon erwähnt, bei zeitgenössischen Schiffen nur noch in Ausnahmefällen gegeben ist, in einem dunkleren Ton gepönt werden; ich verwende hierfür dunkelgraue Farbtöne. Der Auftrag dieser Farbe erfolgt bei mir weitgehend mit dem Pinsel, da die Abdeckarbeiten, vor allem bei kleineren Zwischendecks, für einen Spritzanstrich viel zu aufwendig wären, wenn nicht gar unmöglich sind.

Schornsteinkappen und die oberen Partien der Masten sind gewöhnlich in Schwarz gehalten; wenn sie es nicht schon von Beginn sind, so werden sie es schon nach kurzer Zeit durch die Ablagerung aus dem Rauchgas. Ein Spritzen mit matter, schwarzer Farbe bringt hier den besten Effekt, insbesondere, wenn man den Übergang zum darunterliegenden Grau etwas fließend gestaltet, um eine graduelle Verschmutzung anzudeuten.

5.3 Anstrich von Zubehör, insbesondere von Flugzeugen und Helikoptern

Nicht das ganze Kriegsschiffmodell ist in eintönigem Grau gehalten. Einiges Zubehör verträgt durchaus auch einmal einen Farbtupfer. So sind die automatischen Rettungsinseln, die beidseitig der Aufbauten befestigt sind, gewöhnlich in einem sehr hellen, fast weißen Grau gepönt. Andere Sicherheitseinrichtungen, wie z.B. Feuerlöscher, vertragen auch mal ein kräftiges Rot und bringen damit das „Tüpfelchen aufs i". Beim Anstrich solcher Kleinteile sind der Phantasie kaum Grenzen gesetzt.

Am Schluß dieses Kapitels möchte ich noch gesondert auf das Vorgehen bei der Bemalung von Helikoptern und Flugzeugen auf Trägermodellen eingehen. Als Farbvorlage bei amerikanischen Modellen kann das schon erwähnte Buch [B 12] nur empfohlen werden, in dem Hinweise zur Farbgebung mittels großformatiger Dreiseitenansichten von einer ganzen Reihe von Flugzeug- und Helikoptertypen gegeben werden. Im Rahmen dieses Abschnitts wird das Vorgehen an Hand von amerikanischen Typen erläutert; sinngemäß gilt dies aber natürlich auch für andere Marinen; die Abbildungen 4.16 und 4.17 zeigen die Positionen der einzelnen Markierungen.

Die Farbgebung der Holzmodelle beginnt mit einem zweifachen Anstrich mit Kunstharzfarbe von hochglänzender Oberfläche (beliebiger Farbton); das Rohholz des Rumpfes und der Tragflächen allein wurde schon vorher mit Porenfüller imprägniert und verschliffen. Dieser Zweifachanstrich verfestigt auch ein bißchen die zum Teil sehr fragilen Kleinteile (Fahrwerke, Leitwerke, usw.).

Nach der Trocknung und vorsichtigem Verschleifen erfolgt der Pinselanstrich der Flugzeug-Unter- und -Oberseite. Die Unterseite ist in Weiß, die Oberseite in einem getönten Grau gehalten, wobei der Übergang zwischen den Farbgrenzen unscharf gehalten ist, also freihand gemalt werden kann. Auch für diesen Anstrich verwende ich hochglänzende Farbe, da sich auf dieser nachher mit Tusche besser schreiben läßt. Man könnte aber wohl auch PLAKA-Farben verwenden, die wasserlöslich sind und fast augenblicklich trocknen, was die Arbeiten sehr vereinfacht.

Damit steht der Grundanstrich, und es geht an die Details. Mit bunten Emblemen verziert sind für gewöhnlich die Seitenleitwerke. Hier kann man ein bißchen in den Farbtopf greifen. Die Triebwerkeinläufe erhalten ihre roten Warnumrandungen, mit Blau legt man den Grundstein für die Hoheitsabzeichen auf beiden Rumpfseiten und auf einer Tragflächenseite unten und oben (da die Tragflächen meist abgeklappt sind, sieht man vor allem das Hoheitsabzeichen auf der Flügelunterseite) und mit Weiß schafft man die „Grundlage" für die Cockpit-Verglasung. Wir vergessen auch nicht das Schwärzen der Fahrwerksbereifung (die Nabe bleibt weiß) und die schwarze Farbe an den Düsenaustritten.

Der nächste Schritt ist die Beschriftung, die mit dunklen Farbtönen, meist Schwarz, erfolgen kann. Für größere Zeichen, z.B. die meist dreistellige taktische Nummer am Bug, die Geschwaderkennung aus zwei Buchstaben am Seitenleitwerk (manchmal auch auf den Tragflächen) und für den Schriftzug NAVY sollten man, wann immer möglich (die Zugänglichkeit ist oft das Problem), Reibebuchstaben verwenden. Das gleiche gilt übrigens auch für den weißen Stern des Hoheitsabzeichens, den man, falls möglich, auf den blauen Untergrund „reiben" sollte; andernfalls muß diese Arbeit mit weißer Farbe und feinem Pinsel ausgeführt werden.

Für alle übrigen Beschriftungen kommt der Tuschfüller zur Anwendung, mit dem man auf hochglänzenden Lackoberflächen relativ problemlos schreiben kann. Mit dünner Spitze (0,2 mm) werden die Pilotennamen am unteren Cockpitrand (bei kleinem Maßstab genügen Ministriche) und der Trägername am Fuß des Seitenleitwerks in Miniaturschrift geschrieben. Auch die Schleudersitz-Markierungen in der Nähe des Cockpits (RESCUE auf gelbem Pfeil) können so aufgezeichnet werden. Ebenfalls mit dem Tuschfüller, aber mit etwas dickerer Feder, sollte man die Seriennummer beidseits des Seitenleitwerkfusses schreiben (ich verwende für die Seriennummer das Baudatum des Modells).

Ist der „Vogel" beschriftet und mit allen Kennungen versehen, so wird er mit seidenmattem Klarlack gespritzt. Damit werden alle Beschriftungen und Farben, falls wasserlösliche verwendet wurden, fixiert. Nach Trocknung bleibt nur noch die „Verglasung" des Cockpits, das bis jetzt nur als weiße Fläche — eventuell mit aufgezeichneten Verstrebungen – existiert. Verglast wird mit schwarzgetrübtem, hochglänzendem Klarlack. Am fertigen Modell hebt sich dann die glänzende Verglasung deutlich vom sonst matten Modell ab. Eventuell kann man auch noch mit Silberbronze die Fahrwerkshydraulik (Hydraulikzylinder) markieren.

Die relativ farbenfrohe Bemalung amerikanischer Trägerflugzeuge galt übrigens nur bis Anfang der 80er Jahre. Zwischenzeitlich hat man einen Anstrich erfunden, der die Visualisierung der Flugzeuge in der Luft erschwert. Der Unterschied zum früheren Anstrich besteht im wesentlichen aus einem diffus-bläulichen Überzug, den man u. U. durch eine Blaubeimischung in den abschließenden Klarlacküberzug nachbilden kann; ich habe das allerdings noch nicht ausprobiert.

Die auf Begleitschiffen stationierten Helikopter sind meist nicht so farbenfroh, vielmehr ist der Grundanstrich dunkelgrau bis schwarz mit Grünbeimischung. Einziger auffälliger Farbtupfer ist oft ein gelber Balken am Fuß des „Seitenleitwerks". Die Beschriftung ist jetzt meist weiß und auch hierfür sollten wieder vorrangig Reibebuchstaben eingesetzt werden. „Verglasung" und abschließendes Mattsprühen erfolgen wie gehabt.

6. Antrieb, Steuerung und deren Einbau ins Modell

Der Antrieb besteht bei unseren F2-Modellen fast ausschließlich aus Gleichstrom-Elektromotoren mit Permanentmagneten und einer Stromversorgung aus wiederaufladbaren Batterien. Gesteuert wird ein Modell von Land mit einer Funkfernsteuerung, oft auch als RC-Steuerung (=Radio Control) bezeichnet. Ohne deren jüngsten Sproß, die Proportionalfernsteuerung, ist ein funktionstüchtiges Schiffsmodell heute eigentlich kaum noch vorstellbar. Dabei ist es noch keine 40 Jahre her, da steckten die Modellfernsteuerungen noch in den Kinderschuhen. Man war froh, wenn der Empfänger endlich richtig justiert war, das Ruder abwechselnd links und rechts bewegt werden und mit kurzem Morsedruck der Antrieb in der Sequenz stop- vorwärts- stop rückwärts gefahren werden konnte.

Heute erhält man auch für wenig Geld eine recht funktionssichere Anlage, mit der zumindest das Ruder kontinuierlich und proportional zur Geberstellung am Sender verstellt und auch die Drehzahl des Antriebs-Elektromotors fast beliebig gesteuert werden kann. Genügend Funktionen also, um mit dem Modell originalgetreue Manöver ausführen zu können.

In diesem Kapitel wollen wir auf die vernünftige Auswahl aus dem reichen Angebot an Elektromotoren und auf die Proportional-Fernsteuerungsanlagen nicht näher eingehen, ist dies doch schon an anderer Stelle geschehen; bezüglich Fernsteuerungen sei auf das Modell-Fachbuch des Autors [B 13] verwiesen, bezüglich Elektromotoren an das schon erwähnte Modell-Fachbuch von H. Böck, [B 7], erinnert. Hier wollen wir uns vielmehr nach einer kurzen Erörterung über Auswahlkriterien und Einbau der Stromversorgung der Wahl und dem Einbau der Steuerung ins Modell zuwenden und uns schließlich auf die Verbesserung der Manövriereigenschaften durch das getrennte Steuern der meist vorhandenen zwei Schrauben konzentrieren.

6.1 Wahl und Einbau der Stromversorgung

Zur Stromversorgung von Schiffsmodellen werden heute in der Regel wiederaufladbare Batterien, sogenannte Akkumulatoren (Akkus) eingesetzt. Für die RC-Anlage ist das gewöhnlich ein kleinerer NiCd-Akku (4,8 V) und für die Fahrmotoren und übrigen Verbraucher eine Bleibatterie größerer Kapazität mit 6 bzw. 12 V Spannung.

Die Kapazität eines Akkus wird in Ampère-Stunden (Ah) angegeben. Der angegebene Zahlenwert bedeutet, daß dem Akku 10 Stunden lang die Stromstärke eines Zehntels(!) des Ampèrebetrags entnommen werden kann (manche Hersteller geben, wohl aus „kosmetischen" Gründen, auch 1/20 für 20 Stunden an, der Ah-Wert ist dann nämlich etwas höher); bei Entnahme des vollen A-Betrags bricht der Akku schon spätestens nach einer halben Stunde zusammen.

Für die Auswahl der Akkukapazität ist die Stromaufnahme des Hauptverbrauchers in der überwiegenden Zahl der Fälle also die der Fahrmotoren, zu berücksichtigen. Will man eine Stunde Fahrzeit gewährleisten, so ist ein Batterie-Ah-Wert zu wählen, der mindestens doppelt so hoch ist wie die Stromaufnahme der Motoren im Normalbetrieb des Modells im Wasser, ein Wert, den man nur höchst selten in einem Motorenmerkblatt finden dürfte und den man daher in der Praxis messen muß. Im Merkblatt ist üblicherweise nur der Leerlauf- und Kurzschlußstrom, gelegentlich auch die Stromaufnahme bei höchstem Wirkungsgrad angegeben. In F2-Modellen liegt die Motor-Stromaufnahme im Normalbetrieb meist zwischen dem „Wirkungsgrad-Strom" und dem Leerlaufstrom.

Bleiakkumulatoren gibt es in 6 V- und 12 V-„Bündelungen", die Einzelzelle hat etwa 2,3 V (Leerlaufspannung). Welcher Bündelung ist nun der Vorzug zu geben? Wenn immer möglich, dem 12 V-Typ. Nicht nur laufen viele elektronische und elektrische Geräte bei 12 V erst richtig (z. B. der im weiteren besprochene Dampferzeuger), sondern vor allem sind die Leitungsverluste viel kleiner, fließt doch bei gleicher Leistung nur der halbe Strom, und es ist allein die Stromstärke, die für Widerstandsverluste verantwortlich ist; besonders bemerkbar machen sich diese Verluste übrigens auch als Wärmeproduktion im Fahrtregler.

Von den beiden Grundbauarten der Blei-Akkus, den uns von den Autos her bekannten Säureakkus und dem versiegelten Gel-Bleiakku (hier ist die für den Betrieb nötige Schwefelsäure zu einer gallertartigen Masse verfestigt und kann so nicht mehr auslaufen), haben sich im Schiffsmodellbau inzwischen wohl allgemein die letzteren durchgesetzt, obwohl sie um einiges teurer sind als Säureakkus gleicher Kapazität. Da diese aber nur stehend im Modell eingebaut werden können – und damit seinen Schwerpunkt nicht gerade günstig beeinflussen – sind die Gel-Akkus, die liegend in Schiffsmitte möglichst tief eingebaut werden können und sollen, eindeutig vorzuziehen; bei der Wahl relativ schmaler Batterietypen kann so jeglicher Ballast entfallen.

Bleiakkus sind heikel bezüglich Tiefentladungen, d. h. sie nehmen die Entnahme von zuviel Strom ernstlich übel und quittieren dies durch frühzeitigen Totalausfall. Weiter mögen sie keine Lagerung in ungeladenem Zustand, weswegen sie nach jedem Gebrauch gleich wieder aufzuladen sind. Da sie sich bei längerer Lagerung auch selbst entladen, sind z. B. im Winter gelegentliche Zwischenladungen angezeigt. Die Ladung selbst erfolgt bei konstant gehaltener Spannung (2,3 V pro Zelle, d. h. mit 6,9 V für 6-V-Akkus und mit 13,8 V für 12-V-Batterien). Der Ladestrom sollte dabei auch zu Beginn der Ladung ein Fünftel der Ah-Angabe nicht überschreiten. Als Ladegerät ist damit jedes Netzgerät mit einstellbarer Buchsenspannung bestens geeignet.

NiCd-Akkus geringerer Kapazität (0,5 Ah) werden im Schiffsmodell meist als RC-Empfängerbatterie verwendet. Sie sind teurer als vergleichbare Gel-Bleiakkus aber lange nicht so heikel was Lagerung und Tiefentladung angeht; sie können z. B. genausogut im entladenen Zustand gelagert werden. Geladen werden NiCd-Akkus im Gegensatz zu den Bleiakkus mit konstantem Strom, der ein Zehntel des Ah-Wertes betragen soll.

Um die RC-Batterie, vor allem auch aus Kostengründen, einzusparen, ist verschiedentlich vorgeschlagen worden, über einen erheblich kostengünstigeren integrierten Spannungsregler Empfänger und Rudermaschinen aus der Fahrbatterie zu versorgen. Ich persönlich halte von dieser Idee weniger, da, zumindest in meinen Modellen, die Fahrbatterie meist eher „zusammenbricht"; und dann hat man gar nichts mehr. Mit einer separaten RC-Batterie kann man durch Einlegen einer „Verschnaufpause" für die Fahrbatterie das Modell gewöhnlich noch ans Ufer lotsen, erholen sich doch Akkus kurzfristig, wenn man sie mal eine Weile in Ruhe läßt.

In kleineren Modellen können schnelladefähige NiCd-Batterien mit Vorteil auch als Fahrbatterien eingesetzt werden, da sie kurzfristig relativ hohe Stromentnahmen vertragen und im Schiffsmodellbau deshalb vorzugsweise in Elektrorennbooten verwendet werden. Sie sind allerdings – verglichen mit den Gel-Bleiakkus – etwas teurer und vertragen oft nur eine sehr begrenzte Anzahl von Wiederaufladungen.

Stromversorgungen, sei es nun die Fahr- oder RC-Batterie, müssen am Teich ein- und ausgeschaltet werden können und erhalten nach Benutzung, gewöhnlich zu Hause, eine Füllung aus der „elektrischen Zapfsäule". Es ist wenig sinnvoll, zum Einschalten der elektrischen Anlagen jeweils das ganze Schiffsmodell demontieren zu müssen, um die notwendigen Schalter betätigen zu können. Sie werden daher irgendwo, relativ leicht zugänglich, an Deck montiert und so weit als möglich durch „Kleinkram" getarnt (z. B.

Beiboote). Auch die Ladebuchsen für beide Batterien sollten ohne Demontage der Aufbauten erreicht werden können.

Die Verbindungskabel zwischen Fahrbatterie, Schalter und Motoren sollten großzügig dimensioniert werden, da hier sonst unnötige Leistungsverluste in Kauf genommen werden müssen; bei der Wahl des Fahrstromschalters ist darüber hinaus zu beachten, daß er die auftretenden Stromstärken aushält.

6.2 Steueranlage

6.2.1 *Bemerkungen zur Wahl der RC-Anlage*

Vor den Einbau der Fernsteueranlage ins Modell haben die Götter deren Kauf bzw. Eigenbau gesetzt, der sich um die heikle Frage dreht, wieviel Geld man für welche Anlage ausgeben muß, wobei sich der Preis einer Fernsteuerungsanlage neben der Trennschärfe, die beim Schiffsmodellbau weniger wichtig ist, vor allem nach der Anzahl übertragbarer Funktionen (Kanäle) richtet. Hier muß man sich also rechtzeitig entscheiden, was man will.

Für Mini-Modelle ohne Sonderfunktionen genügen zwei Kanäle, einer fürs Ruder und einer für den Antrieb. Bei größeren und ausgetüftelten Modellschiffen kommt früher oder später fast immer der Wunsch nach Sonderfunktionen hinzu. Voraussetzung für deren Einbau ist dann in jedem Fall eine Fernsteuerung, die über eine ausreichende Zahl von Schaltmöglichkeiten verfügt. Ob dies nun über weitere Funktionskanäle mit servobedienten Mikroschaltern geschieht (übrigens eine sehr kostenintensive Methode) oder über spezielle Schaltkanäle, wie sie inzwischen als Ergänzungssets mit Namenszusätzen wie „Nautic", „Marine" o. ä. für viele Fernsteueranlagen angeboten werden, ist natürlich einerlei und allenfalls eine Frage des Portemonnaies.

Schließlich eröffnet eine Fernsteueranlage mit mehr als zwei Kanälen auch die Möglichkeit des gleichzeitigen Steuerns mehrerer Modelle, wenn die Modelle verschiedene Kanäle für Ruder und Maschinensteuerung benutzen. Wir wollen auf diesen Punkt in Abschnitt 8.3.2 zurückkommen.

Für F2-Modellbauer scheint mir daher die Mehrausgabe für eine größere Anlage durchaus angebracht, da man sie früher oder später wahrscheinlich sowieso brauchen wird.

6.2.2 *Einbau der Anlage ins Modell*

Für den Einbau der Fernsteuerung ins Schiffsmodell können natürlich nur sehr allgemein gehaltene Anhaltspunkte gegeben werden, richtet sich dieser konkret doch sehr nach der Raumaufteilung im Modellinneren. Vier Grundsätze sollten aber in jedem Fall beachtet werden:

a) Servos sollen immer in der Nähe ihrer Funktionen eingebaut werden, d. h. das Ruderservo nicht allzu weit vom Ruderkoker, der Drehzahlsteller in der Nähe der Antriebsmotoren; beide Komponenten sind also im Heckbereich unterzubringen.

b) Empfänger, Empfängerstromversorgung und Antennenanlage sind möglichst weit von der Antriebseinheit, d.h. praktisch im Bugsegment, zu installieren.

c) Antenne und Antennenzuleitungen, aber auch andere zur RC-Anlage gehörende Verbindungskabel nie in der Nähe oder gar parallel zu fahrstromführenden Kabeln verlegen, da andernfalls u. U. elektrische „Motorengeräusche" zum Empfänger übertragen werden – mit katastrophalen Folgen für die Steuerbarkeit des Modells.

d) Alle induktiven Verbraucher, also insbesondere die Elektromotoren, sind durch mindestens einen Kondensator (47 nF bis 200 nF) über die beiden Pole (Abb. 6.1a) zu

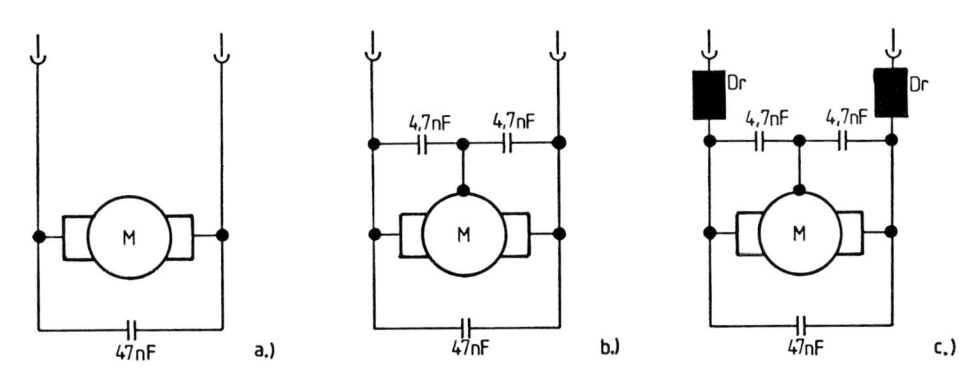

Abb. 6.1: Drei Standard-Methoden für die Entstörung von Elektromotoren

entstören. Bei Motoren mit höherer Leistung empfiehlt sich weiter, jeden Pol einzeln über einen weiteren Kondensator (4,7 nF bis 47 nF) mit dem Motormantel zu verbinden (Abb. 6.1 b) und darüber hinaus den Strom über je eine Breitbanddrossel zuzuführen (Abb. 6.1 c). Die genauen Werte der Kondensatoren bestimmt man am besten durch Versuch.

Den Empfänger lagert man im Bugsegment, mit Vorteil etwas erhöht in einem Schaumgummibett. Diese etwas erhöhte Anordnung im Modell hat vor allem den Zweck, daß nicht schon geringfügige Mengen eindringenden Wassers gleich die ganze Steuerung außer Gefecht setzen können; das Schaumgummi dämpft auch Vibrationen, was auf keinen Fall schaden kann.

Wie wir sahen, befinden sich die Steuerungselektronik im Bug und die Servos im Heck des Modells. Dazwischen liegen also viele Kabel, die man zweckmäßigerweise irgendwie versorgen sollte. Ich verwende dafür in meinen neueren Modellen dünnwandige Alurohre (10 mm ⌀), ähnlich den Kabelschächten in großen Anlagen, die im Modell schon beim Rumpfbau fest eingeklebt werden (z. B. unter dem Hauptdeck) und durch die dann später die notwendigen Kabelbäume gezogen werden können. Nach dem in Punkt c gesagten gibt es natürlich räumlich getrennte Kabelschächte für RC-Anlage und Fahrstrom auf beiden Seiten des Rumpfes.

Das Rudergestänge, die Verbindungen zwischen Servo und Ruderhebel, kann man fertig kaufen; aber auch der Selbstbau, z. B. aus Alurohr (Enden flachklopfen und durchbohren) stellt keine allzugroßen handwerklichen Anforderungen.

Vielleicht noch ein Wort zur RC-Antenne. Der geforderte, etwa 60 cm lange Federstahldraht ist auf einem gut gebauten F2-Modell wohl nicht gerade besonders schick. Besser ist es daher in jedem Fall, die RC-Antenne als etwas Originalgetreues erscheinen zu lassen.

Sind zwei Masten vorhanden, so kann man die Antenne als originalgetreue Langwellen-Antenne darstellen (Abb. 6.2a). Als Antennendraht verwende ich hierfür dünnsten Kupferlackdraht (0,1 mm), von dem ich etwa fünf bis zehn Drähte mit dem Minibohrer „verzwirne" und abschließend an einem Ende verlöte (die einzelnen Drähte müssen vorher gut abisoliert werden). „Isolatoren" aus Farbtropfen in der Nähe der Masten verbessern den Eindruck der Langwellen-Antenne.

Ist nur ein Mast vorhanden, so kann man die Antenne auch als Signalleinen erscheinen lassen (Abb. 6.2b), die von der Hauptrahe zu den Nagelbänken auf den Aufbauten laufen; mit einigen Wimpeln kann dieser Eindruck noch verstärkt werden. Das Antennenmaterial ist auch hier wieder verzwirnter Kupferlackdraht.

Abb. 6.2: Drei Beispiele für die Anbringung der RC-Antenne
(a) Langwellen-Antenne
(b) Signalleinen

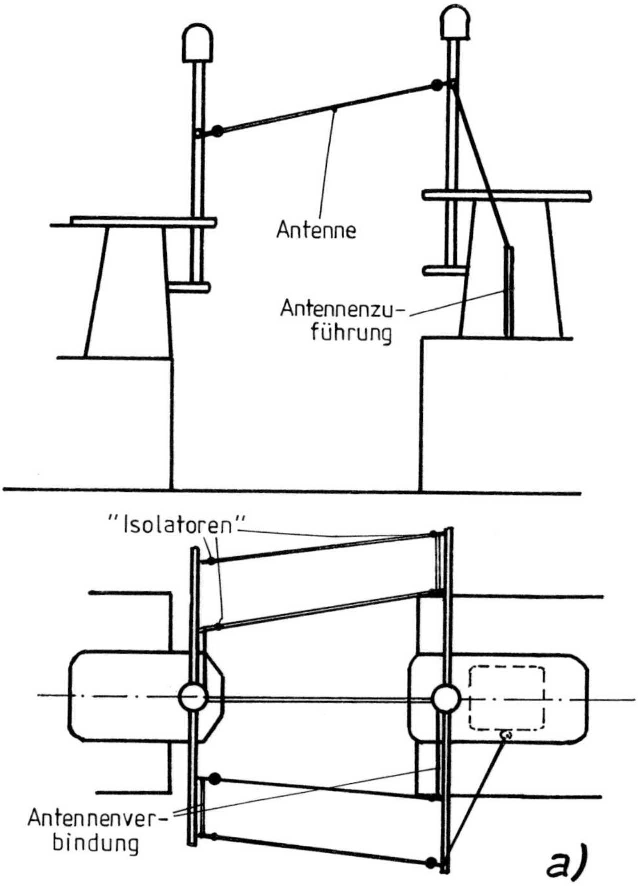

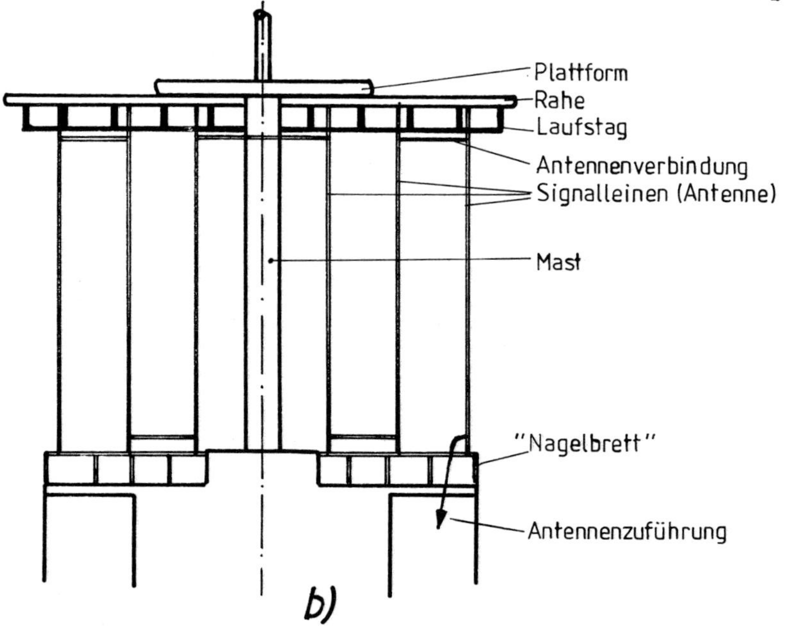

144

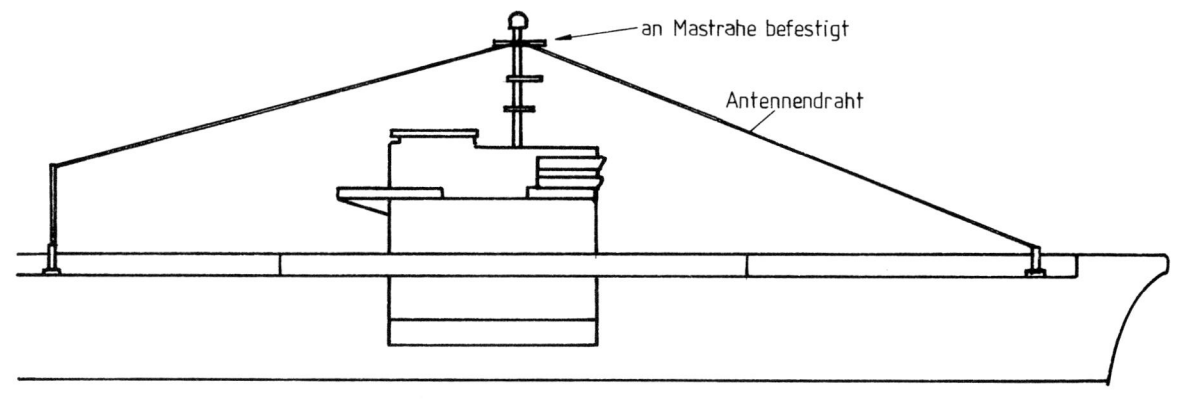

(c) Topp-Beflaggung

Schließlich kann als Antenne aber auch die als „Paradebeflaggung" getarnte Verspannung vom Bug zum Heck über den Hauptmast dienen, wie sie von mir vor allem bei Trägermodellen bevorzugt wird (Abb. 6.2c). Als Draht verwende ich dünne, isolierte Kupferlitze; angeklebte Wimpel verwischen auch hier den wahren Zweck der Verspannung.

Die drei Antennentypen sind vom Standpunkt der Funktechnik natürlich nicht optimal (wobei der letzte Vorschlag noch der beste ist), stellen aber m. E. einen guten Kompromiß zwischen Modellaussehen und RC-Notwendigkeit dar.

6.3 Einzelsteuerung der Schrauben bei Mehrwellenmodellen

Im Zusammenhang mit der Auslegung des Antriebes (Kapitel 2.4.2.2) wurde schon angedeutet, daß man bei Mehrwellenschiffen durch Einzelsteuerung der Schrauben die Manövrierfähigkeit erheblich verbessern kann. Abb. 6.3 zeigt konkret, was zu geschehen hat.

Fall (a) zeigt die Verhältnisse bei Geradeausfahrt. Der Schub beider Schrauben ist gleichgerichtet. Wird nun Hart-Backbord-Ruder gegeben (Fall c) und zusätzlich die Schubrichtung der Backbordschraube umgekehrt, so wird das Heck richtig nach Steuerbord weggedrückt und das Schiff dreht sich praktisch nach Backbord „auf dem Teller". Bei Hart-Steuerbord-Ruderausschlägen und Umkehrung des Steuerbordschubs (Fall b) dreht das Modell nach Steuerbord. Es ist einleuchtend, daß diese extremen Kursänderungen mit bedeutenden Geschwindigkeitseinbußen verbunden sein können, ist doch jeweils eine Schraube mehr oder weniger mit der Bremsung des Schiffes beschäftigt.

Im weiteren soll nun erörtert werden, wie sich die Einzelsteuerung des Schraubenschubs konkret im Modell realisieren läßt.

6.3.1 *Einsatz von zwei individuellen Drehzahlstellern*

Der wohl problemloseste, wenngleich auch teuerste Weg ist der Einbau von zwei individuellen Drehzahlstellern, für Backbord- und Steuerbordmotor(en), die über je einen Funktionskanal bedient werden. Der Schub der Einzelschrauben kann jetzt unabhängig voneinander gesteuert werden.

Im einfachsten Fall übernimmt der Kapitän am Senderpult die konkrete Steuereinstellung der beiden Schrauben, was bei größeren Entfernungen zum Modell schon mal zu Proble-

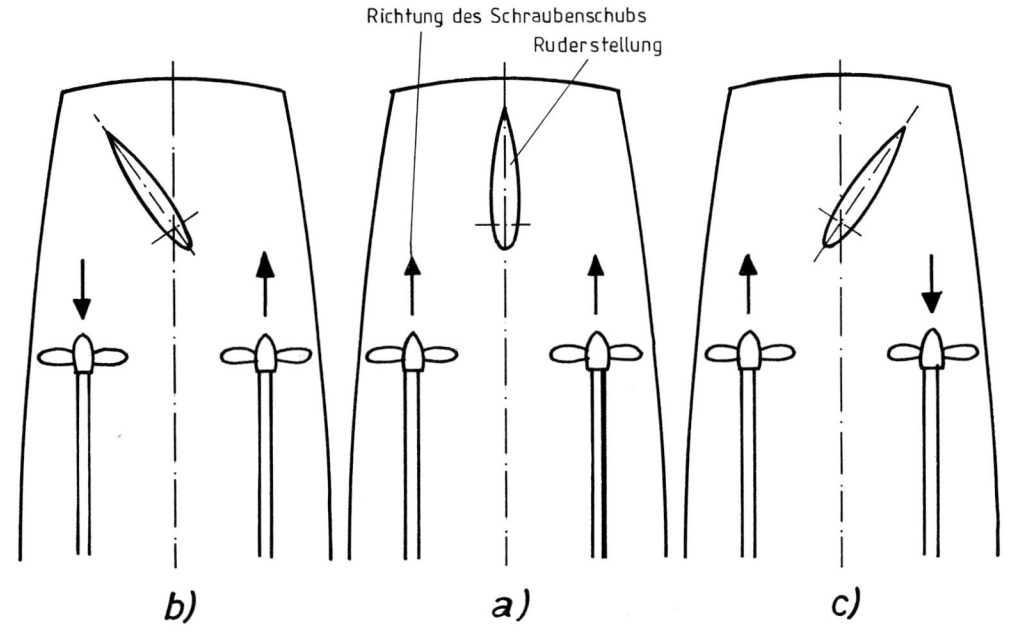

Abb. 6.3: Motorunterstützung der Ruderwirkung
(a) Geradeaus
(b) Steuerbord
(c) Backbord

men führen kann. Da moderne Sender aber heute meist über sogenannte Mischer-Funktionen verfügen, die vor allem im Flugmodellbau eine immer größere Rolle spielen, kann er sich diese Arbeit vom Sender oft vollständig abnehmen lassen.

Ist nur eine einfache Anlage ohne Mischoptionen vorhanden, oder will man einfach nur den zusätzlich benötigten Kanal der zweiten Drehzahlstellerfunktion einsparen, so kann man den „Mischer" auch in die Drehzahlsteller des Modells verlegen, falls man diese im Eigenbau beschaffen möchte. Dazu habe ich in meinem Buch [B 13] mit dem NAVIGAT eine geeignete Schaltung vorgeschlagen. Sie „mischt" die vom Sender kommende Ruder- und Drehzahlstellerinformation zu einem Ruder- und zwei Fahrtsignalen; der zweite senderseitige Drehzahlstellerkanal entfällt hier also.

6.3.2 Schubumkehr nur bei Hartruder-Manövern

Meine praktischen Erfahrungen mit diesem NAVIGAT haben nun gezeigt, daß eine individuelle, kontinuierliche Steuerung von Backbord- und Steuerbordmotor eigentlich keine sichtbaren Verbesserungen der Manövriereigenschaften des Modells einbringt, vielmehr wegen der oben schon angesprochenen allgemeinen Fahrgeschwindigkeits-Reduktion eher störend wirkt. Von Bedeutung war nur die Möglichkeit, bei Hartruderausschlägen jeweils einen Motor umpolen zu können, was für das effektvolle „auf dem Teller drehen" völlig ausreichend ist.

Im weiteren wollen wir daher mechanische und elektronische Möglichkeiten diskutieren, wie man diese Umpolung im Modell relativ simpel bewerkstelligen kann.

Die mechanische Lösung wird zunächst in Abb. 6.4 vorgestellt. Die das Ruder bedienende Rudermaschine erhält einen Zusatz aus vier Mikroschaltern (Schalttyp UM), die paarweise auf beiden Seiten der Maschine angeordnet und auf einem geeigneten Brettchen befestigt werden müssen. Der Ruderhebel wird zusätzlich mit einer Nockenscheibe (z. B. aus Pertinax) versehen, die so dick sein muß, daß sie beide Schalterauslöser bedienen kann. Läuft nun die Rudermaschine in eine Hartruderposition, so werden die beiden jeweiligen Mikroschalter betätigt und polen laut Schaltbild den entsprechenden Fahrmotor um.

Etwas problematisch ist bei dieser Lösung höchstens die Justierung der einzelnen Mikroschalter. Darüber hinaus limitiert die Kontaktbelastbarkeit der Schalter die Stromaufnahme der Motoren im allgemeinen auf Werte von unter 10 A.

Anstelle des Aufbaus mit vier Microschaltern und einer Nockenscheibe ist auch eine vereinfachte „Magnetorgel" denkbar. Die beiden Microschalterpaare werden durch je ein Reedrelais ersetzt, die bei Hartruderausschlägen wahlweise durch einen auf dem Rudermaschinenarm montierten Dauermagneten angesteuert werden können. Die Reedrelais ihrerseits schalten dann je ein Umpolrelais mit zwei UM-Kontakten, die wie in Abb. 6.4 verschaltet sind.

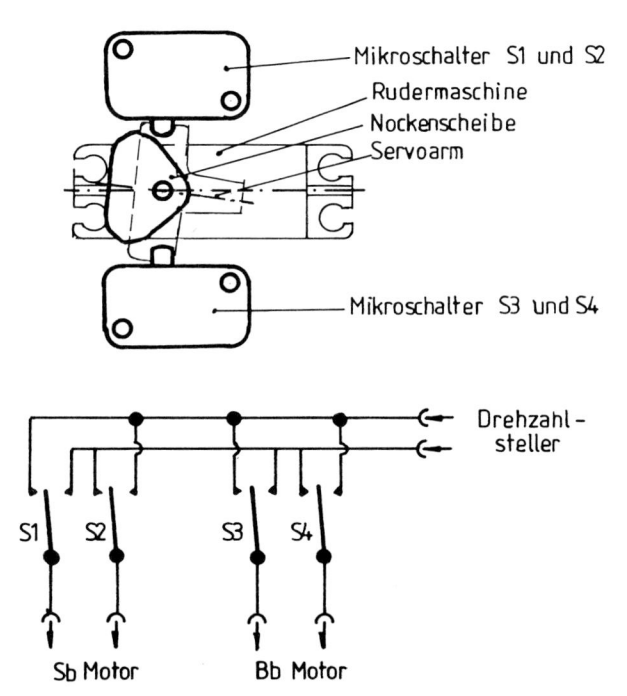

Abb. 6.4: Mechanische Lösung mit vier Mikroschaltern auf Rudermaschine

Eine elektronische Schaltung ist natürlich die von mir bevorzugte Lösung, zumal sie mir auch als sehr viel flexibler erscheint. Die Vorteile der entsprechenden von mir NAVAID getauften Schaltung gegenüber der mechanischen Umpolung liegen m. E. in der Abschaltbarkeit und der besseren Justierungsmöglichkeit der Eingriffspunkte, d. h. der Definition der „Hartruder-Positionen". Voraussetzung für die Anwendbarkeit des NAVAIDs ist allerdings, daß der für die eigentliche Motorsteuerung verwendete Drehzahlsteller ein Umpolrelais besitzt und man sich traut, das entsprechende Steuersignal (Signal zum Ansteuern des Relais-Schalttransistors) abzuleiten. Das Relais mit zugehörigem Transistor kann dann für eines der beiden Relais am Ausgang der im weiteren beschriebenen Schaltung benutzt werden; ein weiteres, möglichst identisches für den zweiten Fahrmotor muß dann noch hinzugekauft werden.

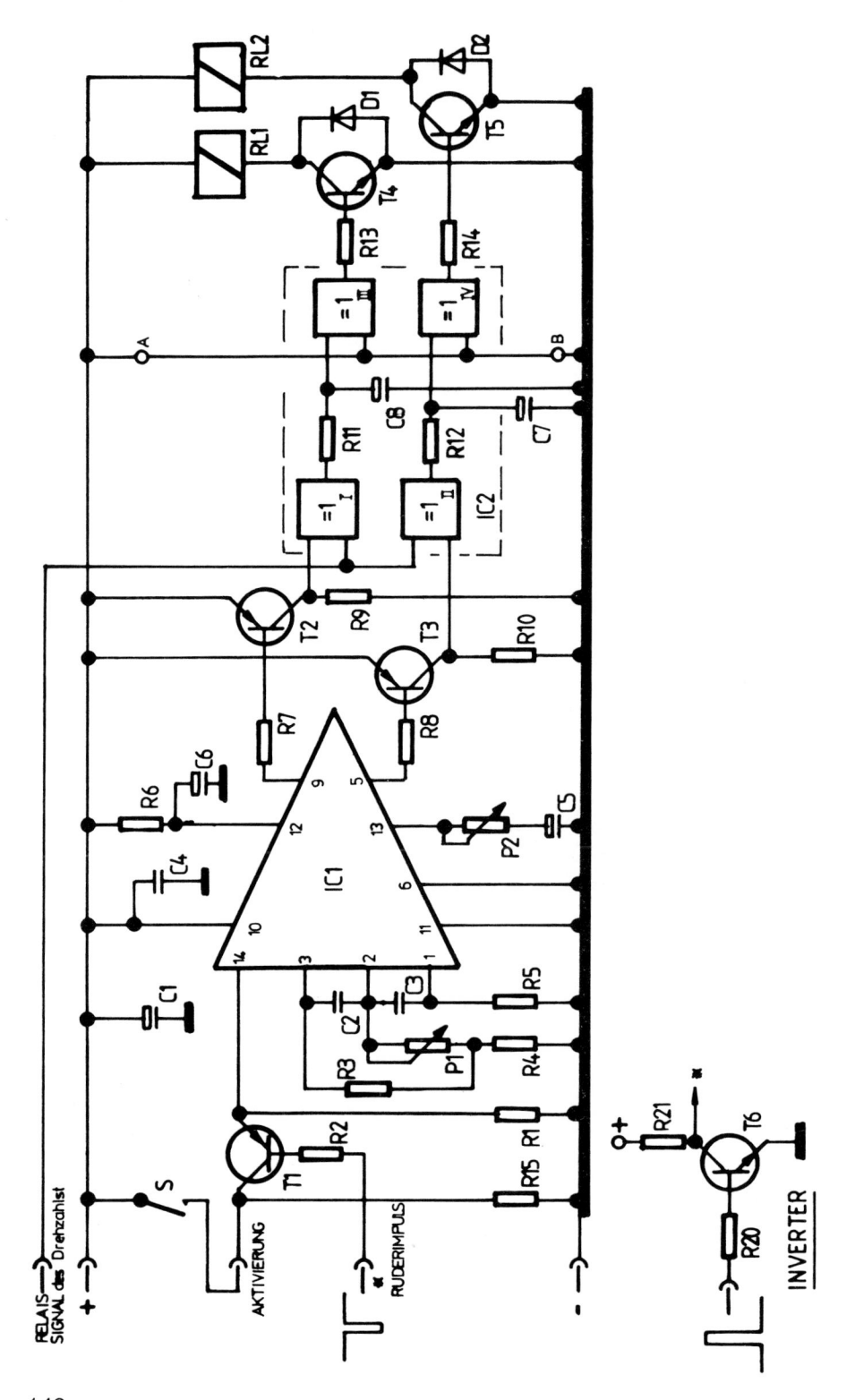

Abb. 6.5: Schaltung der motorischen Ruderunterstützung NAVAID

Stückliste

IC 1	ZN-409 (−419)	(Servo-IC von FERRANTI)
IC 2	CMOS-4070	(Quad-EXOR-Gatter)
T 1, T 2, T 3	BC-328	(PNP a. ä.)
T 4, T 5, T 6	BC-338	(NPN o. ä.)
D 1, D 2	1 N 4001	
R 1, R 9, R 10, R 15	1,5 k (1/4 W)	
R 2, R 7, R 8, R 20	56 k	
R 3	1 k	
R 4	10 k	
R 5	100 k	
R 6	220 k	
R 11, R 12	330 k	
R 13, R 14	6,8 k	
P 1	5 k	
P 2	2 k	
C 1	47 µF (Tantal 6 V)	
C 2	10 nF (keramisch)	
C 3	47 nF (keramisch)	
C 4	22 nF (Scheibchen nach Möglichkeit unter IC einbauen)	
C 5	0,15 µF (Tantal oder keramisch)	
C 6	4,7 µF (Tantal 6 V)	
C 7, C 8	0,1 µF (Tantal oder keramisch)	
RL 1, RL 2	Relais (2 ∗ UM für Fahrmotore)	
S	Schalter (wenn möglich ferngesteuert)	

In Abb. 6.5 ist das Schaltbild des NAVAID dargestellt. Herz der Schaltung ist das Servo-IC ZN-419 (ZN-409) von Ferranti, das zur Auswertung des Ruderimpulses herangezogen wird. Am Eingang (Pin 14) ist der Transistor T1 vorgeschaltet, der negative Impulse invertiert und über S gleichzeitig eine Abschaltung der Motorunterstützung zuläßt; S ist deshalb nach Möglichkeit „fernsteuerbar" auszuführen. Für positive Impulse muß noch der Inverter vorgeschaltet werden; bei Vernachlässigung der Abschaltbarkeit mit S können positive Impulse auch gleich am Pin 14 eingespeist werden.

Von der übrigen Beschaltung des IC1 sind nur die Potentiometer P1 und P2 von Interesse. P1 bestimmt die „Rudermitte" und P2 in begrenztem Umfang die Totzeit der Schaltung, hier den jeweiligen Eingriff der Umpolung; grob wird die Totzeit mit C5 vorgegeben.

T2 und T3 bringen die „Umpolinformation" auf Digitalniveau, um von den angeschlossenen EXOR-Gattern des IC2 verarbeitet werden zu können. Diese vergleichen die vom eigentlichen Drehzahlsteller kommende Relaisinformation mit der Umpolinformation. Sagt z. B. der Drehzahlsteller „Umpolung" und die Umpolinformation des NAVAIDs auf Grund der Auswertung der Ruderstellung dasselbe, so wird der Umpolbefehl rückgängig gemacht, weil ja laut Ruderstellung der entsprechende Motor entgegen der vom Drehzahlsteller befohlenen Drehrichtung laufen soll; bei Nicht-Umpolung durch den Drehzahlsteller schlägt die Ruderinformation durch, es wird also umgepolt.

Die RC-Glieder R11/C8 bzw. R12/C7 glätten die Signale noch etwas, um ein Relaisflattern zu unterdrücken. Die restlichen beiden Gatter des IC2 dienen der Relaisanzugs-Festlegung, sollen doch die relativ viel Strom benötigenden, starken Umpolrelais für die

Motoren nur anziehen, wenn sich das Modell im weniger benötigten Rückwärtsgang befindet. Normalerweise wird Punkt B mit Masse verbunden, und nur falls eine Anpassung nötig wird, wird man stattdessen A mit Plus verbinden. Die Transistoren T4 und T5 schalten die beiden Relais. Bei größeren Spulenströmen sind eventuell Darlington-Typen vorzuziehen. Die Verschaltung der Relais-Kontakte erfolgt analog Abb. 6.4.

Ist übrigens S offen, so bleiben auch die beiden Ausgänge des IC1 auf L. Die Gatter I und II des IC2 geben damit die vom Drehzahlsteller kommende Relaisinformation an die Relais weiter, unabhängig von der Ruderinformation.

Der praktische Aufbau der Schaltung dürfte auf einer IC-Experimentierplatte keine besonderen Probleme bereiten. Für eines der beiden Relais kann das des Drehzahlstellers verwendet werden.

Der Vollständigkeit halber sei abschließend noch der DUONAUT erwähnt, ein Selbstbau-Drehzahlsteller mit direkt integrierter Hartruder-Umpolung einer der beiden Fahrmotoren, wie er von mir in SM 6/85 vorgeschlagen wurde. Der DUONAUT beeinhaltet damit einen konventionellen Drehzahlsteller (mit Speedrelais) und eine Art nicht abschaltbaren NAVAID in einem Gerät.

Modell-Innenleben:

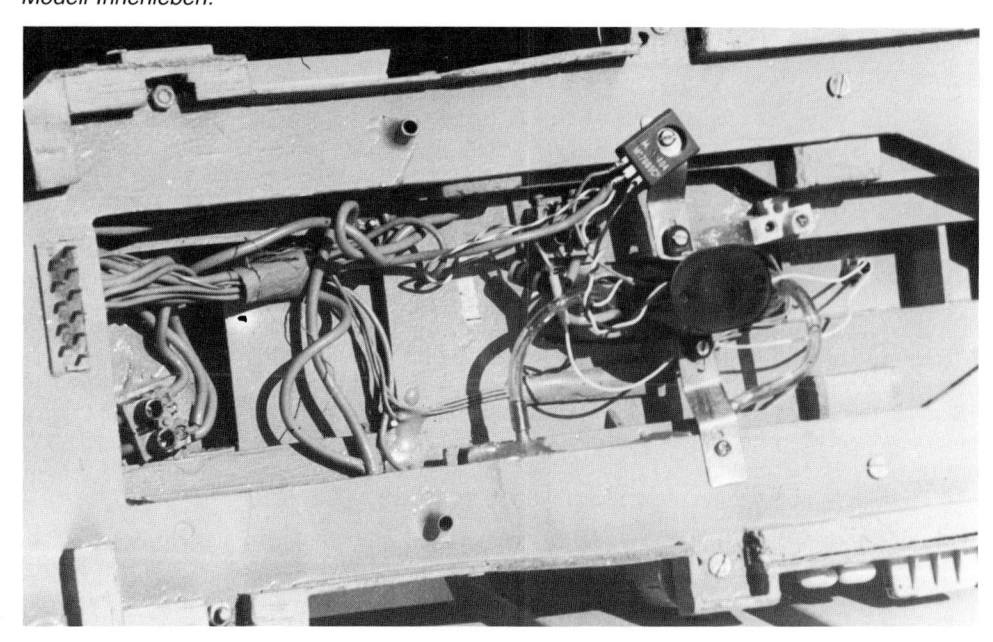

IOWA-Aufbautenunterseite:
Blick auf die Unterseite der Aufbauten, wo es recht unordentlich zugeht.
Man erkennt die Lüsterklemmen für den Anschluß der Dampferzeuger beider Schornsteine, das ovale Gehäuse des Radarschirmantriebes auf der Metallschiene mit dem seitlich dazu angebrachten Festspannungsregler zur Herabsetzung der Betriebsspannung (von 12 V auf 5 V) sowie die Plastikschläuche für die Dampfdestillat-Zuführung.
Die dickeren Kabel sind fast immer Zündleitungen für die vier Raketenabschluß-Positionen. Zwei Positionen sind durch die Enden der Alurohre für die Leitstabdurchführungen identifizierbar.
Ganz links schließlich zu sehen die Steckerleiste (männlich) für die elektrische Verbindung zum Rumpf.

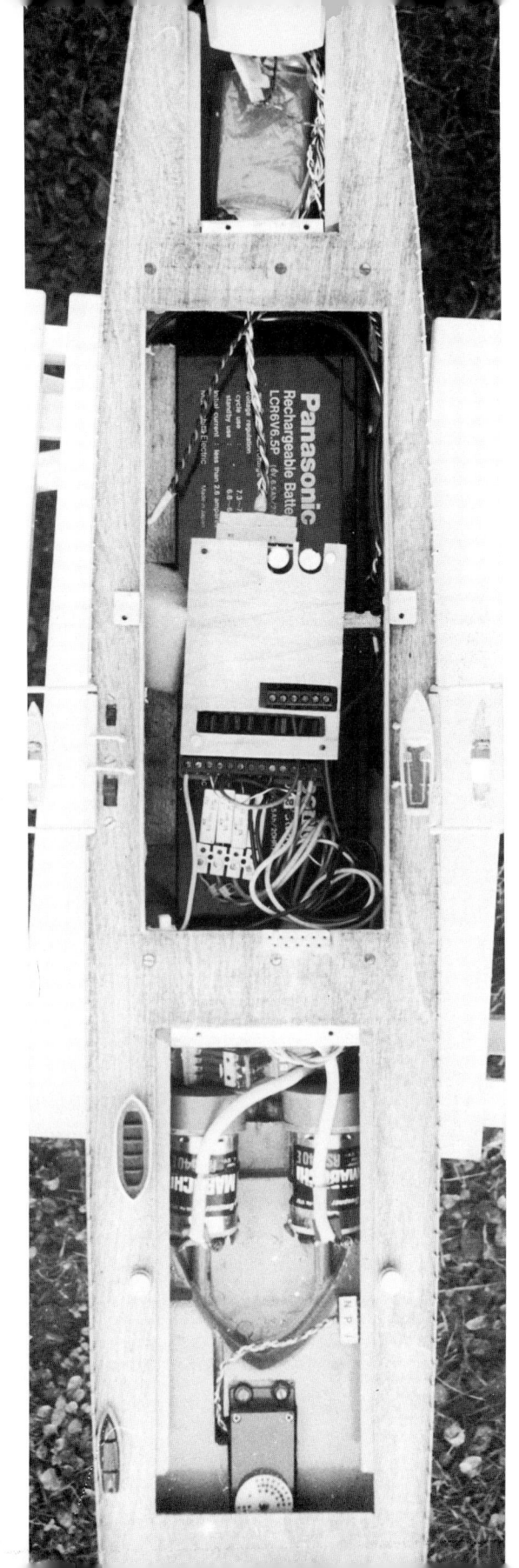

IOWA-Rumpf:

Obere Öffnung (vorne) zeigt den RC-Empfänger verpackt in eine Plastiktüte.

In der Mitte am Boden die beiden Fahrbatterien (2×6 V), darüber der Schalterbaustein mit den Vorwiderständen für die Raketenzündung.

Auf Deck darunter die Stekkerbuchse für die Verbindung zu den Aufbauten.

Im unteren Segment die beiden Antriebsmotoren und die Rudermaschine. Der Drehzahlsteller-Treiber ist oberhalb der Motoren verdeckt eingebaut.

Seitlich an Deck sind die beiden Schiebeschalter für RC- und Fahrstrom zu erkennen; sie werden durch den normalerweise hochgeklappten Bootsdavit verdeckt.

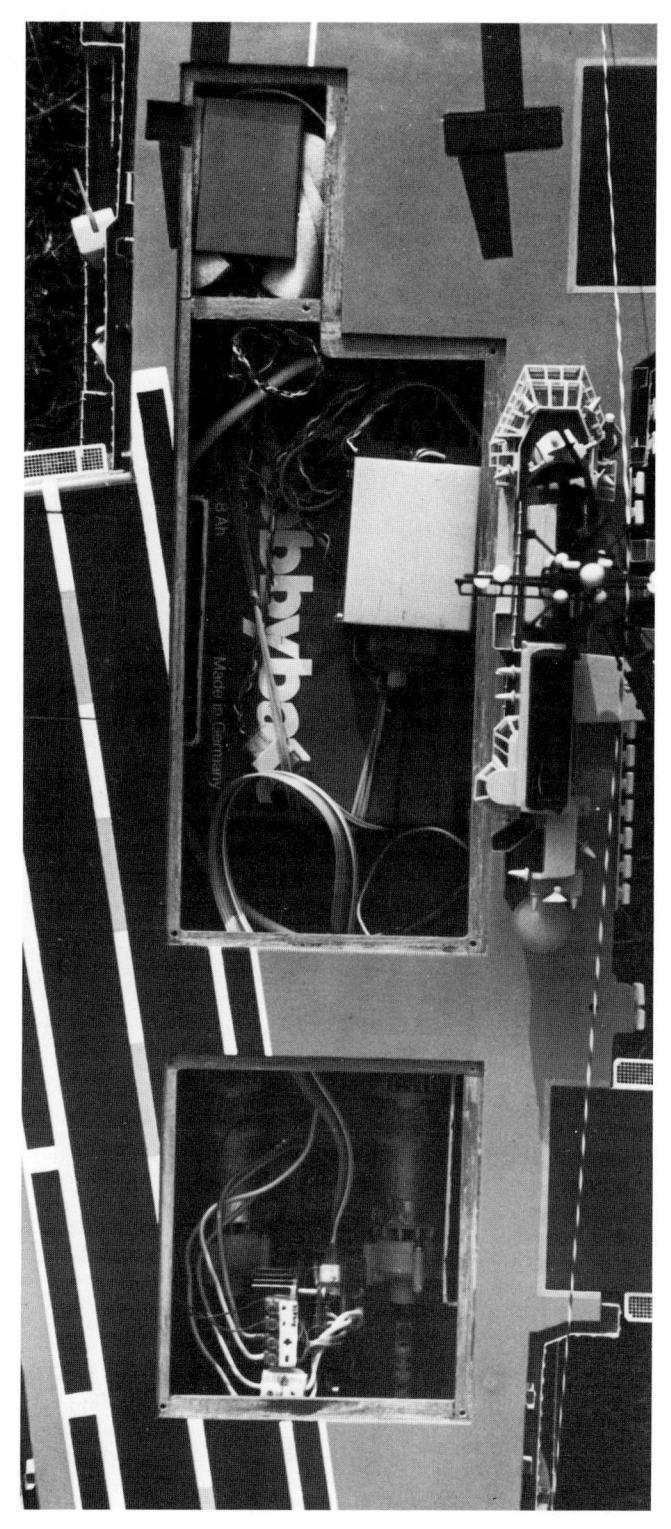

Innereien eines Trägermodells:

Blick in die beiden mittleren Luken des Trägermodells FDR.

Vorne zu erkennen erneut das direkt unter Deck, also im Rumpf erhöht angeordnete Empfängerkästchen.

In der Mitte die Fahrbatterie und darauf liegend der „Schalterbaustein" meiner NAVI-CONT-Anlage.

Im Hecksegment die beiden DUOPERM-Motoren und stehend der Drehzahlsteller mit großzügig dimensioniertem Kühlblech.

7. Sonderfunktionen

Sonderfunktionen geben dem gut gebauten Fahrmodell erst den gewissen Pfiff, ob es sich nun um winkende Matrosen handelt, um sich gemächlich drehende Radarschirme, um nach Lavendel duftende „Raucherzeuger", um tutende elektronische Nebelhörner, um von unsichtbarer Hand gezündete Raketen oder um welche andere Art von Sonderfunktionen auch immer.

Man kann wohl grundsätzlich zwei Typen von Sonderfunktionen unterscheiden, nämlich die Nahbereich-Funktionen, die nur in unmittelbarer Nähe des Modells beobachtet werden können (z. B. ein winkender Matrose, das Lichten von Ankern oder das Aussetzen von Beibooten) und die Fernbereich-Funktionen, die auch aus größerem Abstand zum Modell noch mehr oder weniger angenehm auffallen (Geräusch-Generatoren, Raucherzeuger, Raketenabschuß oder Lichtsignale). Die Nahbereich-Funktionen sind im allgemeinen wohl zu speziell, um im Rahmen dieses Buches detailliert erörtert werden zu können. Wir wollen daher im weiteren den „drehbaren Radarschim" als Mittelding zwischen beiden Kategorien diskutieren und uns dann den Fernbereich-Funktionen zuwenden.

7.1 Drehbarer Radarschirm

Von wenigen hochmodernen Anlagen — wie den schon im Zusammenhang mit den Radarschirmen erwähnten Phased-Array-Anlagen, mit ihren vier, starr in alle Himmelsrichtungen weisenden, plattenförmigen Schirmen — einmal abgesehen, zeichnen sich arbeitende Radaranlagen dadurch aus, daß ihre Antennen sich gemächlich um ihre eigene Achse drehen, um mit ihrem gebündelten Radarstrahl den gesamten Horizont abtasten zu können.

Während die Radarschirme auf Handelsschiffen meist relativ klein sind, es daher optisch nur wenig auffällt, ob sie sich drehen oder nicht, erreichen die Luftraum-Überwachungsschirme größerer zeitgenössischer Kriegsschiffe schon recht ordentliche Dimensionen; ihre Bewegungslosigkeit fällt daher auch aus größerer Entfernung noch auf.

Der originalgetreue, direkte elektromotorische Antrieb eines Radarschirms wäre natürlich prinzipiell kein besonderes Problem, wenn man Motoren in genügender „Kleinheit" beschaffen könnte, was aber bei Maßstäben kleiner als 1:50 schwerlich möglich ist. Man ist daher gezwungen, den Antriebsmotor in den Aufbauten zu verstecken oder irgendwie sonst zu „tarnen".

Als Antriebsmotoren sind vor allem die wenig Energie schluckenden Kleinstmotoren mit Getriebe geeignet, deren Getriebeuntersetzung im Bereich von 500:1 liegen sollte. In Tabelle 2 sind einige im Fachhandel erhältliche Motoren mit ihren charakteristischen Abmessungen aufgelistet.

Bei Radarschirmen, die sich auf dem Hauptmast befinden, ergeben sich meist keine besonderen Probleme. Der Getriebemotor wird in den Aufbauten versteckt und über einen dünnen Federstahldraht, der praktisch im Mastgestänge nicht wahrgenommen werden kann, mit dem Radarschirm verbunden (Abb. 7.1 a). Schwieriger wird es, wenn der Hauptradarschirm, wie das bei Trägern häufig vorkommt, auf einem Ausleger seitlich der Aufbauten montiert ist. In diesem Fall muß entweder ein Riemenantrieb eingebaut werden (Abb. 7.1 c) — dann kann der Motor weiterhin in den Aufbauten verbleiben — oder der Ausleger muß bei geringfügiger Verletzung der Originaltreue vergrößert werden, um ein kleines Exemplar von Getriebemotor aufnehmen zu können. Diese Methode ist mechanisch stabiler und wird daher von mir bei meinen Modellen favorisiert (Abb. 7.1 b).

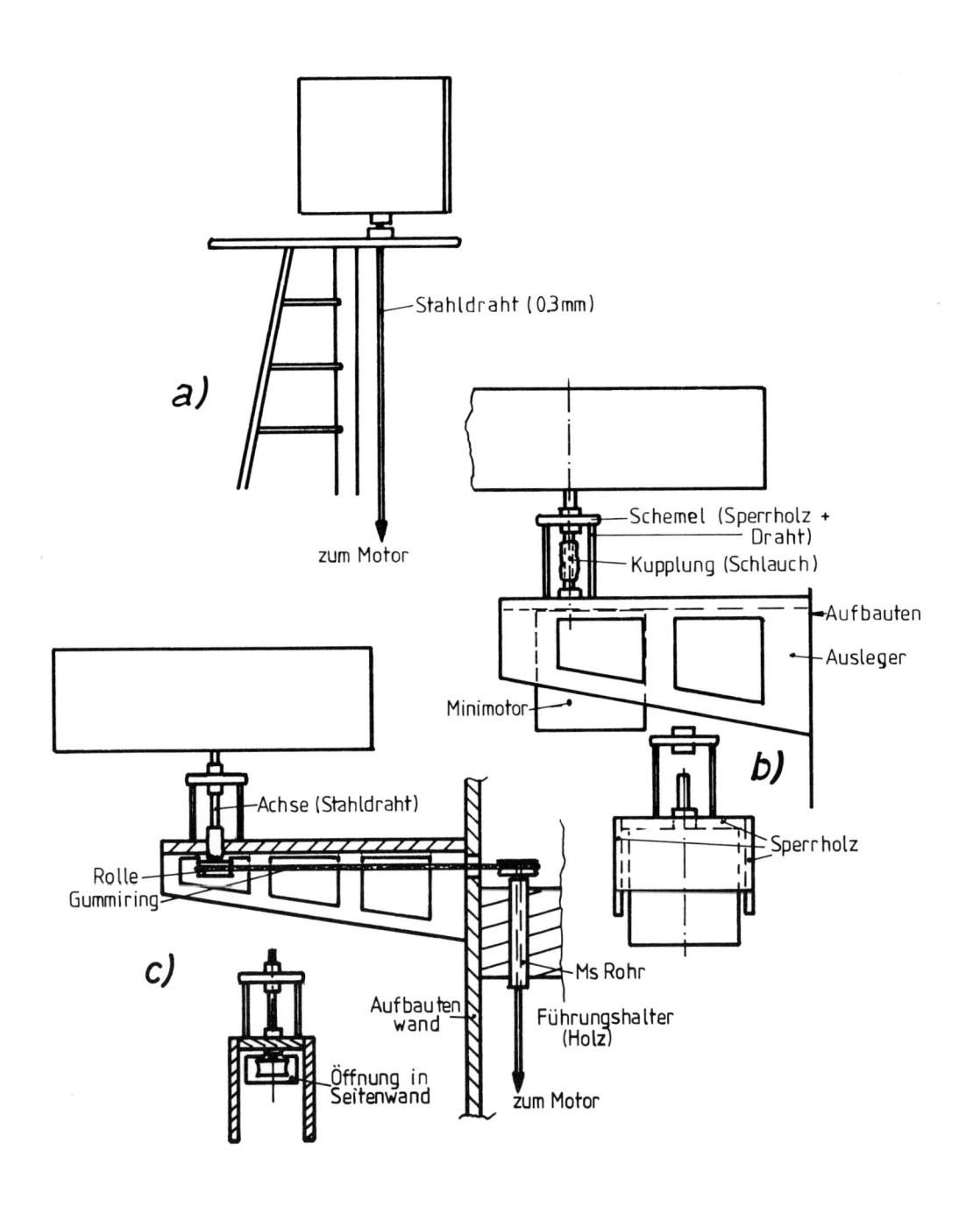

Abb. 7.1: Verschiedene Methoden für den Radarschirmantrieb
   (a) Radarschirm auf Hauptmast (Federstahldraht)
   (b) Radarschirm auf Ausleger (Direktantrieb)
   (c) Radarschirm auf Ausleger (Riemenantrieb)

Tabelle 2: Verschiedene Getriebe-Kleinstmotoren zum Antrieb von Radarschirmen

Bezeichnung	Elektrische Daten Spannung/ Strom (V)/(mA)	Abmessungen		Hersteller/Vertrieb	Bemerkungen
		Durchmesser (mm)	Länge mit Getriebe (mm)		
MICRO-T 03	2/300	20	22	Faulhauber/ z. B. Graupner	Fest eingebautes Getriebe 15:1. Motor muß für Schirmantrieb stark gedrosselt werden; z. B. auf 0,3 V Betriebsspannung.
MICRO-T 05	2/50 (6/20)	17	35	Faulhaber/ z. B. Graupner	Angegebene Maße mit aufsteckbarem Getriebe. Getriebe mit mehreren Untersetzungen lieferbar.
Kleinstmotor	3/30	23,5 × (oval)	15,2	Bertsch/ z. B. Robbe, Conrad Elektronik	Fest eingebaute Getriebe mit verschiedenen Untersetzungen lieferbar
MICRO-MOTOR, Type 1212	4/16 (6/8)	12	34	Minimotor SA / Distrelec, Zürich	mit Getriebe 104:1. Weitere Untersetzungsgetriebe lieferbar; dann länger.

Die Einstellung der richtigen Drehzahl und die Anpassung an die Bordspannung erfolgt am einfachsten mit Vorwiderständen in den Motorzuleitungen. Da die Stromaufnahme im Leerlauf bekannt ist und der angeschlossene Radarschirm praktisch keine Mehrbelastung bringt, errechnet sich der Vorwiderstand einfach zu:

$$R_{Vorwid} = \frac{U_{Bord} - U_{Motor}}{I_{Leerlauf}}$$

U in V und I in A. Die benötigte Widerstandsleistung ist dank der geringen Stromaufnahme der Motoren klein (N = R×I×I; R in Ohm und I in A); 0,5 W-Widerstände genügen im allgemeinen.

Einfache Entstörung mit 47 nF über beide Anschlüsse ist in der Regel ausreichend. Für eine Drehzahlreduktion kann der Vorwiderstand weiter vergrößert werden; 30 U/min sind für die großen Schirme allemal genug.

Die Funktion „drehender Radarschirme" kann natürlich ferngesteuert ein- bzw. ausgeschaltet werden. Nötig ist das allerdings nicht, da sich Radarschirme auf Kriegsschiffen eigentlich immer drehen, solange die Schiffe „in Bereitschaft" sind. Es genügt daher, den Radarschirm über den Hauptschalter der Maschinenanlage zu schalten.

Es gibt natürlich mehrere drehende Radarschirme auf einem Kriegsschiff. Theoretisch können sie auch alle angetrieben werden, sowohl durch Einzelmotoren (eine sehr kostenaufwendige Lösung) als auch durch weitere Riemenübersetzungen von einem zentralen Antriebsmotor, eine Lösung, die mehr mechanische Probleme aufwirft. Da die weiteren Schirme aber oft kleiner sind als der Hauptschirm, kann man auf deren Antrieb – weil es sowieso nicht wahrgenommen wird – oft verzichten; ich tue es zumindest auf meinen Modellen.

7.2 Raucherzeuger

Obwohl man bei Kriegsschiffen inzwischen einiges zur Herabsetzung der Rauchentwicklung getan hat — weniger aus Gründen der guten Sichtbarkeit (oder gar der Umweltverschmutzung), als vielmehr wegen der großen „Attraktivität" der Rauchsäule für Raketen mit Infrarot-Suchkopf-, sind rauchende Schornsteine immer noch ein wesentliches Charakteristikum ölgefeuerter, bzw. von Gasturbinen angetriebener Schiffe. Daher gewinnen auch Fahrmodelle solcher Schiffe um einiges, wenn die Funktion ihres Antriebes durch Rauch aus dem Schornstein auch aus größerer Entfernung ersichtlich ist.

Zur Raucherzeugung im Schiffsmodell werden üblicherweise sogenannte Raucherzeuger (RE) verwendet, die durch Verbrennung eines speziellen Rauchdestillats in einer elektrisch beheizten Glasfaser-Kapillare Rauch erzeugen.

7.2.1 Überblick über Raucherzeuger-Typen

Ein Modell-Raucherzeuger ist im Prinzip nichts anderes als ein mit einem Widerstandsdraht bewickeltes dünnes Glasfaserbündel (Bündeldurchmesser, je nach Typ, zwischen 0,5 und etwa 2 mm). Zwischen den einzelnen Glasfasern steigt das Rauchdestillat infolge der Kapillarwirkung auf. Bei Stromdurchfluß heizt der Widerstandsdraht das Glasfaserbündel und „verbrennt" das Rauchdestillat in den Kapillaren. Dabei ist es für die sichere Funktion des RE einerlei, ob er mit Gleichstrom oder Wechselstrom betrieben wird. Da der RE im wesentlichen aus einem relativ dünnen ‚Glasgebilde' besteht, ist er gegen Biegung ziemlich empfindlich (Knick-Gefahr) und deshalb mit Vorsicht zu behandeln.

Die Firma Seuthe ist der einzige mir bekannte Hersteller von Modell-Raucherzeugern, die diese in den unterschiedlichsten Größen, Leistungen und Preisklassen anbietet. Die weite Palette der RE für die Modelleisenbahn kann hier außer Betracht bleiben, ihre Rauchleistung ist in der Regel so klein, daß ein Einsatz im Freien wegen der geringen Wahrnehmbarkeit schon aus wenigen Metern nicht mehr sinnvoll ist. Für den Schiffsmodellbauer interessant sind vor allem zwei Bautypen, die Kompakt-RE Nr. 5 und 6 sowie die Super-RE der Serie 500. Ihre Leistungsdaten sind in Tabelle 3 zusammengefaßt.

Tabelle 3: Verschiedene Typen von im Schiffsmodellbau einsetzbaren Raucherzeugern (Hersteller: E. Seuthe, Mikrotechnik + Chemie, Abt. Modelltechnik, D-7321 Eschenbach, Frühlingstr. 15)

Typ	Elektrische Daten		Bemerkungen
	Spannung (V)	Strom (mA)	
5	4–6	260	kleiner RE in Kompaktbauweise direkt in Schornstein einzubauen. Rauchdestillattank ist integriert. Fassungsvermögen kann nach Vorschlag von D. Mendow in SM 4/84 erweitert werden.
6	8–12	140	Bauform wie 5
500	8–12	600	hohe Rauchleistung. Zufuhr des Rauchdestillats über Schlauch aus separatem Tank, u. U. unter Druck einer Förderpumpe. Befestigungsschelle für problemlosen Einbau.
501	8–12	600	ähnlich 500 aber für direkten Einbau im Rauchdestillat-Tank.

Die ersten beiden RE in Tabelle 3 sind „Kleinleistungstypen", deren Rauchleistung im Freien eher bescheiden ist. Beim Einsatz in größeren Modellen herrscht bei den Zuschauern daher eher der Eindruck von Mitleid vor, da mehr ein „sterbendes" Elektronik-Bauteil - eines dieser berüchtigten blauen Wölkchen − als der erfolgreiche Einsatz eines Raucherzeugers vermutet wird.

Für eine realistische Raucherzeugung im Schiffsmodell scheinen mir daher nur die beiden RE der 500-Serie geeignet. Mit Druckförderung des Rauchdestillats betrieben (z. B. durch Förderpumpe oder auch einfach unter Ausnutzung des hydrostatischen Drucks bei gegenüber dem RE erhöhter Anordnung des Destillat-Tanks) erreichen diese RE eine ganz beachtliche Rauchleistung, die auch aus größerer Entfernung noch gut ausgemacht werden kann.

Das zu verbrennende Dampfdestillat ist eine sehr dünnflüssige, ölige und bedauerlicherweise auch relativ teure Flüssigkeit. Der erzeugte Rauch ist weiß-grau, ähnlich dem mit Kesselrauch vermischten kondensierenden Wasserdampf, wie er für Dampflokomotiven insbesondere beim Anfahren charakteristisch ist, riecht aber im Gegensatz zu diesem nach Tannen oder Lavendel. Für Seeschiffe ist die weiß-graue Rauchfarbe eigentlich weniger typisch; hier wäre es der Naturgetreue förderlich, wenn sich die Herstellerfirma zur Entwicklung eines dunkel verbrennenden Rauchdestillats entschließen könnte, das natürlich wegen des fast ausschließlichen Einsatzes im Freien nicht unbedingt nach Lavendel duften müßte.

Es gibt das Rauchdestillat in zwei „Verbrennungsformen", nämlich puffende Rauchentwicklung (Kennung Dampf-Smoke), wie wir sie von Dampflokomotiven kennen, und gleichmäßig abbrennendes Destillat (Kennung Häuserrauch). Für „Dieselmotoren" ist die puffende Destillatform geeigneter − wenngleich auch aus dem Auspuff eines Dieselmotors eigentlich kein weißer Dampf kommen dürfte, ist dieser doch mehr ein Indiz für eine defekte Zylinderkopfdichtung −, für Kessel-Feuerungen dagegen der „Häuserrauch".

7.2.2 *Einbau und Betrieb von Raucherzeugern*

Die Anordnung des RE im Schornstein des Modells sollte so erfolgen, daß eine freie Luftkonvektion gewährleistet ist, da mit ihr der Raucheffekt erheblich verbessert werden kann. Die durch die Verbrennung des Destillats erwärmte Luft sowie die Verbrennungsrückstände (Rauch) steigen nämlich im Kamin nach oben und reißen dabei auch Kaltluft mit, die sich mit dem eigentlichen Rauch vermischt und diesen damit „verstärkt". Einen guten „Kaminzug" des Schornsteins erreicht man durch den Einbau des RE am unteren Ende eines offenen Alurohres (Durchmesser 15 bis 20 mm) von mindestens 100 mm Länge. Die Befestigung erfolgt dabei mit einem als Schelle dienenden Stück Blech, das um das unbeheizte Steigrohr (Glasteil) mit aufgeschobenem Destillat-Zuführungsschlauch des RE gebogen (Klemmwirkung) und aus einem Schlitz im Kaminrohr geführt wird. Direkte Frischluftzufuhr aus dem Modellinneren sollte unbedingt gewährleistet werden, z.B. über die auch beim Original oft am Schornsteinfuß vorhandenen Lüftergitter.

Der Einbau des Destillattanks erfolgt so, daß der Tankauslaß etwa in der Mitte des aktiven Teils des RE (ockerfarbiger Keramikteil) liegt. Die Zuleitung sollte nicht allzu lang sein und kann aus Plastik bestehen. Wegen der erhöhten Einbaulage kommen als Einbauort des Tanks nur die meist höheren, vorderen Deckshäuser in Frage. Als Tank selbst verwende ich vorzugsweise auf dem Kopf stehende, leere Plastikampullen für Tusche (Rotring), die relativ schmal sind und eine abschraubbare Kanüle besitzen, die direkt mit dem Zuführungsschlauch des RE verbunden werden kann. Der Tank wird über einen Füllstutzen (Alurohr in Ampullenboden eingesteckt) gefüllt, der in den Aufbauten versteckt wird; die Füllung selbst erfolgt mit einer Spritze aus dem Medizinbedarf. Abb. 7.2 zeigt skizzenhaft den Einbau der RE-Anlage in die Insel eines Trägermodells.

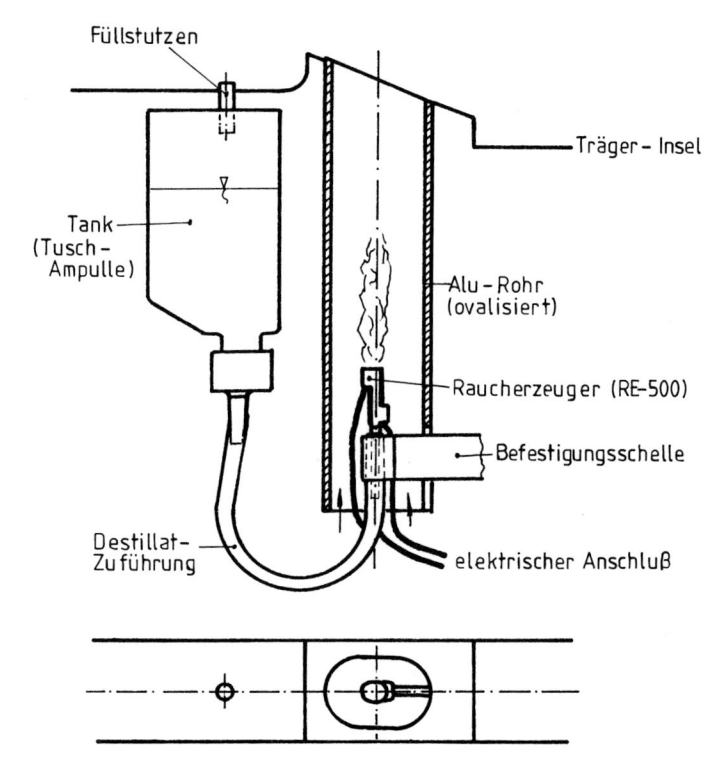

Abb. 7.2: Beispiel für den Einbau eines Raucherzeugers in den Schornstein der Insel eines Trägermodells

In der einfachsten Betriebsart wird der RE über einen Schalter manuell ein- und ausgeschaltet, oder er läuft sobald die Antriebsanlage in Betrieb ist. Da aber sowohl Destillat- als auch Leistungsverbrauch (7,5 W) relativ hoch sind, lohnt sich eine ferngesteuerte Schaltung und damit Begrenzung auf Fälle, bei denen sich die Funktion des RE „optisch" auch lohnt, z.B. bei „Trauben von Zuschauern" am Ufer.

Wie sich aus der Tabelle 3 ergibt, haben die sonst sehr wirkungsvollen RE der 500-Serie den großen Nachteil, daß sie auf das Vorhandensein eines 12 V-Bordnetzes angewiesen sind. Im „6 V-Modell" sind daher „Klimmzüge" notwendig, um diese RE einsetzen zu können. Grundsätzlich bieten sich zwei Lösungen an:

a) In-Serie-Schaltung einer weiteren, gegebenenfalls kleineren 6 V-Batterie
b) Einsatz eines Spannungsumsetzers.

Die erste Methode, d.h. die Serienschaltung einer weiteren 6 V-Batterie, ist, auf den ersten Blick gesehen, zweifellos die einfachste Lösung. Sie ist in der Regel allerdings nicht die billigste. Da die RE der 500-Serie einen Stromverbrauch von etwa 0,6 A haben, ist für eine vernünftige Standzeit ein zusätzlicher Akku mit einer Kapazität von mindestens 3 Ah erforderlich. Der Fahrakku des betreffenden Schiffsmodells jedoch dürfte meist über eine höhere Kapazität verfügen, was zu einer wenig optimalen Serienschaltung zweier Akkus mit unterschiedlicher Kapazität führt. Betrachten wir auch noch kurz den Gewichts- und Raumbedarf dieser Lösung, ein Aspekt, der bei manchen Modellen nicht vernachlässigt werden kann, so schlagen für die üblichen 6 V/3 Ah-Akkus rund 650 g Gewicht und 0,3 Liter (133 $\times$ 34 $\times$ 59 mm) Raumbedarf zu Buche.

Der zweite Lösungsvorschlag, der Einsatz eines Spannungsumsetzers, scheint eine brauchbare Alternative zu sein, wenn minimale Handfertigkeiten mit elektronischen Bauteilen vorausgesetzt, und ein etwas höherer Stromverbrauch als Folge unvermeidbarer Verluste (z. B. die Verlustleistung in den Leistungstransistoren) von der Kapazität des Fahrakkus her verkraftet werden kann; auch die Kosten, das Gewicht und der Raumbedarf dieser zweiten Lösung rechtfertigen diesen Weg. Die Kosten können mit ungefähr DM 20,−, das Gewicht einschließlich des kühlenden Gehäuses (im Muster aus Weißblech) mit 180 g und der Raumbedarf mit 0,1 Liter (70×40×40 mm) angegeben werden.

Wie wir schon gesehen haben ist es belanglos, ob der RE mit Gleich- oder Wechselstrom betrieben wird. Der benötigte Spannungsumsetzer kann folglich nur aus einem Zerhacker bestehen, der den Gleichstrom aus dem Akku in einen Wechselstrom „zerhackt", und einem Transformator, der diesen Wechselstrom auf ein höheres Spannungslevel hochtransformiert, in unserem Fall mit einem Transformations-Verhältnis von etwa 2,5:1. Der Wechselstrom am Sekundär-Ausgang des Trafos kann direkt mit dem RE verbunden werden.

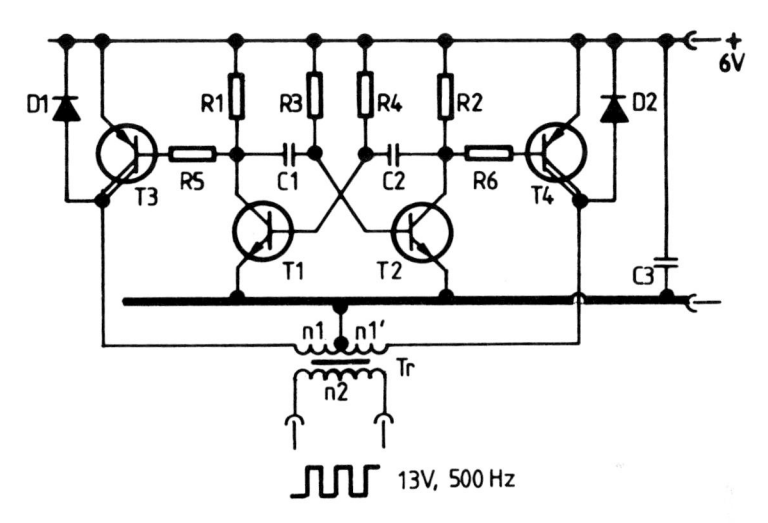

Abb. 7.3: Schaltbild des Spannungsumsetzers (6 V auf 12 V) für Raucherzeuger

Stückliste

T 1, T 2	BC-338 C o. ä.
T 3, T 4	BD-678 (Darlington)
D 1, D 2	1 N 4001
R 1, R 2	470 Ohm
R 3, R 4	50 k
R 5, R 6	1 k
C 1, C 2	10 nF (MKH)
C 3	100 nF (MKH)
TR	Ringkern-Transformator (Muster: Ringkern K 300 501; ⌀ = 36 mm, Querschnitt (H×B) = 15×7 mm
n 1, n 2	27 Wdg. Cul. 0,6 mm, Gesamtlänge je 120 cm
n 3	70 Wdg. Cul. 0,6 mm, Gesamtlänge 330 cm

Abb. 7.3 zeigt das Schaltbild des Umsetzers. Er besteht aus einem einfachen, als Zerhacker fungierenden Multivibrator, dessen beide Ausgangssignale, jeweils verstärkt durch einen Leistungs-Darlington (T3 bzw. T4), mit der Primärseite eines Ringkern-Trafos verbunden sind. Die Frequenz des erzeugten Wechselstromes liegt deutlich über der Netzfrequenz.

Beim Nachbau der Schaltung dürften auch für den weniger Geübten kaum irgendwelche Probleme auftreten, da nur wenige Bauteile benötigt werden, die praktisch in jeder „Elektronik-Kiste" vorhanden sind. Die beiden Leistungs-Darlingtons (T3 und T4) sind mit Kühlungen zu versehen, wozu im Muster ein U-förmiges Gehäuse eingesetzt wurde. In diesem Fall müssen die beiden Transistoren mit Glimmerscheiben gegeneinander isoliert werden (!), da die beiden Kollektoren unterschiedliche Potentiale besitzen und die Kollektoren mit der Kühlfläche der Transistoren verbunden sind. Der Ringkerntrafo muß selbst bewickelt werden, was aber keine allzugroßen Probleme aufwerfen dürfte, da die Wicklungszahlen klein sind; die angegebenen Drahtlängen sind vielleicht ganz nützlich. Man braucht sich natürlich nicht sklavisch an die in der Stückliste angegebene Ringkerntype zu halten, lediglich das Wicklungsverhältnis ist einzuhalten. Ein Platinenlayout des Umsetzers ist übrigens vom Autor in SM 4/84 veröffentlicht worden.

Die Inbetriebnahme der Schaltung erfordert keinerlei Abgleich. Nach Anlegung der Spannung „meldet" sich der Umsetzer durch einen hohen Summton, womit er seine Funktion „signalisiert". Kurz darauf wird auch der angeschlossene RE seine Arbeit aufnehmen.

7.3 Signalgeber

Das schrill pfeifende Auf und Ab einer „Klar Schiff zum Gefecht"-Sirene (KSG-Sirene) oder das sonore Tuten eines Nebelhorns ist im Schiffsmodell nicht nur eine sehr ansprechende Sonderfunktion, es kann manchmal auch sehr nützlich sein, wenn z. B. der zur Verfügung stehende Teich noch mit anderen Benutzern z. B. Ruderern geteilt wird, die dann gegebenenfalls durch eindringliches Tuten gewarnt werden können, daß sie eine Gefahr für das Modell darstellen.

Bei den großen Vorbildern wird der Ton pneumatisch erzeugt, sei es nun mit Preßluft oder Dampf-, was schon aus Platzgründen im Modell kaum möglich ist. Hier bietet sich daher die „elektronische Simulation" an, die neben dem eigentlichen Tonsimulator noch aus einem Verstärker und einem Lautsprecher besteht.

7.3.1 Tongeneratoren und Verstärker

Eine ganze Reihe von Schaltungen für Tongeneratoren der verschiedensten Arten sind schon in elektronischen Fachzeitschriften sowie auch im SM veröffentlicht worden. Im Kontext „Kriegsschiffmodelle" kommen aus dieser Typenvielfalt eigentlich nur das Nebelhorn und die KSG-Sirene in Betracht. Gegebenenfalls kann man auch noch die „Betriebsgeräusche" simulieren, wie sie z. B. auf Trägern durch startende Flugzeuge oder warmlaufende Triebwerke produziert werden, oder auch das Belfern von automatischen Rohrwaffen. Dazu gibt es eine entsprechende integrierte Schaltung auf dem Markt, die SN − 75477 von Texas Instruments, mit der man durch geeignete externe Beschaltung eine ganze Reihe der gewünschten Geräusche erzeugen kann. Wir wollen im Rahmen dieses Buches nicht weiter auf dieses IC eingehen und stattdessen auf die entsprechenden Datenblätter und den Artikel von L. Schüssler in SM 9/81 verweisen.

Im weiteren beschränken wir uns auf das Nebelhorn und die KSG-Sirene, für die eine Schaltung angegeben werden soll. Elektronisch weniger Geübte können ähnliche Nebelhorn- oder KSG-Sirenen-Schaltungen übrigens auch fertig im Fachhandel beziehen. Das besondere des hier vorgeschlagenen Signalgebers ist, daß die beiden Tongeneratoren in einer Schaltung vereinigt sind und wahlweise den gleichen Verstärker und Lautsprecher verwenden, weshalb man mit ihm sowohl „tuten" als auch „sirenen" kann. Er funktioniert uneingeschränkt mit 6 V und 12 V Bordspannung, bei 6 V Betriebsspannung ist er allerdings weniger „kräftig". Sein Schaltbild ist in Abb. 7.4 dargestellt. Die Schaltung besteht aus den Schaltungsteilen Nebelhorn, KSG-Sirene und Verstärker, wobei mir bei der Auslegung der Komponente KSG-Sirene der entsprechende Schaltungsvorschlag von H. Böck in SM 1/83 als Vorlage gedient hat.

Nebelhörner Typhone werden, wie schon oben erwähnt, auf großen Schiffen mit Preßluft oder auch Dampf betrieben. Beim Einschalten hört man daher zunächst immer das Zischen des Arbeitsmittels, das noch entweichen kann, bevor sich im Horn durch Resonanz der charakteristische tiefe Ton voll ausbilden kann. Die Imitation des Nebelhorntons erfolgt daher durch zeitlich variable Mischung von reinem Rauschen aus einem Rauschgenerator (weißes Rauschen) mit dem tiefen Grundton des eigentlichen Tongenerators.

In allen mir bekannten Typhon-Schaltvorschlägen besteht der Rauschgenerator aus einer im Sperrbetrieb betriebenen Halbleiterstrecke mit angeschlossenem Verstärker. Diese Schaltung hat allerdings den Nachteil, daß sie zum einen nur mit Spannungen größer als 12 V arbeitet und ihre einwandfreie Funktion zum anderen sehr stark von den benutzten Bauteilen und deren Toleranzen abhängig ist, weswegen manche Rauschgeneratoren gut, andere aus unerfindlichen Gründen schlecht funktionieren.

Hier soll deshalb ein digitaler Rauschgenerator zum Einsatz kommen, der kaum teurer ist und diese Nachteile vermeidet. Er besteht aus einem Oszillator mit ungefähr 30 kHz, aufgebaut aus den beiden EXOR-Gattern I und II des IC1 sowie den frequenzbestimmenden Bauteilen R1 und C1, den vier Schieberegistern des IC2 (2 vier- und 2 fünfstufige) und einigen logischen Verknüpfungen (Gatter III und IV sowie Inverter T1) zwischen ihnen. Mit dem Taktgenerator ist die Schiebefrequenz der Daten (LOW oder HIGH) am jeweiligen Eingang festgelegt, wobei die Verknüpfungen der verschiedenen Ausgänge zu immer anderen, mehr oder weniger zufälligen, neuen Eingangswerten führen. Das Resultat ist ein sogenanntes „binäres Rauschsignal" am Ausgang mit einer Amplitude in der Größe der Versorgungsspannung, das für die weitere Verwendung sogar noch abgeschwächt werden muß. Tatsächlich kann übrigens eine extrem niedrige Wiederholfrequenz im Rauschen ausgemacht werden, weshalb man korrekt eigentlich von einem „Pseudo-Rauschsignal" sprechen sollte; für unseren Anwendungszweck sind solche Präzisierungen aber ohne Belang.

Der Tongenerator für den eigentlichen Typhonton wird mit dem für solche Anwendungszwecke bewährten NE-555 (IC3) realisiert; seine Frequenz kann durch Variation von R9 beeinflußt werden.

Die zeitlich variable Mischung des Rausch- mit dem Tongeneratorsignal besorgt T2 mit zugehöriger Beschaltung. Dabei dient der Spannungsteiler R4/R5 der Festlegung der maximalen Rauschstärke, während einerseits R6, R7 und C3 für die zeitliche Abschwächung und schließliche Abschaltung der Rauschzumischung schon nach wenigen Sekunden sorgen und andererseits R10/C10 den Start des Tongenerators ein wenig verzögern, so daß zunächst nur reines Rauschen zu hören ist. Für R4/R5 bzw. R6/R7 können natürlich auch Potis eingesetzt werden.

Der zweite Teil der Schaltung beschreibt die KSG-Sirene, einen Tongenerator, dessen Tonfrequenz kontinuierlich ansteigt, um dann schlagartig abzubrechen und mit dem tiefsten Ton erneut zu beginnen. Die Schaltung besteht aus zwei Multivibratoren, die in das IC4 integriert sind. Der erste Vibrator (MV1) ist als Sägezahngenerator geschaltet, der mit seinem Ausgangssignal über T4 die frequenzbestimmenden Elemente des als Ton-

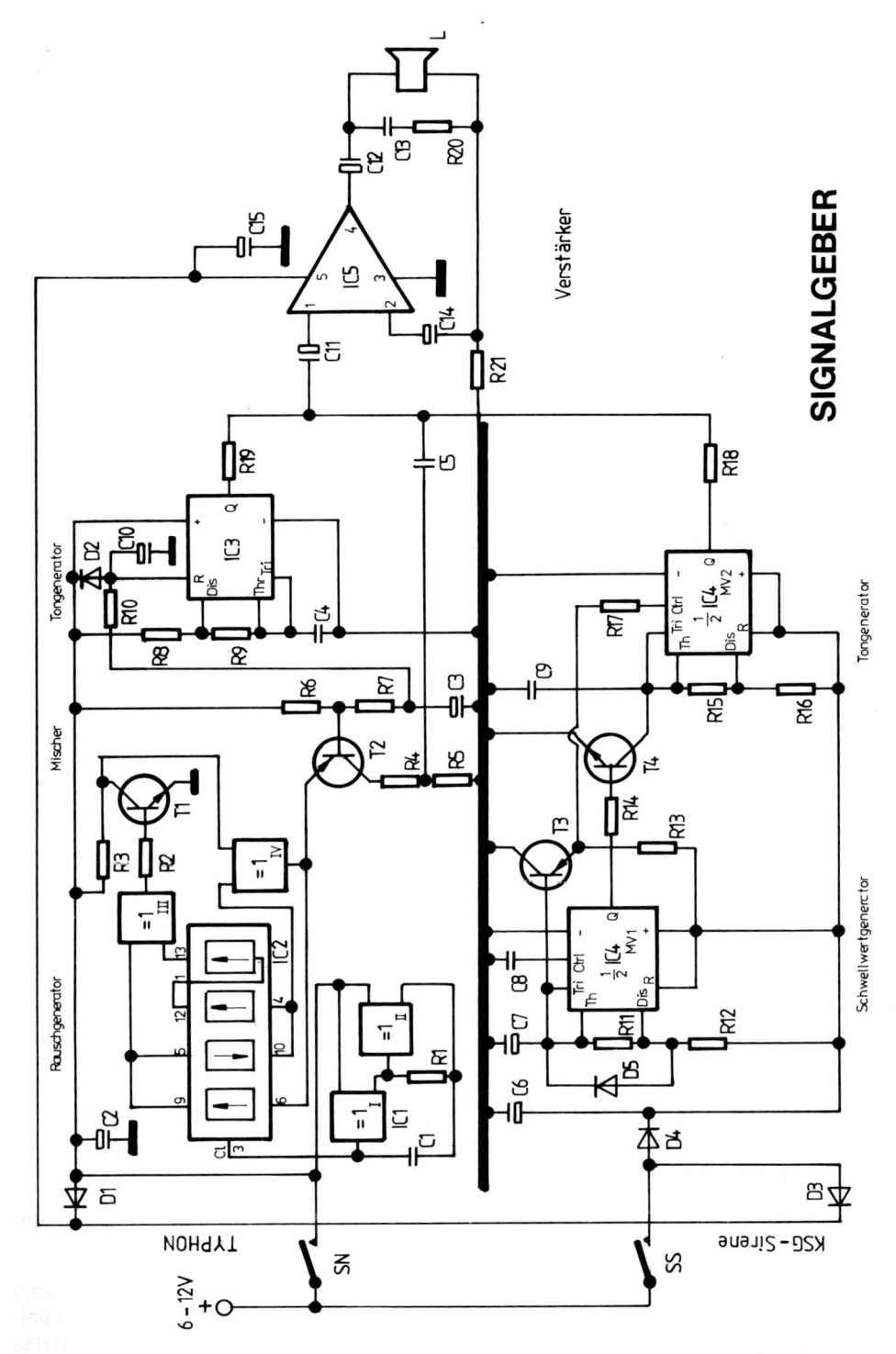

Abb. 7.4: Schaltbild des kombinierten Signalgebers für Nebelhorn und „Klarschiff zum Gefecht"-Sirene

Stückliste

IC 1	CMOS-4070 (Quad EXOR Gatter)
IC 2	CMOS-4006 (Quad Schieberegister)
IC 3	NE-555 (Timer)
IC 4	NE-556 (Doppeltimer)
IC 5	TDA-2003 (Verstärker)
T 1, T 4	BC-238 o. ä.
T 2, T 3	BC-328 o. ä.
D 1, D 3	1 N 4001
D 2, D 5	1 N 4148
D 4	GE-Diode
R 1	27 k (1/4 W)
R 2	47 k
R 3, R 13	4,7 k
R 4	4,7 k (Amplitude Rauschen)*
R 5	470 Ohm (Amplitude Rauschen)
R 6	33 k (Zeitverzögerung)**
R 7	68 k (Zeitverzögerung)
R 8	10 k
R 9	390 k
R 10	18 k
R 11	22 k (Taktfrequenz)
R 12, R 14	10 k
R 15	56 k (KSG-Sirene, tiefster Ton)
R 16, R 17	2,7 k
R 18	68 k
R 20	2,2 Ohm
R 21	0,1 Ohm (eventuell auf Platine ätzen)
C 1	1 nF (Keramik)
C 2, C 6	100 µF (Elektrolyt, 16 V)
C 3	4,7 µF (Tantal 16 V)
C 4	33 nF
C 5	4,7 nF
C 7, C 11	47 µF (Tantal 16 V)
C 8, C 9	10 nF (Keramik)
C 12	470 µF (Elektrolyt, 16 V)
C 13	100 nF (Keramik)
C 14	220 µF (Elektrolyt, 16 V)
L	Lautsprecher 4 Ohm (siehe Tabelle 4 und Text)

---

* Für R 4/R 5 kann mit Vorteil auch Poti von 5 k bzw. Poti von 1 k plus Widerstand von 3,9 k verwendet werden

** Für R 6/R 7 kann auch Poti von 200 k (eventuell 500 k bei 12 V Betriebsspannung) eingebaut werden

generator geschalteten MV 2 variiert. Die Zykluszeit des MV 1 kann dabei durch andere Wahl von R 11, die „unterste" Sirenenfrequenz mit R 15 verändert werden.

Für den gemeinsamen Leistungsverstärker im dritten Teil der Schaltung wird ein Verstärker-IC eingesetzt, dessen externe Beschaltung den Vorschlägen des Herstellers folgt. Die Ausgangsleistung des IC-Verstärkers ist mit etwa 6 W an 4 Ohm mehr als ausreichend. Je nachdem, ob SN oder SS geschlossen wird, „tutet" oder „sirent" der Signalgeber. Der Verstärker erhält dann den benötigten Strom über D 1 bzw. D 3.

Der Abgleich des Signalgebers richtet sich etwas nach dem persönlichen akustischen Geschmack. Für R 4/R 5 (Abschwächung), R 6/R 7 (Verzögerung), R 9 (Typhon-Tonhöhe) und R 15 (Sirenen-Tonhöhe) werden provisorisch Potis eingelötet. Mit diesen wird der Signalgeber „nach Geschmack" abgestimmt. Schließlich werden die Potis durch Festwiderstände der jeweiligen Potiwerte ersetzt.

7.3.2 Auswahl und Einbau des Lautsprechers

Der Lautsprecher setzt die vom Verstärker kommenden elektrischen Impulse in Luftdruckschwankungen um (die wir mit unseren Ohren als Geräusch wahrnehmen), wozu er sich einer durch einen Elektromagneten gesteuerten Membran bedient. Es ist leider ein Grundgesetz des Lautsprecherbaus, daß Lautsprecher um so größer werden, je tiefere Töne sie abstrahlen sollen. Das Tuten eines Nebelhorns ist nun aber schon ein verdammt tiefer Ton, der eigentlich nach einem gewaltigen Lautsprecher verlangt, wie er in einem normalen Schiffsmodell kaum untergebracht werden kann. Auf der anderen Seite produziert eine KSG-Sirene relativ hohe Töne, für die nur ein Lautsprecher vergleichsweise kleiner Dimension vonnöten ist, da eine große Membran wegen ihrer Masse den schnellen Schwingungen eines hohen Tons nicht mehr folgen kann; hier braucht man daher einen kleinen Hochtöner. In den Lautsprecher-Boxen der „Jubelelektronik" löst man das Hoch- und Tieftonproblem durch den Einbau von zwei Lautsprechern, einem kleinen für hohe und einem großen für niedrige Töne, die über eine „Frequenzweiche" gesteuert werden.

Dieser Aufwand ist im Schiffsmodell doch wohl etwas übertrieben, zumal Nebelhorntuten und KSG-Sirenen ja nicht unbedingt die HIFI-Normen erfüllen müssen; verlangt werden vom Lautsprecher aber eine zufriedenstellende Breitband-Charakteristik, kleine Einbau-Dimensionen sowie geringes Gewicht; letzteres vor allem, weil der Lautsprecher in der Regel über der KWL eingebaut werden muß. Eine kleine Auswahl verwendbarer Lautsprecher ist in Tabelle 4 zusammengetragen; die Aufstellung folgt weitgehend einem Artikel von H. Spantekow in SM 1/82.

Fast noch wichtiger als die Wahl des Lautsprechers ist dessen richtiger Einbau ins Modell. Vom Modellbauer-Standpunkt aus gesehen muß der Lautsprecher unsichtbar sein, vom Standpunkt des Akustikers sollte die Lautsprecher-Membran nach vorne möglichst ungehindert abstrahlen können, während die Lautsprecher-Rückseite von einem hermetisch abgeschlossenen Raum von ungefähr 1 Liter Volumen abgeschlossen würde. Der Kompromiß liegt hier wohl etwas jenseits der Mitte zugunsten des Modellbauers, nützt doch der schönste Signalgeber nur noch wenig, wenn durch seinen auffälligen Lautsprecher das Modell „versaut" wird. Wichtig ist aber in jedem Fall, daß die Lautsprecher-Vorderseite von der Rückseite durch eine Wand getrennt wird, um einen „Schallkurzschluß" zu vermeiden.

Bei Modellen in großem Maßstab kann man die Lautsprecher hinter geöffneten Türen verstecken, wie das Spantekow in besagtem SM-Artikel vorgeschlagen hat. Bei Kriegsschiffmodellen von meist kleinerem Maßstab werden diese Schallaustritts-Öffnungen zu klein. Hier helfen oft die meist großzügiger dimensionierten Luftansauggitter für die Kesselanlage, hinter deren modellmäßiger Imitation man den Lautsprecher verstecken kann. Bei Trägermodellen eignen sich vor allem auch die seitlichen Hangaröffnungen zum Lautsprechereinbau. Die Skizze in Abb. 7.5 zeigt die Anordnung des Lautsprechers in der Hangaröffnung eines Trägermodells (M. 1:200). Da die Hangartorhöhe sehr viel kleiner ist als der Korbdurchmesser des verwendeten Lautsprechers, wurde dieser schräg installiert, um die Membranfläche voll nutzen zu können. Die Hangaröffnung ist gegen den Modellinnenraum abgeschlossen; der Raum ist mattschwarz gespritzt, so daß der Lautsprecher selbst nicht zu sehen ist.

Tabelle 4: Verschiedene Miniatur-Breitbandlautsprecher für den Einsatz als Signalgeber in Schiffsmodellen

Bezeich- nung	Elektrische Daten			Mechanische Daten		Hersteller	Bemerkungen
	Impe- danz Ohm	Lei- stung W	Frequenz- bereich Hz	Durch- messer mm	Ge- wicht g		
AD 0198 Z 25	25	0,3	600–12000	31	17	VALVO	für kleine Schiffsmo- delle und hohe Töne (z. B. KSG-Sirene)
AD 2071 Z 4	4	1	270–10000	64	50	VALVO	ist als Z 8, Z 15 und Z 25 auch mit 8, 15 oder 25 Ohm lieferbar. Anwendbar in kleine- ren und mittleren Schiffsmodellen z. B. für KSG-Sirenen
AD 3371 Y 4	4	2	150– 9000	81	58	VALVO	ebenfalls mit 8, 15 und 25 Ohm Impedanz lieferbar
							mit unterer Grenzfre- quenz von 150 auch schon für tiefere Töne verwendbar; z. B. be- grenzt auch für Nebel- horn
AD 3080 X	4	6	35–15000	87,2	220	VALVO	idealer Breitbandlaut- sprecher mit recht hoher Leistung und für nahezu alle Signal- geber. Lautsprecher ist allerdings relativ schwer

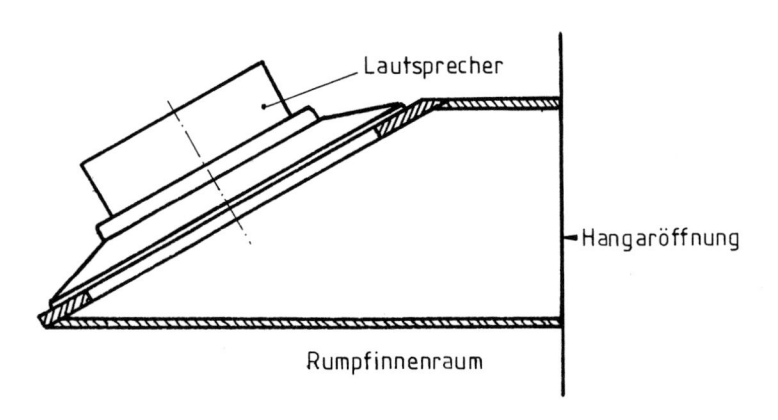

Abb. 7.5: Einbau des Lautsprechers in eine Träger-Hangaröffnung

7.4 Zündung pyrotechnischer Erzeugnisse

Eine auch bei Zuschauern besonders beliebte Sonderfunktion ist die ferngesteuerte Zündung pyrotechnischer Erzeugnisse „in modellhafter Verpackung", wie das Starten von Lenkwaffen auf Kreuzern, der Start von Flugzeugen auf Trägern oder das Abfeuern von Salven aus großkalibrigen Geschützen. Das Grundprinzip ist in jedem der oben genannten Anwendungsbereiche das gleiche: Ferngesteuertes Einschalten einer Heizspirale aus Widerstandsdraht, die dabei rotglühend wird und die Zündschnur des pyrotechnischen Artikels entflammt. unterschiedlich ist die „Verpackung" als Rakete, Flugzeug oder Kanonenrohr.

Zum ferngesteuerten Schalten wird im Regelfall der entsprechende Ausgang eines Schalterbausteins verwendet, wie er inzwischen für viele Fernsteuerungen angeboten wird. Falls die Belastbarkeit dieses Ausgangs unter 1 A liegt, so muß ein Relais oder ein stärker dimensionierter Schalttransistor zwischengeschaltet werden.

Auch geeignet zum ferngesteuerten Zünden sind die schon verschiedentlich in SM vorgeschlagenen elektronischen Mehrfachschalter (der vom Autor entwickelte OKTA-SWITCH ([B 13]) erlaubt acht Schaltfunktionen mit einem RC-Kanal) oder mechanische „Magnetorgeln" (mehrere Reedrelais, die von einem auf dem Ruderarm eines Servos montierten Magneten einzeln angesteuert werden können). Ihre Signale müssen dann aber in jedem Fall mit Transistor oder Relais nachverstärkt werden.

7.4.1 Sicherheitsaspekte

Einige der notwendigen, unbedingt zu beachtenden Sicherheitsmaßnahmen möchte ich meinen weiteren Ausführungen über die Sonderfunktion „Pyrotechnik" voranstellen, handelt es sich doch bei allen pyrotechnischen Artikeln um gut brennbare und mehr oder weniger explosive Materialien, die daher auf einem mit viel Mühe und Sorgfalt gebauten Schiffsmodell nur unter Beachtung peinlichster Vorsichtsmaßnahmen etwas zu suchen haben. Zum einen ist dafür zu sorgen, daß der zündende Pyroartikel das Modell selbst nicht beschädigt, wie z. B. der Feuerstrahl einer startenden Rakete das dahinterliegende Deck u. U. anbrennen kann, besonders, wenn sich die Rakete oder deren Leitstab irgendwie verheddert. Zum anderen ist der Tatsache, daß der Pyroartikel mittels Funkfernsteuerung gezündet wird — die bekanntlich nicht ganz unempfindlich gegen Fremdstörungen ist — durch geeignete Sicherheitsschaltungen Rechnung zu tragen, kann es doch nicht angehen, daß z. B. Zuschauer durch versehentlich startende Raketen verletzt werden. Ich habe einmal als unbeteiligter Zuschauer miterleben können, wie eine durch Funkstörung gezündete Rakete einem das Modell intensiv betrachtenden Kind an den Kopf flog. Gott sei Dank ging der Fall damals glimpflich ab, und außer Geheul war nichts. In diesem Zusammenhang erübrigt es sich wohl festzuhalten, daß Raketen natürlich nie in Richtung von Menschen oder Tieren abgeschossen werden dürfen, wollen wir uns nicht der berechtigten Mißbilligung — oder gar Strafverfolgung — durch unsere Mitmenschen aussetzen.

Dem ersten Sicherheitsaspekt, dem Schutz des Modells vor „Brandwunden", kann man, wie auch beim Original, durch das Anbringen von Flammabweisern beggnen. Noch besser, aber modelltechnisch nicht immer möglich, ist das Anbringen des Pyroartikels in der Weise, daß eventuelle Flammen nach oben (Leuchtsternwerfer) oder über die Reling auf die Wasserfläche schlagen, wo sie wenig Schaden anrichten können. In jedem Fall, das sei schon hier gesagt, läßt sich eine gewisse, allerdings leicht abwaschbare Verschmutzung des Modells durch Verbrennungsrückstände (Ruß) die sich nach einigen „Salven" mehr oder weniger über das gesamte Modell ausbreiten kaum ganz vermeiden.

Dem zweiten und mir erheblich wichtiger erscheinenden Sicherheitsaspekt, nämlich dem unbeabsichtigten Zünden von Pyroartikeln, kann nur elektronisch mit geeigneten Sicherheitsschaltungen begegnet werden. Sie verhindern zwar eine prompte Reaktion des Modells auf den Startbefehl, doch ist dieser Nachteil zugunsten von mehr Sicherheit m. E. leicht zu verkraften (wir wollen ja schließlich mit unseren Modellen nicht auf Entenjagd gehen, wie das vor einigen Jahren als Aprilscherz in Form eines Wettbewerbsaufrufs in SM angeregt wurde).

In Abb. 7.6 ist das Schaltbild einer einfachen, aber sehr wirkungsvollen Sicherheits-Elektronik dargestellt. Sie besteht aus einer „retriggerbaren" Zeitverzögerung, aufgebaut mit einem RC-Glied plus Diode und einem Schmitt-Trigger, einer Kippstufe, die die Glühdauer der Heizspirale auf wenige Sekunden begrenzt, sowie einer angeschlossenen Leistungsstufe; die Heizspirale selbst kann direkt am Kollektor des Schalttransistors angeschlossen werden.

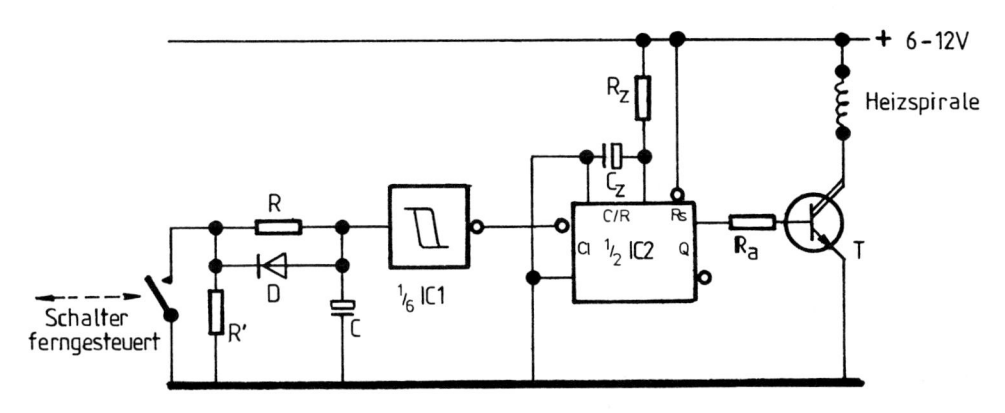

Abb. 7.6: Schaltbild Zündschaltung mit Sicherheitsverzögerung

$$T_{verz.} \cong 1.15 * R * C$$
$$T_{scha.} = 0.35 * R_z * C_z$$

Stückliste

IC 1	CMOS-40106 (Hex-Schmitt-Trigger)
IC 2	CMOS-4528 (Dual-Monoflop)
T	BD-677 (Darlington)
D	1 N 4148
R', R_a	10 k (1/4 W)

Die Schaltung ist darüber hinaus auch ein recht brauchbarer Leistungsverstärker. Die von der Fernsteuerung bedienten Schalter S brauchen daher eigentlich sehr wenig zu leisten. Es gehen die Reedrelais von „Magnetorgeln" so gut wie die CMOS-IC-Ausgänge von Mehrfachschaltern oder meiner NAVICONT-Anlage. Im Falle von CMOS-Ausgängen kann übrigens der Widerstand R' entfallen.

„Sicherheits-relevant" an der Schaltung ist nur der erste Schaltungsteil. Wird Schalter S geschlossen, so wird C über R erst allmählich aufgeladen, d. h. die Spannung am Eingang des Schmitt-Triggers erreicht erst nach einiger Zeit die Schaltspannung, bei der auch der Ausgang auf H geht. Wird nun S vorzeitig wieder geöffnet — z. B. weil das Schließen nur auf eine kurzzeitige Störung zurückzuführen war —, so wird C über die Diode D und R' (R' ist sehr viel kleiner als R) sofort wieder entladen, und für eine Zündung ist erneut die gesamte Vorlaufzeit nötig. Die Schaltung bewirkt also, daß das Startsignal einige Zeit „ungestört" anstehen muß, bevor etwas passiert, wobei diese Zeit mit der in Abb. 7.6 angegebenen Beziehung näherungsweise bestimmt werden kann. Man sollte bei dieser „Sicherheitszeit" nicht zu kleinlich sein, 20 bis 40 Sekunden sind aber wohl ausreichend.

Der Ausgang des Schmitt-Triggers startet den Monoflop, der die über die Leistungsverstärkung angeschlossene Heizspirale für einige Sekunden einschaltet; in der Regel reichen 5 Sekunden, d. h. für Cz ist ein Elko mit 10 μF und für Rz ein Widerstand von 1,5 M einzusetzen.

Die Heizspirale selbst ist aus Widerstandsdraht zu fertigen. Materialien mit hohem Schmelzpunkt und hohem Widerstand sind zu bevorzugen. Am besten geeignet, aber schwer erhältlich ist Kanthal, ein spezieller Chromstahl. Für 0,1 mm-Draht gelten Widerstandswerte von 180 Ohm/m, der Schmelzpunkt liegt bei 1500° C (Arbeitsbereich bis 1200° C); im Vergleich dazu die Daten des leichter erhältlichen, gleich starken Konstantan-Drahtes: 64 Ohm/m und 1200° C (Arbeitsbereich 400° C). Wegen dieser niedrigen Arbeitstemperatur ist Konstantandraht meist schon nach ein bis zwei Zündungen durchgebrannt; Kanthaldraht hält da schon um einiges länger.

Die Länge des für eine Heizspirale benötigten Drahtes bestimmt man am besten im Experiment. Für dunkelrot glühende Kanthaldraht-Spiralen, deren Temperatur in der Regel zum Zünden ausreicht, benötigt man bei 12 V Spannung etwa 3 cm freie Drahtlänge plus einen Vorschaltwiderstand von 4,7 Ohm (Leistungswiderstand 5 W). Die zusätzlichen Drahtenden, die dem Anschluß dienen, sollte man mit Kupferdraht (aus Kupferlitze) verzwirnen, um den Widerstand im Anschlußbereich zu verkleinern. Abschließend kann man das kurze Drahtstück auf einem dünnen Dorn noch zur Spirale biegen.

7.4.2 Zündung von Feuerwerksraketen: Flugzeug-, Lenkwaffen- oder Torpedostart

Als Lenkwaffen, Flugzeug-Antriebseinheiten oder Torpedos kommen aus Gründen des Maßstabs meist nur relativ kleine Raketen in Frage. Zu vermeiden sind darüber hinaus Raketen-Typen, die mit Leuchtspur fliegen, was zwar u. U. recht imposant aussehen mag, die aber beim Start unausweichlich das Modell beschädigen. Die Leuchtspur besteht nämlich aus feinsten Metallspänen, die beim Abbrennen des Treibstoffs rotglühend werden und so die Düse verlassen, wo sie dann den Decksanstrich ansengen.

Der stabile Flug von Feuerwerksraketen wird durch einen Holzstab gewährleistet, der die Rakete auf einer verhältnismäßig geraden Bahn hält, besonders dann, wenn, wie anläßlich eines Feuerwerks, der Elevationswinkel relativ steil ist (man stellt die Rakete normalerweise in eine Flasche und richtet diese fast senkrecht gegen den Himmel). Bei unseren Anwendungen kann aber u. U. der Startwinkel recht flach werden, und dann fliegen die Dinger leider nicht mehr ganz so gut, ja sie stürzen vielfach frühzeitig ab.

Bei mir bewährt haben sich inzwischen zwei Typen von Feuerwerksraketen rotchinesischen Ursprungs, die beide zu den bekannten Anlässen in Mehrfachpackungen überall und für wenig Geld zu haben sind.

Typ I: THUNDER FLASH ROCKET mit 7 mm Durchmesser und 47,5 mm Länge (Leitstab 1,5 mm ⌀, 230 mm Länge). Die Rakete brennt bei geringer Rauchentwicklung relativ ruhig ab (leiser Zischton) und „verabschiedet" sich mit einem Knall. Reichweite bei 50 m.

Typ II: WHISTLING MOON TRAVELER mit 8,2 mm Durchmesser und 53 mm Länge (Leitstab 2,5 mm ⌀, 230 mm Länge). Die Rakete brennt bei relativ starker Rauch- und Flammenwirkung mit heulendem Geräusch ab und verabschiedet sich ebenfalls mit Knall. Ihre Reichweite liegt zwischen 50 und 100 m.

Sonderfunktion „Pyro":

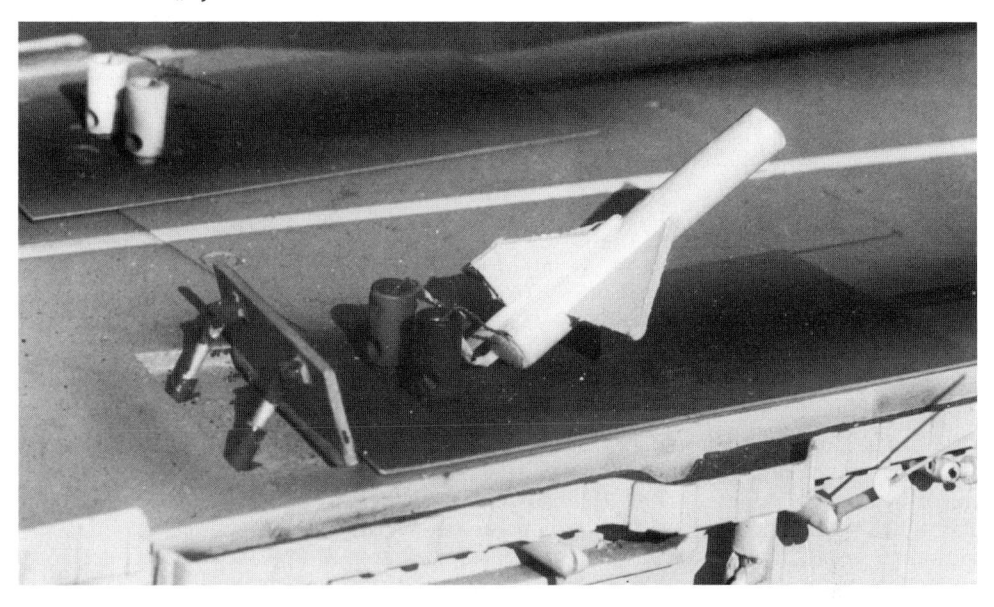

Ein „Flugzeug" auf dem Steuerbordkatapult des Trägermodells SHANGRI-LA. Man erkennt den aufgerichteten Flammabweiser, die Unterlage aus dünnem Alublech zum Schutz des Holzdecks, die Buchsen mit der Heizspirale nebst Zündschnur sowie eine Rakete des Typs I mit angeklebten Tragflächen und Leitwerken aus Karton. Der Leitstab verschwindet im Deck.
Im Vordergrund sieht man auch die Verstärkungen auf dem Schanzkleid des Deckumlaufs sowie zwei Klappantennen.

Lenkwaffenstarter mit eingehängter Rakete des Typs I

Ein Nachteil des letzteren Raketentyps ist zweifellos, daß die Flammwirkung mit Flammenlängen von einigen Zentimetern beim Start — und damit die Gefahr für das Modell — relativ groß werden kann. Nachteilig ist auch, daß dieser Typ II beim Start zu vorzeitigen Explosionen neigt, weshalb er nicht aus Silos (Verdämmung!) gestartet werden sollte. Die kreischenden Abbrenngeräusche prädestinieren ihn eigentlich mehr für Flugzeuge, doch steht dem die Rauchentwicklung entgegen, die wohl mehr für Lenkwaffen typisch ist.

Bei Flugzeugstarts auf Modell-Flugzeugträgern beträgt der Elevationswinkel der Feuerwerksrakete normalerweise nur wenige Grad. Startet man daher die Raketen vom Träger unter solchen flachen Winkeln, so fällt das „Flugzeug" meist wenige Meter vor dem Bug ins Wasser und setzt seine Reise als Torpedo fort (die Rakete geht nicht aus), ein möglicherweise die Zuschauer belustigender, sicherlich aber ungewollter Effekt. Die Flugzeuge müssen deshalb unter einem steileren Winkel gestartet werden, d. h. „mit extrem langem Bugfahrwerk" am Katapult stehen, auch wenn die Originaltreue möglicherweise etwas darunter leidet.

Als Rakete wird von mir vorzugsweise der feuer- und raucharme Typ I verwendet, dem man noch mit einem Seitenschneider den Knallkörper entfernen kann, indem man den vorderen ersten Zentimeter der Rakete einfach abknipst; dabei ist natürlich Vorsicht geboten! Der Flugzeugstart wird damit nicht nur realistischer — denn wirkliche Flugzeuge explodieren normalerweise wohl auch nicht kurz nach dem Start —, sondern schont auch durch Vermeidung unnötiger Knallerei die Nerven eventueller Teichanwohner.

Raketenstart vom Träger SHANGRI-LA. Neben der Rakete erzeugt auch der Dampferzeuger einigen Qualm

Die notwendigen Starteinrichtungen für Flugzeugstarts auf Modellträgern sind in Abb. 7.7 dargestellt. In das Flugdeck wird am Katapultanfang im Winkel von etwa 30 Grad ein gerades Alu- oder Messingrohr eingelassen (Innendurchmesser etwa 5 mm), das man so lang belassen kann, daß es den Modellboden berührt. Es dient der verdeckten Aufnahme des Raketen-Leitstabs und ist der obligaten Weinflasche vergleichbar, die diesen Zweck an Sylvester zu erfüllen hat. Unmittelbar vor den auch beim Original an jedem Katapult vorhandenen Flammenabweisern werden je zwei Buchsen (Modellbahnbedarf) für die Stromversorgung der Heizspirale so positioniert, daß die Zündschnur einer in das Leitstabführungsrohr gesteckten Rakete direkt auf der Heizspirale liegt, die zwischen den Miniatursteckern verspannt wird und nach dem weiter oben beschriebenen Verfahren hergestellt wurde. Wird nun der Zündkreis geschlossen, so brennt nach wenigen Sekunden die Zündschnur, die Rakete startet, zieht den bis dahin unsichtbaren Leitstab aus dem Schiffsrumpf und verschwindet auf Nimmerwiedersehen im Himmel.

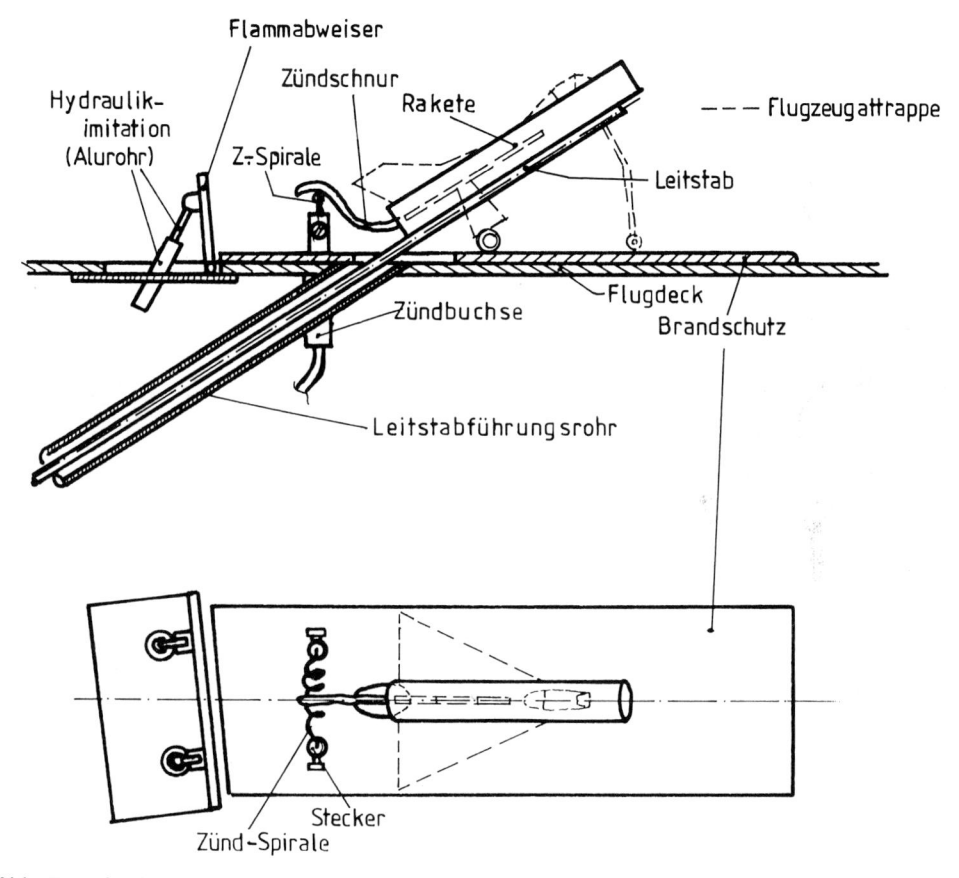

Abb. 7.7: Auslegung der Starteinrichtung für Flugzeuge auf einem Trägermodell

Ob man die Raketen noch als Flugzeuge „tarnen" soll, ist diskutabel. Für besondere Anlässe macht es sich bestimmt gut, an den Raketenkörper noch Tragflächen sowie Höhen- und Seitenleitwerk aus Karton anzukleben und das Ganze farbig zu spritzen. Da die Flugzeuge aber fast immer verloren sind, ist dieser Aufwand m. E. für den täglichen Gebrauch nicht gerechtfertigt, zumal man wegen des kleinen Maßstabs von Trägermodellen schon aus wenigen Metern keine Einzelheiten mehr erkennen kann.

Lenkwaffenstarts sind unproblematischer als die von Flugzeugen, da die Raketen hier oft unter höherem Elevationswinkel gestartet werden können und deswegen besser fliegen; allerdings stehen einem zu steilen Elevationswinkel die begrenzten Unterbringungsmöglichkeiten des relativ langen Leitstabes im Modellrumpf entgegen. Zwar kann man diesen bei steilen Winkeln ein wenig kürzen, doch zuviel des Guten sollte man in Hinblick auf eine ausreichende Flugstabilität unterlassen, denn eine kreuz und quer umherschwirrende „Lenkwaffe" ist ein lächerlicher Anblick.

Bei Modellen in kleinen Maßstäben muß ein operationsfähiger Fla-Raketen-Starter in seinen Abmessungen etwa verdoppelt werden; Abb. 7.8 zeigt den grundsätzlichen Aufbau des Starters vom US-amerikanischen Typ Mk.-26, Mod. 1. An den Unterkanten der beiden Starterarme wird je ein Messingrohr von 3 mm Innendurchmesser eingelassen, das auf den letzten 2 bis 3 cm voll bleibt und im übrigen vorderen Teil halbiert wird, so daß nur offene Halbschalen zu sehen sind. In den hinteren, geschlossenen Rohrteil kann je eine Rakete mit ihrem Leitstab gesteckt werden. Der Leitstab wird durch einen dafür vorgesehenen Schlitz (3 mm breit) im Starterunterbau (meist das Hauptdeck) in den Rumpf weitergeleitet und sollte dort am besten in einem Alu- oder Messingrohr geführt werden. Auf eine leichte Führung des Leitstabs ist besonders zu achten, damit dieser sich beim Raketenstart nicht verklemmen kann und die Rakete am Starter festhält, wo sie dann als Flammenwerfer tätig wird — mit unschönen Folgen für das Modelldeck.

Unter dem Starter werden wieder die obligaten Zündeinrichtungen montiert, bestehend aus je zwei Buchsen im Unterbau und eingesteckten Miniatursteckern, zwischen denen

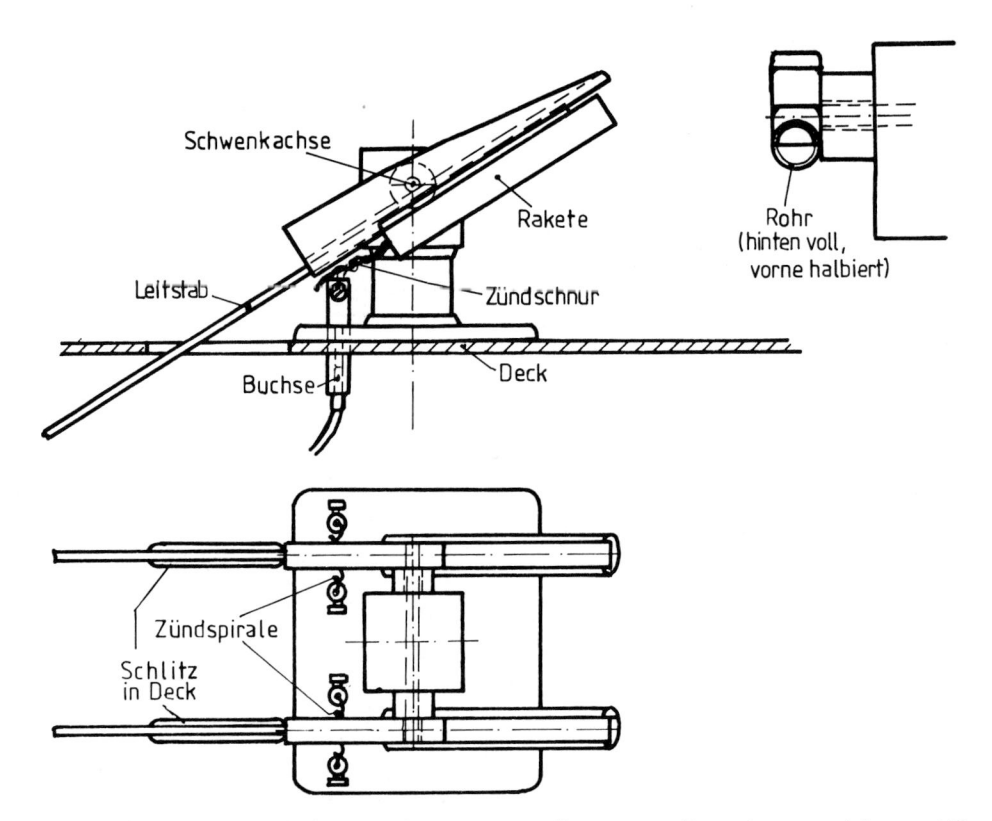

Abb. 7.8: Auslegung des funktionstüchtigen Lenkwaffenstarters (Aussehen angelehnt an US-amerikanisches Modell Mk.-26 Mod 1)

der Zünddraht spiralförmig verspannt wird. Die Position der Buchsen ist der Lage der Raketenzündschnur bei eingehängter Rakete anzupassen.

Nach Entflammung der Zündschnur durch die Heizspirale dauert es etwa zwei Sekunden, bis die Rakete startet und zischend (bzw. heulend) mit leicht ansteigender Flugbahn den Starter verläßt, wobei das Modell in eine Rauchwolke gehüllt wird, wie übrigens auch das Original bei gleichem Anlaß (besonders wirkungsvoll ist diese Rauchwolke bei Verwendung von Raketen des Typ II). Da die Leitstäbe der Raketen sehr dünn sind und schon aus geringer Entfernung nicht mehr gesehen werden können, ist der Raketenstart an Bord sehr realistisch.

Beim nächsten „Landurlaub" des Modells können in wenigen Sekunden zwei neue Raketen in die Starterarme eingehängt werden (Zündschnur in Heizspirale) und das Modell ist erneut armiert.

Lenkwaffenstarts aus Silos sind im Prinzip noch einfacher zu bewerkstelligen. Die Zündeinrichtungen können in den Silorohren problemlos installiert werden. Bei senkrechten Silos sind allerdings u. U. die verbleibenden Raketenleitstäbe etwas kurz, was zu „unsauberem" Flug der Raketen führen kann.

Die größeren sowjetischen Lenkwaffen werden aus großvolumigen Starttuben mit relativ flachem Elevationswinkel gestartet. Hier gilt ähnliches wie für den oben diskutierten Flugzeugstart, allerdings können die Zündeinrichtungen jetzt im Starter versteckt werden.

Auch die im Abschnitt 4.1.2 beschriebenen kastenförmigen SEA-SPARROW – bzw. ASROC – Lenkwaffenwerfer, können ebenfalls funktionstüchtig ausgeführt werden. Als Ladung dienen am besten die sogenannten „Lady-Cräcker", kleine Pyroartikel von 4 bis

SEA-, SPARROW- (oder ASROC-)Starter aufmunitioniert mit „Lady-Cräckern". Durch den Gebrauch sind der Starter und die dahinterliegenden Modellpartien bereits ein wenig angeschwärzt.

5 mm Durchmesser, die gegurtet geliefert werden und die mit einer hinter dem Starter angebrachten und so weit als möglich getarnten Zündeinrichtung „gestartet" werden können.

In den Werferkasten, der nach Möglichkeit aus einem Block Alu hergestellt wird, werden acht Sackbohrungen von je 5 mm Durchmesser eingebracht, wobei am hinteren Ende etwa 3 mm Wandstärke stehen bleibt. Diese Wand erhält eine 2-mm-Bohrung und nimmt jeweils die Zündschnur des Pyroartikels auf (Abb. 7.9).

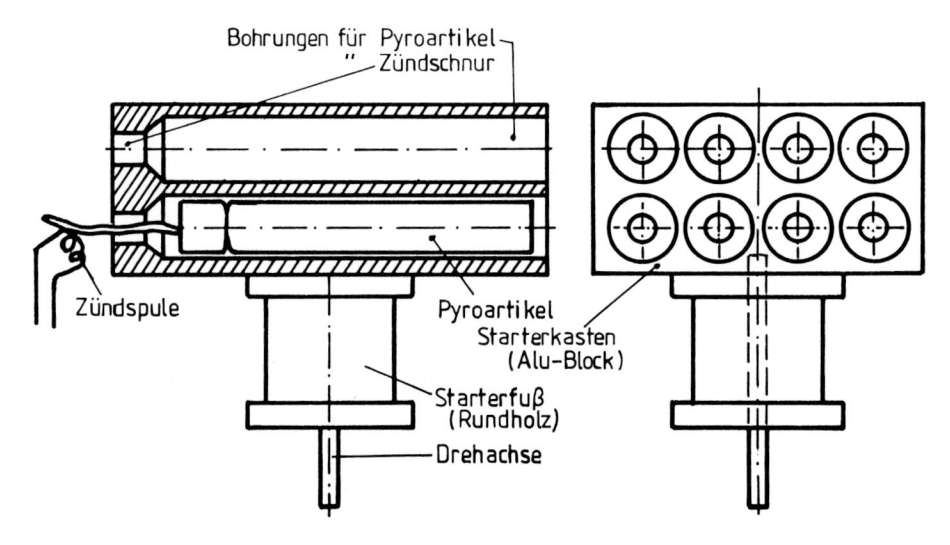

Abb. 7.9: Funktionstüchtiger Raketenwerfer (SEA-SPARROW/ASROC)

Alle acht Kammern des Starters können mit je einem Lady-Cräcker gefüllt werden, wobei die jeweiligen Zündschnüre einzeln oder auch gemeinsam auf die Zündspirale gelegt werden können. Bei Zündung explodiert der Pyroartikel mit mittlerem Knall und fliegt manchmal auch ein paar Meter aus dem Starter heraus; leichtere Rauchschwaden runden den Effekt ab. Es sollte angemerkt werden, daß die Zündfreude der Lady-Cräcker nicht allzuhoch ist und mit Versagern immer wieder zu rechnen ist.

Vom Prinzip her fällt auch der Torpedostart von kleineren Überwassereinheiten größeren Maßstabs (z.B. Schnellboote) in die Kategorie „Feuerwerksraketen-Zündung". Das Torpedoabschußrohr ist nun waagerecht montiert, was dazu führen wird, daß die aus dem Rohr abgefeuerte Rakete schon nach wenigen Metern ins Wasser platscht und ihren Lauf, in diesem Fall dann originalgetreu, unter Wasser fortsetzt, bis sie mit einem „Bloff" ihr imaginäres Ziel getroffen hat. Auch für diesen Anwendungsfall sollte man der Feuerwerksrakete übrigens den Leitstab belassen (u. U. etwas gekürzt), den man am hinteren Ende des Torpedorohres dann allerdings verstecken muß.

7.4.3 Feuernde Rohrwaffen

Eine sehr eindrucksvolle Sonderfunktion ist sicherlich das Feuern von Rohrwaffen, besonders eine „Breitseite" schwerer Geschütze. Das charakteristische einer solchen Breitseite ist ein Feuerblitz mit anschließender, relativ starker Rauchentwicklung sowie ein recht starker Knall.

Verschiedentlich ist vorgeschlagen worden, das Geschützfeuer mit einem feuernden, unter und parallel zum etwas aufgerichteten Rohr angebrachten Leuchtkugelwerfer zu imitieren (Abb. 7.10). Leichtkugelwerfer sind Papprohre von etwa 45 cm Länge und 1,3 cm Durchmesser, die gezündet etwa 10 Leuchtkugeln hintereinander „ausspucken"; wegen der leichteren Austauschbarkeit steckt man den Werfer am besten in ein entsprechend dimensioniertes Alurohr. Aus einiger Entfernung ist es dann wohl nur schwer auszumachen, ob die Leuchtkugeln aus dem Kanonenrohr selbst oder aus der etwas darunterliegenden Papphröre stammen. Die Zündung erfolgt wieder auf bewährte Art mit Widerstandsdraht.

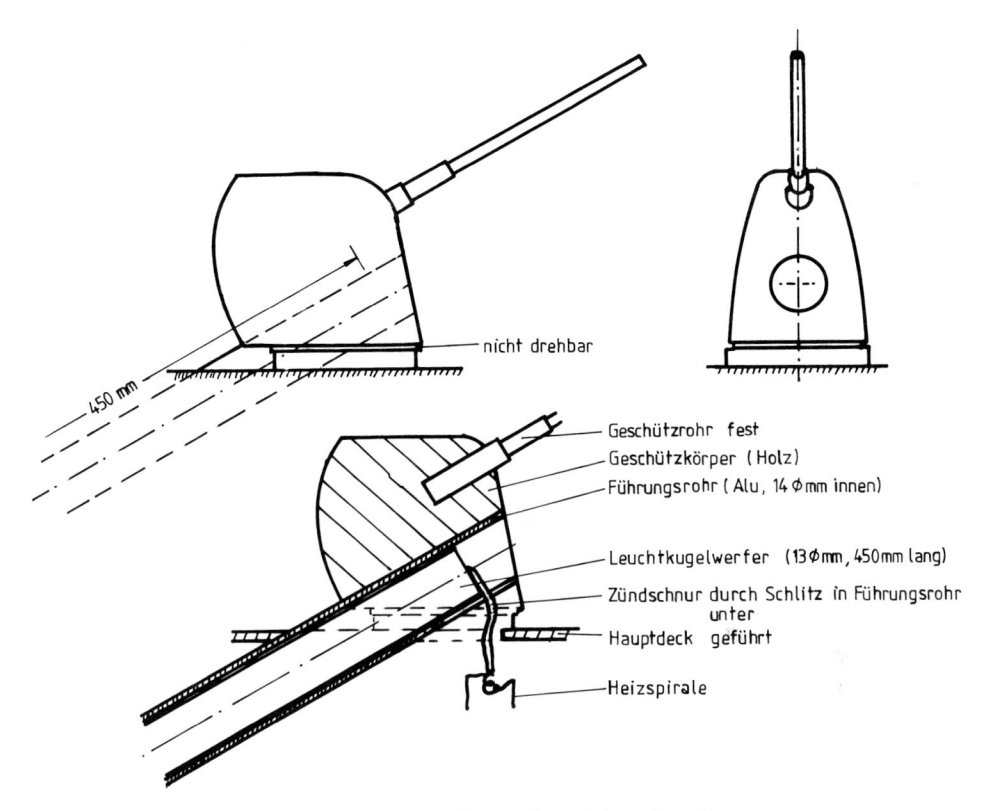

Abb. 7.10: Geschützfeuer durch parallel verlegten Leuchtkugelwerfer

Ein wesentlicher Nachteil dieser Methode ist, daß die Geschützattrappe unbeweglich und — wegen der Länge des unter Deck zu verstauenden Leuchtkugelwerfers — in Längsrichtung des Modells eingebaut werden muß; das Verschießen der typischen „Breitseiten" ist also hier nicht möglich.

Eine weit kompliziertere Art für das Verschießen von Leuchtkugeln oder auch Platzpatronen ist in SM 1/83 von H. Gröning vorgeschlagen worden. Hier werden durch das Rohr richtige Leuchtpatronen wie aus einer Leuchtpistole verschossen und mittels Schlagbolzen gezündet. Ohne große feinmechanische Kenntnisse und Möglichkeiten dürfte der Bau solcher Geschütze aber kaum gelingen. Ein ähnlicher Konstruktionsvorschlag ist jüngst auch von L. Weber in SM 9/86 vorgestellt worden. Da dieser Autor sehr detaillierte Konstruktionsunterlagen mitgeliefert hat, ist für den Nachbauwilligen mit feinmechanischen Kenntnissen und Möglichkeiten dieser Artikel vor allem zu empfehlen.

Das Verschießen von Leuchtkugeln ist eigentlich mit den optischen Effekten beim Schießen einer Breitseite schwerer Geschütze nur sehr bedingt vergleichbar. Besser scheint es mir daher zu sein, in den Geschützrohren eine geeignete „Ladung" abzubrennen, die dem vom Original geforderten optischen Eindruck nahekommt. Eine solche Ladung ist z.B. Schwarzpulver oder in Kaliumchlorat ($KClO_3$) getränktes Klopapier; das $KClO_3$ dient dabei als Oxydator während das Klopapier den Brennstoff, im wesentlichen Kohlenstoff, stellt; durch das Tränken wird eine besonders intensive Vermischung gewährleistet. Man stellt diese Ladung her, indem man Kaliumchlorat in Wasser auflöst (gesättigte Lösung) und Klopapier mit dieser Lösung tränkt; die besten Ergebnisse erzielt man zweifellos, wenn man das richtige chemische Verhältnis zwischen Oxydator und Brennstoff trifft, ein paar Versuche sind daher angebracht. Das Klopapier muß dann getrocknet werden und gewinnt an Gefährlichkeit, je trockener es wird (Zündtemperatur im trockenen Zustand etwa 110° C). Die Trocknung muß daher in Räumen weitab jeglichen brennbaren Materials erfolgen und es sollte gleichzeitig nur wenig „Ladung" hergestellt werden. Für die Trocknung kann der Heizkörper einer Zentralheizung verwendet werden. Auf keinen Fall aber ein Ofen. Das Papier ist übrigens sehr wasseranziehend, weswegen es u. U. nach einer längeren Lagerung in feuchter Umgebung nachgetrocknet werden muß.

Mit weniger chemischer Panscherei kann man geeignete Geschützmunition auch aus den Köpfen von Zündhölzern gewinnen; zehn Hölzer für eine Ladung sind wohl in der Regel absolut ausreichend.

Die Geschützrohre selbst sollten einen Innendurchmesser von mindestens 4 mm haben, am „Verschluß" können sie eher noch etwas größer sein. Die Zündung der Ladung erfolgt am besten mit einer Modellmotor-Glühkerze, die am Verschluß in die Rohre eingeschraubt werden kann; ein entsprechendes Gewinde ist vorzusehen (Abb. 7.11).

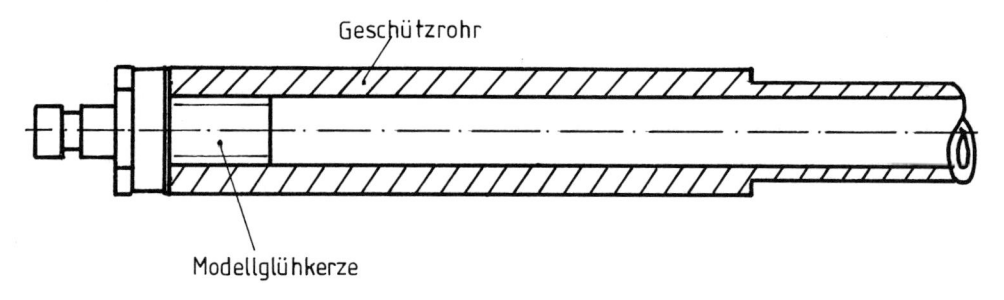

Abb. 7.11: Geschützrohr mit Zündeinrichtung für Pulverladungen

Das präparierte Klopapier wird in kleine Streifen zerteilt, je ein Streifen wird locker in ein Rohr gesteckt. Bei Zündung durch die Glühkerze verbrennt es explosionsartig mit weißer Rauchentwicklung und auch eine Stichflamme kann an der Geschützrohr-Mündung gut ausgemacht werden. Die Geräuschentwicklung bleibt allerdings gering, was kein Nachteil ist, wenn man auch die berechtigten Interessen eventueller Teichanwohner in Rechnung zieht.

Eine optisch weit weniger effektive Ladung sind die schon weiter oben angesprochenen „Lady-Cräcker". In Rohren von 5 mm Innendurchmesser können diese Ladungen problemlos in den gleichen, glühkerzen-gezündeten Geschützrohren verschossen werden; ihre Störanfälligkeit ist allerdings, wie schon im Zusammenhang mit den Werfern erwähnt, sehr groß.

8. Das Fahrmodell im Einsatz

Bevor wir näher auf die Trimmung eines Schiffsmodells, Verhaltensregeln am Teich und abschließend auf spezielle Fahrmethoden eingehen werden, soll uns zu Beginn dieses Kapitels zunächst noch der Bau von Transportkisten kurz beschäftigen.

8.1 Lager- und Transportkiste

Das sauber und mit viel Mühe gebaute Schiffsmodell gehört in eine stabile Kiste, in der es auch zum Teich transportiert werden kann. Oder es ziert einen Raum in der Wohnung – dann ist sein Platz mit Vorteil in einer die Verstaubung verhindernden Glas- bzw. Plexiglasvitrine.

Bei der Materialauswahl für die Transportkiste ist eigentlich nur wichtig, daß sie einerseits das Modell tragen kann, also fest genug ist, um nicht unter dessen Gewicht zusammenzukrachen, andererseits aber auch nicht zu schwer, damit ihr Transport nicht zusätzliche Probleme aufwirft. Das Modell muß in der Kiste so gelagert und fixiert werden, daß es auch eine etwas rauhere Behandlung beim Transport schadlos übersteht. Darüber hinaus sollten auch alle Utensilien untergebracht werden können, die zum Betrieb des Modells notwendig sind, wie Fernsteuersender, Dampferzeugeröl samt Spritze zum Füllen, gegebenenfalls Raketenmunition sowie alle zum Modell gehörenden weiteren Ausrüstungsgegenstände, wie z. B. die Flugzeuge bei einem Trägermodell.

Auch hier wollen wir aus konstruktiven Gründen wieder zwischen Träger- und anderen Kriegsschiff-Modellen unterscheiden. Während die Träger mit abgenommener Insel in einer breiten, aber flachen Kiste Platz finden, die nach oben geöffnet wird, werden die übrigen Schiffe in einer schmalen und hohen Kiste verstaut, die von der Seite her zugänglich ist.

8.1.1 *Transportkiste für Nicht-Trägermodelle*

Meine Transportkisten für Nicht-Trägermodelle (Abb. 8.1), um mit den letzteren zu beginnen, bestehen aus einem Rahmen aus 6-mm-Sperrholz mit Innenmaßen, die 2 bis 5 cm größer gewählt wurden als die maximalen Abmessungen des zugehörigen Modells; bei der Höhe gebe ich meist noch einige Zentimeter zu, um beim Einsetzen des Modells in die fertige Kiste nicht u. U. die fragilen Mastantennen zu beschädigen. Der Rahmen wird verklebt und aus Sicherheitsgründen darüber hinaus vernagelt.

Auf einer Seite des Rahmens wird eine Seitenplatte aufgeklebt (und vernagelt), die aus Gewichtsgründen eher aus dünnem Sperrholz (2 mm) sein sollte, bei mir aus Kostengründen aber oft aus der sehr viel schwereren, aber preiswerteren Hartfaser besteht.

Die andere Kistenseite ist die Öffnungsseite. Hier wird die Seitenplatte in den vier Kistenecken und aus Festigkeitsgründen noch unten und oben in Kistenmitte festgeschraubt. Dazu werden M4-Gewindebolzen an den entsprechenden Stellen in den Rahmen eingedreht und festgeklebt. Die Seitenplatte kann dann später mit Flügelmuttern festgeschraubt werden; dank der Flügelmuttern läßt sich die Kiste relativ schnell öffnen und schließen. Die Kiste wird mit einem Tragegriff vervollständigt, der vorteilhaft nicht in der geometrischen Mitte der Kiste, sondern im Schwerpunkt bei versorgtem Modell angebracht wird. Im leeren Raum über Bug und Heck des Modells findet sich noch genügend Platz für die Anbringung von Zubehörfächern.

Beim Transport ist es wichtig, daß das Modell in der Kiste rutschfest gelagert wird. Ich setze meine Modelle daher auf eine ungefähr 2 cm dicke Schaumgummi-Unterlage. Das

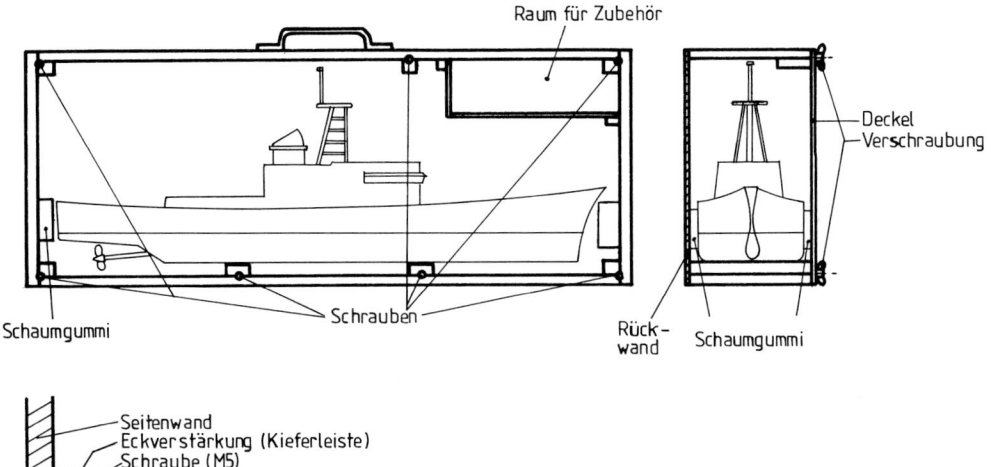

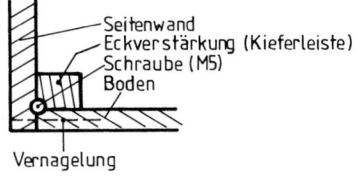

Abb. 8.1: Transportkiste für Nicht-Trägermodelle

gleiche Material klebe ich auch in Kistenmitte — wo sich die breiteste Stelle des Modells befindet — auf Höhe des Rumpfes, sowohl am Deckel als auch an der Hinterwand der Kiste fest und klemme damit das Modell beim Schließen der Kiste zwischen dem weichen Schaumgummi ein, so daß es absolut fest und unverrückbar in der Kiste sitzt. Obwohl ich meine Modelle gewöhnlich auf dem Fahrrad-Anhänger zum Teich transportiere und die Kisten daher auf dem weitgehend ungefederten Fahrzeug schon einiges aushalten müssen, ist noch keines meiner Modelle in den Kisten beschädigt worden.

8.1.2 Transportkiste für Trägermodelle

Da Trägermodelle selbst im M 1:200 über 10 kg wiegen, muß die zugehörige Transportkiste schon recht stabil sein, damit das Modell problemlos transportiert werden kann, insbesondere, wenn ein auf dem Deckel montierter Griff als Tragegriff verwendet werden soll. Meine Trägerkisten bestehen daher aus 10-mm-Tischlerplatten, die zu einer entsprechenden Kiste zusammengeleimt und -genagelt werden (Abb. 8.2). Mit jeweils etwas Zugabe entspricht die Innenbreite der Kiste der maximalen Trägerbreite, die Länge wird so gewählt, daß die Insel (vor dem Bug liegend) mit untergebracht werden kann, und die Höhe ist die des Modells ohne Insel.

Der Kistendeckel, der auch mit einem entsprechenden Tragegriff im Kistenschwerpunkt versehen ist, wird mit Klavierband (Scharnier) an der Kiste befestigt. Für den Schließmechanismus verwende ich Schnapper, sichere den Deckel zusätzlich aber noch mit zwei Flügelmutterverschraubungen gegen versehentliches Öffnen beim Transport mit möglicherweise fatalen Folgen für das Modell.

Da die Trägerdecks seitlich überhängend sind, ist an den Seiten im unteren Teil der Transportkiste noch eine Menge Platz, der mit kleinen „Subkisten" ausgefüllt und in denen z. B. das Flugzeuggeschwader untergebracht werden kann. Als Deckel für diese Behälter eignet sich Schaumgummi, der die Öffnungen durch Klemmwirkung schließt und den Inhalt beim Transport zudem noch ein bißchen abfedert.

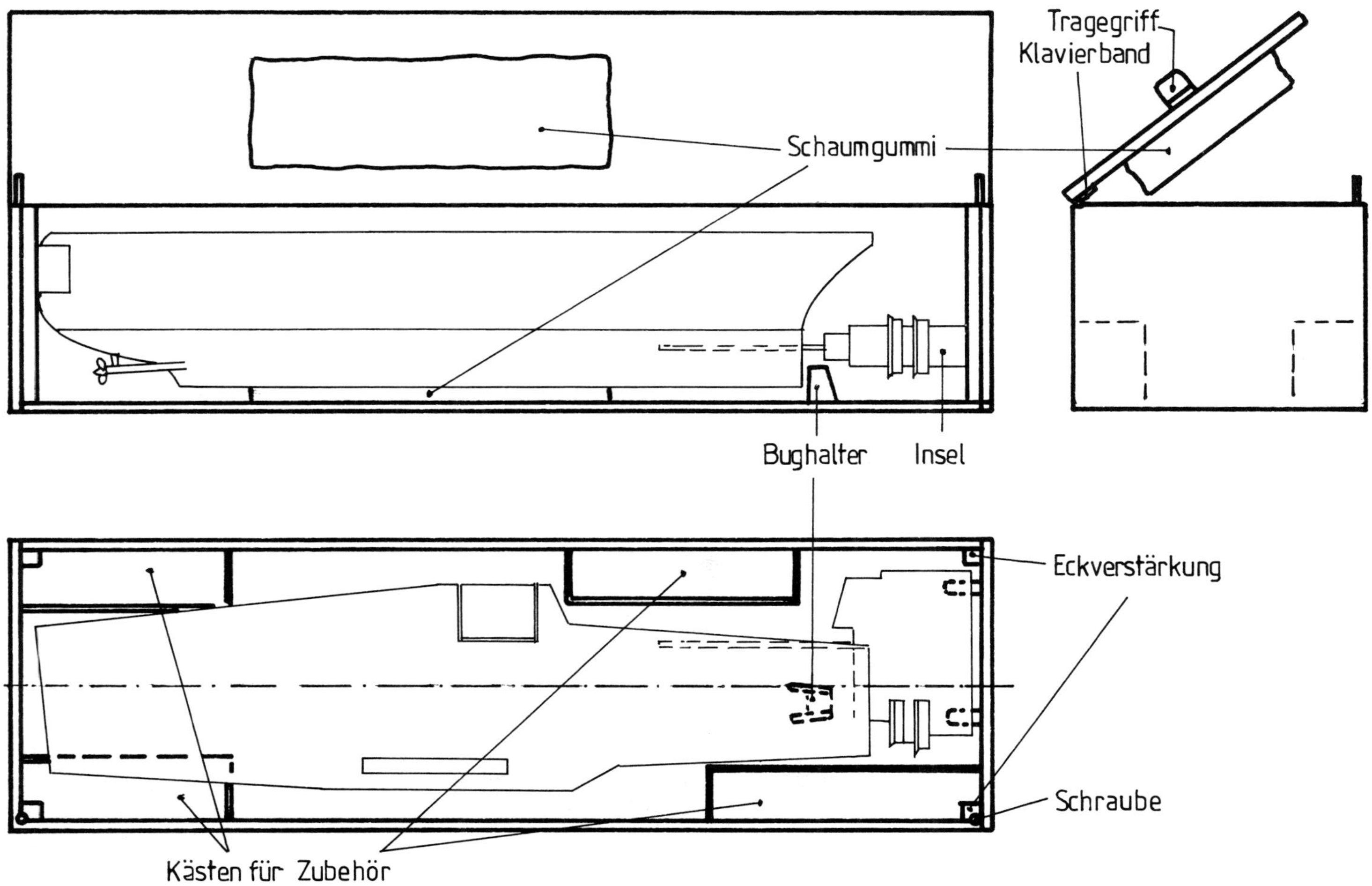

Abb. 8.2: Transportkiste für Trägermodelle

Transportkiste für Schlachtschiffmodell IOWA ▲

Oben links ist das Zubehör untergebracht; das Fach wird mit einem Stück Schaumgummi verschlossen. Auf dem Boden liegend der Kistendeckel, auf dem auch das „Klemmschaumgummi" zu erkennen ist; weitere Schaumgummistücke am Bug und Heck.

Transportkiste für Trägermodell FDR ◄

Zu erkennen die vorne quer liegende Insel, die mit Schaumgummi abgedeckten Seitenfächer für die Flugzeuge und weiteres Zubehör sowie hinten rechts das Modell des Schleppmodells der Fregatte BOWEN. Auf dem aufgeklappten Deckel die Schaumgummistücke zur Modellfixierung.

Auf dieser Aufnahme gut zu erkennen ist übrigens auch die partielle „Verschmutzung" des Decks im Fangseil- und Katapultbereich; der Flugdeckbelag selbst ist in der helleren, vormaligen Ockertönung gehalten.

In der Kiste meines Trägers FDR ist darüber hinaus seitlich noch soviel Platz, daß dort auch das Modell einer Begleit-Fregatte (Fregatte USS-1048 BOWEN) verstaut werden kann, wobei der Rumpf und ein Teil der Aufbauten auf der einen, der Mack und ein hinterer Aufbautenteil auf der anderen Kistenseite untergebracht werden; gegen Verrutschen wird dieses Modell durch Gummibänder gesichert.

Der Verrutschgefahr des Trägermodells beim Transport wird auch bei diesem Kistentyp durch Einklemmen in Schaumgummi begegnet, der diesmal am Boden und am Deckel montiert wird und damit das Modell zwischen Boden und Flugdeck absolut rutschfest wie die Wurst im Sandwich bettet.

8.2 Trimmung

Die Jungfernfahrt eines u. U. noch nach frischer Farbe „duftenden" neuen Modells ist immer wieder eine aufregende Angelegenheit. Wenngleich wir oft schon einiges über seine Schwimmeigenschaften wissen – bzw. wissen sollten – bevor wir uns an den Teich wagen, sind uns seine Fahreigenschaften wie Geschwindigkeit, Wendekreis, Krängneigung bei Kurvenfahrten und Bremsvermögen doch noch weitgehend unbekannt und müssen erst durch die Einfahrtests ermittelt werden.

Zunächst muß das Modell aber in bezug auf Einhaltung der KWL und Krängung ausgetrimmt werden. Für Modelle, die unterhalb der KWL kürzer als etwa 140 cm sind, ist dafür bestens die heimische Badewanne geeignet; beim Grenzmaß ist sie bis zum Rand zu füllen.

Die Trimmung erfolgt mit dem voll ausgerüsteten Modell und mit aufgesetzten Aufbauten, letztere dürfen auf keinen Fall vergessen werden, denn sie tragen im allgemeinen zur Verschlechterung der Schwimmeigenschaften bei und sind daher zu berücksichtigen. Es wird auf Einhaltung der KWL an Bug und Heck und auf Krängung Null getrimmt, wozu, wie schon erwähnt, nötigenfalls dünnes Walzblei auf dem Rumpfboden z. B. mit Araldit befestigt wird. Eine gute Fixierung des Ballastes ist in jedem Fall anzuraten, will man größere Unglücke vermeiden, wie sie auch in der Großschiffahrt schon vorgekommen sind. Das „klassische" Unglück ereignete sich im Jahre 1628 mit der berühmten WASA, die nach nur wenigen 100 m Fahrt aus der Werft noch im Hafenbecken von Stockholm wegen verrutschten Ballastes kenterte und sank. In neuerer Zeit gingen z. B. der Frachter MÜNCHEN und das Segelschulschiff PAMIR durch verrutschte Ladung, eine spezielle Art von Ballast, verloren.

Die Trimmung beinhaltet auch eine Abschätzung der Schwimmstabilität des Modells, worunter das „Aufstehvermögen" nach künstlich herbeigeführter Krängung, z. B. nach starkem Anblasen von der Seite, zu verstehen ist.

Grundsätzlich gibt es zwei Arten von Schiffsstabilität, die von „form"- und die von „gewichts"-stabilen Rümpfen. Die formstabilen Rümpfe sind, wie schon ihr Name andeutet, auf Grund ihrer Form schwimmstabil; als extremstes Beispiel sei hier ein Floß angeführt, daß man selbst durch stärkstes Anblasen kaum zum Kentern bringen dürfte – was immer auch „Kentern" bei einem Floß heißt.

Auf der anderen Seite stehen die gewichtsstabilen Rümpfe. Hier ist der Extremfall ein Holzstab, den man ohne Befestigung eines Gewichts (Ballasts) an einem Ende kaum stehend zum Schwimmen bringen kann; gewichtsstabile Rümpfe schwimmen also ohne Ballast nicht stabil.

Unsere Kriegsschiff-Modelle liegen bezüglich Schwimmstabilität zwischen den beiden Extremen. Mit größerem Schlankheitsgrad des Rumpfes und höheren Aufbauten werden sie mehr und mehr gewichtsstabil, d. h. schlanke Kreuzer und Zerstörer kommen ohne einigen Walzbleiballast bzw. flache Bleibatterien am Rumpfboden wohl kaum weg, während z. B. bei Träger- und Schlachtschiffmodellen meist schon die liegende Fahrbatterie genügt, um bei genügender Stabilität Schwimmlage und KWL einpegeln zu können. Aber auch ohne Ballast schwimmt das Modell, wenngleich auf Grund von „Fertigungstoleranzen" meist noch leicht krängend und hoch im Wasser.

Der Test der Schwimmstabilität erfolgt durch seitliches, heftiges Anblasen. Das Modell sollte einerseits nicht zu stark krängen und sich andererseits sofort nach Beendigung des Anblasens wieder aufrichten. Tut es das nicht, muß ebenfalls mit Walzblei nachgeholfen werden, selbst wenn der Tiefgang etwas erhöht werden muß; es nutzt nämlich wenig, wenn unser Modellschiff mit originalgetreuem Tiefgang später auf dem Teich schon von der ersten Böe umgeworfen wird.

8.3 Fahrpraxis

Mit einer modernen Fernsteueranlage ist das Steuern eines Fahrmodells kein besonderes Problem mehr, sofern man als Schönwetterkapitän mit seinem Modell gemächlich nur so einfach „dahinschippern" möchte und nicht den Ehrgeiz hat, auf Wettbewerben den F2-NAVIGA-Kurs inklusive Rückwärts-Torfahrt und „Anlegemanöver" zu absolvieren; das erfordert dann schon einige Übung.

8.3.1 *Verhaltensregeln am Teich, Vorfahrtsregeln*

Nur in den allerseltensten Fällen ist man wohl der Besitzer des Modellteiches und kann dort schalten und walten wie es einem beliebt. Der Regelfall ist vielmehr, daß man das Gewässer mit anderen Benutzern — meist auch mit anderen Modellbauern — teilt, was, zum Vorteil aller Beteiligten, gewisse Verhaltensregeln als zweckmäßig erscheinen läßt.

Zunächst sollte man nicht einfach sein Modell in den Teich setzen, die RC-Anlage einschalten und „WUMM" mit dem Modell davonbrausen, bevor man sich vergewissert hat, ob nicht andere Teilnehmer vom eigenen Sender gestört werden (gleicher Frequenzkanal); für ein anderes, „auf hoher See" befindliches Modell kann das nämlich u. U. prekär werden.

Auf dem Teich selbst gelten, wie auch im Straßenverkehr, gewisse Vorfahrtsregeln, die, auch im Interesse des eigenen Modells, beachtet werden sollten, sind doch unsere ausgetüftelten F2-Fahrmodelle wohl meist auch verwundbarer als einfache RC-Yachten, wo man einen „Unfallschaden" oft schnell wieder beheben kann. Diese Vorfahrtsregeln sind im einzelnen:

a) Nicht durch Motorkraft angetriebene Fahrzeuge, d. h. vor allem Segelboote, haben Vorfahrt gegenüber den Motorschiffen, die problemloser manövriert werden können.

b) Das schnellere und wendigere Schiff weicht den „lahmeren" Fahrzeugen aus, schlicht deshalb, weil es dies problemloser tun kann.

c) Zwei entgegenkommende Schiffe weichen jeweils nach Steuerbord, d. h. rechts in Fahrtrichtung, aus.

Ein absichtlicher Verstoß gegen diese Regeln kann übrigens teuer werden, wenn der Unfall am Modellteich ein zivilgerichtliches Nachspiel in Form einer Schadensersatzklage hat. Zwar glaube ich nicht, daß man dem Unfallschuldigen die gesamten Baukosten eines Modells wird aufbrummen können — das geht bei den heutigen Stundenlöhnen mit Baustunden mal Stundenlohn schnell in die Zehntausende, und das Gericht wird daher wohl einen niedrigeren „Hobbylohn" in Rechnung stellen — aber eine angemessene Entschädigung, die u. U. erheblich über dem Baukastenpreis eines äquivalenten

Modells liegen könnte, ist laut neuerem Entscheid des deutschen Bundesgerichtshofs (erwähnt in SM 4/85, Seite 212) als Entschädigung wohl durchsetzbar.

8.3.2 *Fahren im Verband*

Besonders eindrucksvoll ist das Fahrbild am Modellteich, wenn mehrere Schiffe mit gleichem Maßstab im Verband gefahren werden. Am problemlosesten ist das natürlich, wenn, wie bei den großen Originalen auch, jedes Schiff von einem eigenen Kapitän manövriert wird; dann ist die saubere Fahrt allenfalls eine Frage der Übung.

Mit nur zwei oder drei Modellen und einer entsprechenden Fernsteuerung können Verbandsfahrten aber auch von einem einzelnen Kapitän ausgeführt werden. So hat der Autor gleichzeitig meist zwei Modelle im Einsatz, die mit einem Fernsteuerungssender und zwei Empfängern gleicher Kanalfrequenz betrieben werden, wobei zwei Proportionalkanäle seiner NAVICONT-Anlage, [B 13], für Fahrtregler und Ruder des einen, die beiden anderen Kanäle für die gleichen Funktionen im zweiten Schiff verwendet werden.

Im einfachsten, von mir daher favorisierten Fall liegt jeweils eines der beiden Modelle auf Reede oder wird nur geringfügig verschoben – mein Modellteich z. B. ist ein noch leicht fließender, gestauter Fluß, so daß das Abdriften eines liegenden Modells in regelmäßigen Abständen korrigiert werden muß – während mit dem anderen gefahren wird. Die beiden Modelle werden nur von Zeit zu Zeit gewechselt.

Verständlicherweise erfordert das gleichzeitige Fahren mit zwei Modellen einige Übung, zumal zumindest ich meist schon bald mit den beiden Steuerungen durcheinander komme und dann immer gerade die Fahrt des falschen Modells korrigiere. Darüber hinaus reagieren die beiden Modelle immer etwas unterschiedlich. So haben gleiche Ruderausschläge gewöhnlich nicht gleiche Wendekreise zur Folge, und auch die Stellung des Fahrtgebers am Sender ist kein unmittelbares Maß für die Geschwindigkeit des jeweiligen Modells. Und so kommt Murphy's Gesetz, daß immer schiefgeht, was schiefgehen kann, auch hier, eher als erwartet, voll zum Tragen. Der jeweilige Teich kann noch so groß sein, früher oder später stoßen Ihre beiden Modelle zusammen.

Für die Umgehung von „Murphy" bleibt uns allerdings ein kleiner Trick, der schon aus geringer Entfernung kaum mehr bemerkt werden dürfte: die Koppelung der beiden Modelle mit einem Stahldraht. Dabei kann die individuelle Ruderfunktion der beiden Modelle, wie oben beschrieben, voll erhalten bleiben (die Fahrmotoren des geschleppten Modells würde ich allerdings abstellen), um auch dem im Schlepp fahrenden Modell noch einige Kapriolen zu gönnen.

Um die Fahrt des Geleits auf dem „Teich" so realistisch wie möglich zu machen, wird die Schleppverbindung unter Wasser in Form eines 0,8- bis 1-mm-Federstahldrahtes angebracht; dünnerer Stahldraht oder gar Schnur sind hier weniger empfehlenswert, da sie die unschöne Eigenschaft haben, sich früher oder später in den Schrauben des Schleppschiffes zu befinden und dort einen bis zur Ausschaltung des Antriebes führenden negativen Einfluß auszuüben.

Der Federstahldraht sollte etwa 1 bis 1,5 m Länge haben und wird an beiden Enden mit einem „Wirbel" sowie einem Karabinerhaken versehen, wie sie im Fachhandel für Anglerbedarf erhältlich sind.

Jedes Modell, das für diese Art der Verbandsfahrt ausgerüstet werden soll – bei mir sind das inzwischen fast alle Modelle – wird im Unterwasserbereich des Rumpfes jeweils mit einer Querbohrung im Bug zur Aufnahme des Schleppgeschirrs (Funktion geschlepptes Schiff) sowie am Heck hinter dem Ruder mit einer Öse zum Einhaken des Schleppdrahtes (Funktion Schlepper) versehen (Abb. 8.3 a). Die Bugquerbohrung, Durchmesser etwa

184

Zwei Beispiele für das Fahren im Verband:

◄ Die beiden Träger ROOSEVELT und SHANGRI-LA; der zweite Träger ist mit Schleppdraht gekoppelt aber weiterhin voll manövrierfähig.

▶ Der Träger FDR mit dem ungesteuerten Schleppmodell der Fregatte BOWEN.

4 mm, wird bei meinen Holzrümpfen im Bereich des metallenen Vordersteven angebracht, was die Ausreißgefahr stark herabsetzt, und mit einem Stück eingeklebten MS-Rohr verstärkt; diese Arbeit wird natürlich zweckmäßigerweise schon beim Rumpfbau durchgeführt. Das Schleppgeschirr selbst besteht aus einem Stück Federstahldraht, das so gebogen wird, daß es in die Bugbohrung eingesetzt werden kann (Abb. 8.3b).

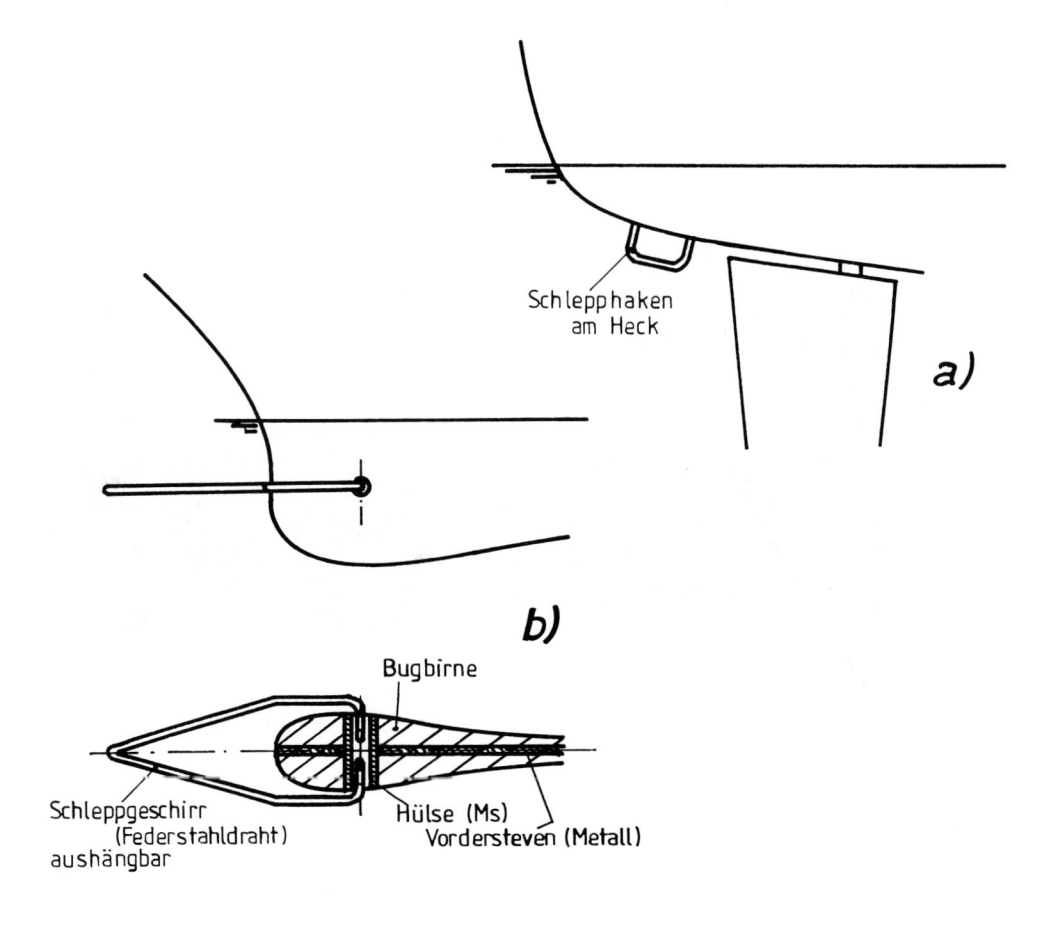

Abb. 8.3: Zusatzeinrichtungen für Schleppfahrten
    (a) Haken am Zugmodell
    (b) Anbringung des Schleppgeschirrs am Schleppmodell

Die Hecköse hingegen ist eine einfache Flachklampe, die an der entsprechenden Stelle in den Holzrumpf gedrückt und dort festgeklebt wird.

Das geschleppte Modell folgt dem Schleppschiff normalerweise in Kiellinie oder, je nach Ruderstellung des geschleppten Schiffes (die ja gewöhnlich ferngesteuert werden kann), etwas seitlich versetzt. Und weil die Verbindung zwischen Schlepper und Schleppmodell von Land schon nach wenigen Metern nicht mehr auszumachen ist — insbesondere, wenn der Draht nach einigen Einsätzen schon angerostet ist und seine glänzende Oberfläche weitgehend eingebüßt hat — dauert es oft eine geraume Weile, bis die Zuschauer den „Koppeltrick" bemerken.

Bug des Schleppmodells der Fregatte FF-1079 BOWEN.
Zu erkennen die „Bugbirne" mit Querbohrung für das Schleppgeschirr, der Schleppgeschirrbügel, der Karabiner-Haken nebst Wirbel (Anglerbedarf) sowie das Ende des Schleppdrahtes.
Man beachte auch das Beispiel für die Ausführung der Bug-Kennummer mit Schattenwirkung.

Gut funktioniert die Verbandsfahrt allerdings nur bei „Voraus"-Fahrten. Bei gestoppten Modellen oder gar bei Rückwärtsfahrt gibt es dagegen u. U. Probleme. Bei gestoppten Schiffen, weil das geschleppte Schiff infolge Abdriftens bald quer zum Schleppschiff liegt und dann beim neuerlichen Anfahren möglicherweise seitlich abgezogen wird, was sich in starkem Krängen äußert, bei Rückwärtsfahrten, weil dann das geschleppte Schiff unkontrolliert bleibt; diesen Nachteil kann man allerdings vermeiden, wenn man auch die Fahrmotoren des geschleppten Schiffes kontrollieren kann.

Bei sehr kleinen Modellen kann die Schleppoption auch nötig werden, weil die Tragkraft des Modells für den Einbau einer Antriebs- und Steueranlage nicht ausreichend ist; dies ist z. B. bei meinem M 1:200-Modell der Fregatte BOWEN (SM 10/84) der Fall. Man trimmt jetzt das Modell mit Walzblei auf Tiefgang und möglichst gute Schwimmstabilität und legt das Modellruder als Feststellruder aus. Beim Feststellruder besteht der Ruderschaft aus einer M2-Schraube, der in einen Ruderkoker mit entsprechendem Gewinde eingeschraubt wird. Eine zusätzliche Mutter sorgt dann für die Arretierung des Ruders in der gewünschten Stellung (Abb. 8.4).

Je nach Einstellung des Feststellruders folgt das geschleppte Schiff nun dem Schleppschiff mehr oder weniger in Kiellinie.

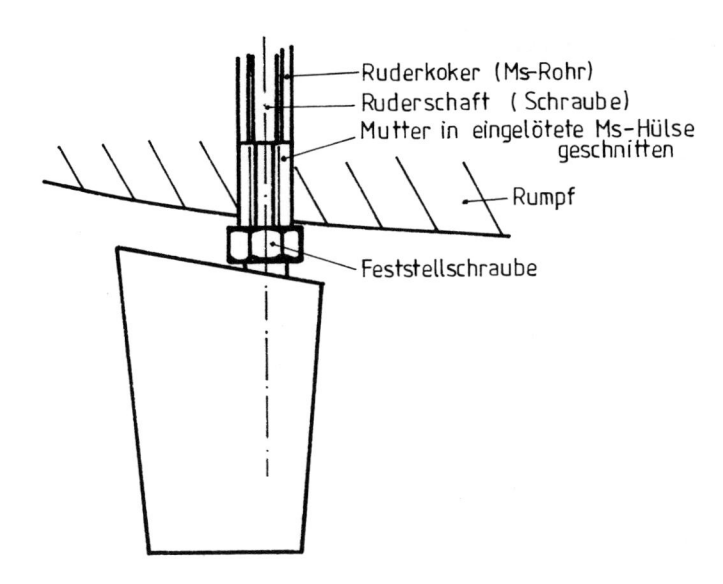

Abb. 8.4: Konzeption des Feststellruders

Wie immer ihre individuelle Fahrpraxis schließlich auch aussehen mag, mit einem oder mehreren Modellen, einzeln gesteuert oder im Schlepp, Sie werden Aufsehen erregen, und es wird bestimmt viel Spaß machen mit Ihrem selbst konzipierten, „persönlichen" Modell, das auf dem Teich fast immer ein Einzelgänger bleiben wird. In diesem Sinne:

Modellschiff AHOI !

9. Quellennachweis

9.1 Zeitschriften

[Z 1] SCHIFFSMODELL (monatlich) *, **
Neckarverlag, Villingen-Schwenningen

[Z 2] MARINE-RUNDSCHAU (zweimonatlich)
Mönch Verlag, Koblenz

[Z 3] NAVAL FORCES (zweimonatlich) ***
Mönch Verlag, Koblenz

[Z 4] MILITARY TECHNOLOGY (monatlich) ***
Mönch Verlag, Koblenz

[Z 5] MARINE (monatlich)
Mönch Verlag, Koblenz

[Z 6] MODELL-WERFT (monatlich)
Maritim-Verlag, Wolfsburg

[Z 7] DER SCHIFFSPROPELLER (zweimonatlich)
Triton-Verlag, Radevormwald

9.2 Bücher

[B 1] Albrecht, G. (Hrsg.): WEYERS FLOTTENTASCHENBUCH
J.F. Lehmanns Verlag, München
erscheint in neuer Auflage alle zwei Jahre

[B 2] Terzibaschitsch, S.: SEEMACHT USA (2 Bände)
Bernhard & Graefe Verlag, München (1982)

[B 3] Terzibaschitsch, S.: FLUGZEUGTRÄGER DER US-NAVY (2 Bände)
Bernhard & Graefe Verlag, München (1978)

[B 4] Terzibaschitsch, S.: DIE KREUZER DER US-NAVY, 1942-1975
G. Stalling Verlag, Oldenburg (1975)

[B 5] Terzibaschitsch, S.: SCHLACHTSCHIFFE DER US-NAVY IM 2. WELTKRIEG
J.F. Lehmanns Verlag, München (1976)

[B 6] Breyer, S. und Wetterhahn, A.: HANDBUCH DER WARSCHAUER-PAKT-FLOTTEN (2 Bände)
Bernhard & Graefe Verlag, München (1982)

[B 7] Böck, H.: ANTRIEBE IN SCHIFFSMODELLEN MODELL-Fachbuch, Neckar-Verlag (1982)

[B 8] Retzbach, L.: AKKUS UND LADEGERÄTE
MODELL-Fachbuch, Neckar-Verlag (1985)

[B 9] zu Mondfeld, M.: MEIN HOBBY: SCHIFFSMODELLE
Mosaik-Verlag, München (1984)

[B 10] Green, W. (Hrsg.): THE OBSERVERS BOOK OF AIRCRAFT
Fredrik Warne & Co., London
(erscheint jedes Jahr) ****

[B 11] Gunston, B.: MODERN MILITARY AIRCRAFT
Salamander Books Ltd., London (1977) ****

[B 12] Lawson, R.L. (Hrsg.): US NAVAL AIR POWER
Temple Press, Feltham (U.K.) (1985) ***

[B 13] Lübbesmeyer, D.: EIGENBAU-RC-ANLAGEN für Schiffsmodelle
MODELL-Fachbuch, Neckar-Verlag (1983)

[B 14] Friedman, N.: SEERÜSTUNG HEUTE
Bernhard & Grade Verlag München (1981)

[B 15] Maroon, F. J. und Beach, E. L.: KEEPERS OF THE SEA
The US Naval Institute Press, Annapolis, Maryland (1983) ***
(vertrieben vom Mönch-Verlag, Koblenz)

---

* Angaben in (...) beziehen sich auf die Häufigkeit des Erscheinens
** Wird im Text immer mit „SM" abgekürzt
*** in englischer Sprache
**** Original in Englisch; auch in deutscher Übersetzung erhältlich.

Ein starkes Stück!

Neu!

Ein starkes Stück!
Der Katalog von R&G

- Technik
- Info
- Neuheiten

in Sachen **GfK!**

Auf über 140 Seiten erwartet Sie ein durchdachtes und bewährtes Programm an Flüssigkunststoffen, Verstärkungsstoffen und Verarbeitungszubehör. Dazu viel Wissenswertes über Einfasern und Verarbeitung. Außerdem modernster Kunststoffsatz und Verarbeitungsinformationen. Wichtige Informationen, z. B. Tragflächenbeschichtung, Vakuumtechnik, Kajak- und Formenbau, Surfbrettbau.

R&G ist technologischer Vorsprung durch Markenprodukte, fachliche Lieferberatung und schnellen Lieferservice.

Telefon 07157/8499

POLYESTERHARZE
EPOXYDHARZE
ZUBEHÖR
BÜGELFOLIE
HARTSCHÄUME
FÜLLSTOFFE
CFK-FERTIGTEILE
VAKUUM-TECHNIK
GLAS-, KEVLAR-, KOHLEFASER

Senden Sie mir sofort den neuen R&G-Katalog gegen DM 5,- in Briefmarken.
*

* oder fordern Sie unseren kostenlosen Farbprospekt an.

R&G Flüssigkunststoffe · Bonholz/Postfach · D-7035 Waldenbuch ☎ 07157/8499
R&G-Schweiz · Postfach 98 · CH-3303 Jegenstorf ☎ 031/960607
R&G-Nederland · Postbus 1211 · NL-7500 BE-Enschede ☎ 053/311310

Sie sind Schiffsmodellbauer

SchiffsModell berichtet über alle Sparten des RC-Schiffsmodellbaus

Was gibt es auf dem Markt?

Was bauen und fahren andere?

Wie kann ich mein Modell verbessern?

Wie konstruiere ich selbst?

Wie taucht ein U-Boot?

Was muß ich wissen über Baukästen, Motoren, Fernsteuerungen, Stromquellen, Materialien?

Wo und wann finden welche Veranstaltungen statt?

SchiffsModell gibt Ihnen jeden Monat Antwort

Wußten Sie schon...

daß der Neckar-Verlag eine umfangreiche Fachbuchreihe für den Schiffsmodellbau und den Modellbau anbietet? Mehr als 80 Bände über die verschiedenen Sparten des Modellbaus, dazu die neuen Broschüren über Spezialthemen. Und über 100 Baupläne von Schiffs- und Flugmodellen.

Fordern Sie bitte den kostenlosen, ausführlichen Sonderprospekt an.

Übrigens: Sollte Ihr Fachhändler die Zeitschrift SchiffsModell nicht vorrätig haben, schicken wir Ihnen gern ein Probeheft zum Kennenlernen.

Neckar-Verlag GmbH
Postfach 1820 · 7730 Villingen-Schwenningen